高等职业教育社区管理与服务专业系列教材

社区建设理论与实务

主　编　王小丽　沈　菊
副主编　杨启秀　吴　琳
参　编　何方淑　胡尹慧　史金玉
　　　　徐金娥　方　媛

机 械 工 业 出 版 社

本书是在贯彻中央19部门所颁布的《社会工作专业人才队伍建设中长期规划》的第七项重点工程中“分类制定社会工作培训课程大纲，形成一批针对性、实务性和科学性强的社会工作培训教材”前提下策划开发的。全书共11章，主要包括社区概述、社区建设、社区组织建设、社区工作者队伍建设、社区环境建设、社区卫生建设、社区治安建设、社区文化建设、社区教育、社区服务、社区社会保障。本书实务性强，通过加入课堂活动设计和案例分析环节，为教学提供更多参考，同时也能激发学生的学习热情与动力，提升学习效果。

本书不仅适合各类高等院校社区工作、社会工作专业教师和学生，也可供从事民政系统、社会保障系统、物业管理公司、家政服务等相关工作人员参考和使用，同时也能满足社区服务的各种NGO组织和社会工作机构的需要。

为方便教学，本书配备了电子课件等教学资源。凡选用本书作为教材的教师均可登录机械工业出版社教育服务网 www.cmpedu.com 免费下载。如有问题请致电 010-88379375 联系营销人员。

图书在版编目（CIP）数据

社区建设理论与实务/王小丽，沈菊主编. —北京：机械工业出版社，2017.6（2026.1 重印）
高等职业教育社区管理与服务专业系列教材
ISBN 978-7-111-57497-2

Ⅰ. ①社… Ⅱ. ①王… ②沈… Ⅲ. ①社区建设—中国—高等职业教育—教材
Ⅳ. ①D669.3

中国版本图书馆 CIP 数据核字（2017）第 176062 号

机械工业出版社（北京市百万庄大街22号 邮政编码100037）
策划编辑：徐春涛 责任编辑：徐春涛
责任校对：王 欣 郑 婕 封面设计：张 静
责任印制：单爱军

北京盛通数码印刷有限公司印刷

2026年1月第1版第10次印刷
184mm×260mm · 15.5 印张 · 362 千字
标准书号：ISBN 978-7-111-57497-2
定价：45.00 元

电话服务 网络服务
客服电话：010-88361066 机 工 官 网：www.cmpbook.com
010-88379833 机 工 官 博：weibo.com/cmp1952
010-68326294 金 书 网：www.golden-book.com
封底无防伪标均为盗版 机工教育服务网：www.cmpedu.com

前　言

本书是在贯彻中央 19 部门所颁布的《社会工作专业人才队伍建设中长期规划》的第七项重点工程中“分类制定社会工作培训课程大纲，形成一批针对性、实务性和科学性强的社会工作培训教材”前提下策划开发的。本书不仅针对当前社会工作专业本科学生缺乏实践教学环节辅导教材现状而撰写，还主要针对理论学习能力相对欠缺的高职高专社会工作专业学生而开发，同时还能满足民政部门、社会服务与管理有关部门、社会工作服务机构等相关工作人员的需求。本书实务性强，通过加入课堂活动设计和案例分析环节，能为本课程的教学提供更多的参考，激发学生的学习热情与动力，提升不同层次读者的学习效果，从而将为推动我国社会工作专业人才队伍建设和社会服务与管理水平起到重要作用。

本书定位于基于社区领域的服务与建设，在内容设计上采用案例导入、拓展训练、练习题等多种形式进行编写，用不拘一格的版面设计为热爱社会工作的专业人士及社会各界人士献上既实用又全新的特色教材。

本书不仅适合各类高等院校社区工作、社会工作专业教师和学生，也可供从事民政系统、社会保障系统、物业管理公司、家政服务等相关工作人员参考和使用，同时也能满足社区服务的各种 NGO 组织和社会工作机构的需要。

本书由王小丽（重庆城市管理职业学院）、沈菊（重庆城市管理职业学院）担任主编，负责全书的整体设计和统稿工作。具体编写分工如下：沈菊、王小丽编写第一章和第十章；徐金娥（重庆城市管理职业学院）、王小丽编写第二章；胡尹慧（重庆科技学院）编写第三章；吴琳（重庆商务职业学院）、王小丽编写第四章；何方淑（重庆商务职业学院）、王小丽编写第五章和第七章；王小丽、杨启秀（重庆城市管理职业学院）编写第六章和第八章；方媛（重庆城市管理职业学院）编写第九章；史金玉（重庆城市管理职业学院）、王小丽编写第十一章。

由于本书编者能力有限，疏漏之处在所难免，恳请广大读者批评指正。

编　者

目　　录

第一章 社区概述

学习目标

- 了解社区的含义及特征；
- 熟悉社区的不同类型；
- 掌握社区结构与功能。

社区是居住在一定地域范围内人们社会生活的共同体，是人们社会生活的基本场域。通过本章学习，学生通过社区实地走访、查找文献，了解社区概念的发展、社区的含义，熟悉不同的社区类型，掌握分析社区结构与功能的能力。

第一节 社区的含义

案例导入

社区等同于街道办事处或居民委员会吗?

从 20 世纪 90 年代我国开展社区建设以来，城市社区究竟界定在哪里，一直是社区发展中不断探讨的问题，在社区建设的初始阶段，人们往往把街道办事处和居委会的辖区视为中国城市的社区，社区等同于街道办事处、居委会吗?

中华人民共和国成立以后，废除了原国民党的保甲制度。为了加强城市居民工作，密切党和政府同居民群众的联系，尽快把城市居民组织起来，1954 年 12 月，第一届全国人大四次会议通过了《城市街道办事处组织条例》和《城市居民委员会组织法》。为减轻市区政府和公安派出所的负担，便于把街道居民组织起来，首先建立了居民委员会这一自治组织，并且设立了市或区人民政府的派出机构——街道办事处，当时规定 10 万人以上不设区的市或市辖区政府设立街道办事处；10 万人以下 5 万人以上的不设区的市或市辖区政府，如确实需要，亦可设街道办事处；而 5 万人以下的不设区的市政府，则一般不能设立街道办事处。街道办事处设置的始发点是巩固政权，在其设置之初并不具有一级政权的性质，它只是政府与居委会联络的中间枢纽，起上传下达的作用。但是，随着中国社会的发展，街道办事处的性质和任务发生了巨大的变化，它虽不具有一级财政，称不上一级政府，却担负着一级政府的责任，履行着一级政府的任务，市、区两级政府工作的执行层面全部在街道办事处，所以在街道办事处发展的历史长河中，它的职能是准政府职能。从组织学的角度说，它负责管理本辖区内的地区性行政工作，是准行政组织。而社区建设的终极目标是实现社区居民的依法自治，社区的主体组织是自治组织，社区的主体是社区居民，因此把中国的社区等同于街道办事处，或者把中国的社区界定在街道办事处，是不符合社区自治原则的，是不科学的。

中国城市居民委员会与街道办事处同期成立。它的初始阶段是为了把城市居民组织起来，共同建设新中国和维护社会的稳定及巩固新生政权。从那时候起，居委会虽然在法律的定性上为群众自治性组织，但它已经蒙上了极强的承接政府社会管理职能的行政色彩。所以，在 1949 年以后几十年的社会发展过程中，居委会成了政府的“一条腿”，居委会的为居民服务的任务和自治的性质遭到了扭曲，居委会变成了只对上不对下的行政组织。就目前而言，在居委会的一百多项工作中，90%属于政府的工作，居委会的这种变性，失去了连接政府与居民的纽带作用。居委会组织的变异，有悖于社区的宗旨和原则，所以把社区界定在未调整的居委会是不科学的。这是第一个原因。其次，未调整规模前的居委会，主要是按户籍管理，大约每个居委会的管辖户数是 100～700 户不等。而社区概念主要是一个地域的概念，就是要变户籍管理为地域管理。特别是经过 20 世纪 80 年代中期以后的探索，中国找到了社区建设这一城市基层社会管理的新方式，即：以户口管理为主，变为以居住地管理为主；以条块结合、条条为主，变为条块结合、块块为主；以行政化手段管理为主，变为在党的领导下，居民依法自治、自我管理为主。当然，这里说的管理，主要是通过服务加强管理，寓管理于服务之中。既然社区是一种地域性的管理，而调整规模前的居委会不具备这种性质。所以，调整规模前的居委会辖区不适于作为中国的社区。

【思考】

（1）社区和街道办事处、居民委员会有什么区别？

（2）什么是社区？社区有哪些构成要素？

一、社区的内涵

社区一词，最早由德国社会学家滕尼斯提出，他认为社会结构有两种理想类型，一种是社区，一种是社会。社区和社会的区别在于：社区内的社会关系是紧密的、合作的和富有人情味的；社会中的关系是非人情化和独立的，更强调正式的契约，人们更加理性和现实。他认为，社区是传统乡村地域的代表，而社会则是工业化和城市化的产物，社会变迁的总体趋势是社区向社会的转变。英国社会学家麦基文进一步发展了滕尼斯的学说，他把社区界定为“共同生活的任何领域”，如村庄、城镇、地区、国家，乃至更为广大的地区，所有的社区都是一个程度问题，一个社区可以被视为一个更大社区的组成部分。

美国学者桑德斯（Sanders）根据不同学者在研究方法上的不同，把对社区的理解归纳为 4 种类型：①用定性的方法把社区理解为一个居住的地方。②用生态学的方法把社区理解为一个空间单位。③用人类学的方法把社区视为一种生活方式。④用社会学的方法把社区当作一种社会互助。而从社会体系的角度出发，社区是以某一地方为中心的比较持久的互助系统；

从社会冲突的角度看，社区是资源、财富、权利和威望等分配不公平的一种互动的场域。不同的理解必然会产生各种不同的社区定义。

关于社区的概念，不同学者有不同的界定，不过这些界定都有以下共同之处：他们都强调地域、共同关系和社会互动。

在我国，对社区概念的理解则呈现出“表述不同，实质相近”的特点。费孝通先生在其论文《二十年来之中国社区研究》中说：“当初，Community 这个字介绍到中国来的时候，那时的译法是‘地方社会’，而不是‘社区’。当我们翻译滕尼斯的 Community 和 Society 两个不同概念时，感到 Community 不是 Society，成了互相矛盾的不解之词，因此我们感到“地方社会”一词的不恰当，那时，我还在燕京大学读书，大家谈到如何找一个确切的概念。偶然间，我就想到了‘社区’这两个字样，最后大家沿用了，慢慢流行。这就是‘社区’一词的由来。”

虽然国内外学者对社区的概念理解各有侧重，对社区的定义也是人人言殊，但对社区的地域性却是基本认同的，无论对社区做出怎样的解释，都不能否定社区的地域性特点。1984 年，费孝通先生对社区的表述为“社区是若干个社会群体或社会组织聚集在某一地域里形成的一个在生活上相互关联的大集体”。社会学家郑杭生认为，社区是进行一定活动、具有某种互动关系和共同文化维系力的人类生活群体及其活动区域。方明在他的《社区新论》一书中指出：社区是指聚集在一定地域范围内的社会群体和社会组织，根据一套规范和制度结合而成的社会实体，是一个地域社会生活共同体。社会学家袁方在 1990 年也指出：社区是由聚集在某一地域内按一定社会制度和社会关系组织起来的、具有共同人口特征的地域生活共同体。可见，人们对社区的理解、定义的确各有不同，但大都同意在地域意义上使用社区一词。

2000 年 11 月，中共中央办公厅、国务院办公厅转发的《民政部关于在全国推进城市社区建设的意见》，对中国的社区作了如下定义：社区是居住在一定地域范围内人们社会生活的共同体。

二、社区的主要特征

社区的概念既然是在一定地域范围内人们社会生活的共同体，那么它必然具有以下几个特征：

1．社区是一个社会实体

社区是聚集在一定地域内的社会群体或社会组织，是一个地域性的社会生活共同体。它包括了社会有机体的最基本内容，如一定数量和质量的人口，以及由这些人所构成的社会群体和社会组织；包括了人们的经济生活、政治、文化生活；包括经济关系、血缘、地缘等其他社会关系；包括了一定的地域，以及人们赖以进行社会活动的生产资料和生活资料。

2．社区具有多重功能

一是经济功能，它有指导生产经营活动的作用；二是政治功能，贯彻落实党和政府的方针和政策，维护居民的合法权益，推进民主和法治建设；三是文化功能，担负着发展教育事业、组织开展文化娱乐与体育活动，以及群众性精神文明建设创建活动，比如现在我们各个社区都有乐器室、舞蹈室、乒乓球室、棋牌室等；四是具有社会管理与社会整合的功能，担负着维护社区治安、秩序，调节民间纠纷，办理本社区的公共事业和公益事业，以及管理流动人员与计划生育等职能。

3. 社区是人们参与社会生活的基本场所

由于社区是最基本的社会共同体，是绝大多数社会成员的生活基地。所以，人们的基本生活活动大都是在社区范围内进行的。本社区中，人们从事着生产劳动、商业经营、文化教育、科学技术、社会管理、社会服务等各种职业活动，并以此获取经济收入，作为本人及其家属的生活来源；以家庭为单位消费各种生活资料，解决吃、穿、住、用等日常生活需要；通过长期共同生活建立多种人际关系，并且借助这些人际关系互通有无、交流感情、共同解决生活困难和思想难题。另外，绝大多数居民作为某一社区的正式成员，在本社区中享有参与社区管理、选举人民代表、选举社区干部等项权利，从这个意义上说，社区还是人们参与政治生活的基本场所。

三、社区的构成要素

构成社区的要素是多方面的，主要包括：

1. 地域要素

地域要素是社区概念中的一个重要因素，社区是地域性社会，也就是说，社区具有一定的边界。脱离一定地域的社区是难以想象的，地域是社区存在和发展的前提，是决定社区变迁的重要条件。社区的地域要素为居民提供了生产和生活的空间及所需的自然资源和社会资源，社区的地域面积在一定程度上决定着居民的生产和生活状况。同时，社区的地域要素影响着社区的发展速度。它首先表现为地理位置对社区的影响，在民政部的 26 个全国社区建设实验区中，起步较早和最初发展较快的地区大多集中在东部沿海地区。优越的地理位置是促进社区发展的条件。其次，地质、地形也严重影响着社区的发展，这是城市和社区发展的固体基础。如前所述，地质较差的地区，不利于聚落的建设；相反，在平坦的地形的建设较容易，有利于社区的扩大，便于交通和经济的腾飞。当然地域要素对社区发展的作用是由生产力水平决定的，也受到政治及经济等多种因素的制约。

2. 人口要素

社区的人口是具有稳定的社会交往关系的一定数量的人群。他们因长期共居一地而拥有共同的归属感，形成了多层次、成系统的内部交往关系。

人群是社区的主体，是社区构成的第一要素。社区居民是社区经济生活、政治生活、精神文化生活的创造者，是社区生产资料、生活资料、文化设施和自然物质的创造者和使用者，是社区社会关系的承担者，因此人群是构成社区的基础。

在了解社区人口要素时，还应该了解社区人群的构成和形式，如社区内不同类型人口的特点、数量的比例关系以及社会关系的组成。社区人口构成在很大程度上决定着社区和社区建设的性质、任务。由于人口本身具有自然属性和社会属性两方面特征，社区人口构成也相应划分为自然构成和社会构成两大类型。自然构成是指人口的性别构成和年龄构成。其中性别构成也称为性别比例，是指男女人口之间的数量比例关系。社会构成是指社区内人口的民族构成、宗教信仰构成、文化构成、职业构成和阶层结构等。其中，职业构成是指社区内各职业人口的比例关系，标志着社区产业的构成状况、分工发达水平、经济发展水平和职业分化程度。一般来说，经济发展水平越高，社区内职业人口的构成也就越复杂，反之亦然。社区人口的文化构成反映人口的受教育程度和科学文化水平，它是衡量社区人口素质的重要标志。

3．物质要素

社区是人们参与社会生活的基本场所和从事多种活动的基本舞台，人们的活动总是依赖于一定的物质设施进行，主要包括：社区成员进行生产经营活动的设施，包括厂房、机器、能源、道路、生产资料等；社区成员进行日常生活的设施，包括房屋、家具、交通工具、日用商品等；社区成员进行文化、教育、医疗卫生活动的基本设施，包括学校、文化室、医院（卫生所、医务所）等；社区成员参加管理活动、政治活动的基本设施，如会议室、办公室等。以上这些设施在规模与范围方面是随着社区发展而发展的，是由社区的性质和发展水平决定的。

4．组织要素

社区既然是一个具有多功能的地域性社会，那么社区就是一个有组织、有秩序的实体。社区中的公共事务、人与人之间的关系、民事纠纷等需要处理。所以，社区的组织管理机构成为社区中不可缺少的要素。有社区，就有组织管理机构。就我国目前的实际而言，社区的组织管理机构有的是属于党的组织，有的是属于政权组织，有的是属于群众性自治组织。这些组织大都承担着基层社会的管理职能，它们在动员社区成员参加社区建设、根据社区成员的共同愿望和社区发展的需要支配社区公共资源和财产方面发挥着重要的作用，它们是党和政府政策的贯彻执行者，是社区成员意见的转达者，是政府依法行政、社区依法自治的基础条件。

5．心理要素

构成社区的心理要素主要是指人们对社区的归属感和认同感，即社区居民的社区意识，也就是社区居民对自己所住社区在感情和心理上产生的一种认同感。人们在特定的社区里，过着长期的共同生活，有共同的一些需求，从而会产生一种认同的心理，即“我是某一个地方的人”的观念。随着社区交往关系的深入，联系的紧密，甚至人们还会逐步形成其他某些共同的意识，包括共同的荣辱感、共同的价值观念、共同的伦理观念，以及某些共同的习俗。因此，认同感也是衡量一个社区的重要标准。

6．文化要素

社区文化是指一定的区域范围内，在一定的社会历史条件下，社会成员在社区社会实践中共同创造的具有本社区特色的精神财富和物质形态。社区文化反映了社区的地域特点、人口特性以及居民长期共同的经济和社会生活的全部，包括社区内人们的信仰、价值观、行为规范、历史传统、风俗习惯、生活方式、地方语言和特定象征等内容。社区文化能使社区成员获得相似的行为或价值观念，从而产生强大的凝聚力，并使社区产生可持续发展的因素。

由于人类社会的发展，特别是由于现代城市的兴起，使得社区在结构上显得纷繁复杂，在类型上显出千姿百态，在地域上变得大小不一。所以，社区的要素在不同层次、不同类型社区的完整程度和发展水平参差不齐。但是，无论怎样，这些基本要素是社区所应该具有的。

案例 1-1

虚拟社区

最早的关于虚拟社区的定义由瑞格尔德（Rheingole）提出，他将其定义为“一群主要通过计算机网络彼此沟通的人们，他们彼此有某种程度的认识、分享某种程度的知识和信息、在很大程度上如同对待朋友般彼此关怀，从而所形成的团体”。虚拟社区有以下特点：

1．虚拟性

虚拟社区区别于以往社区的最大特点就是它的虚拟性，它是虚拟性和社会性的结合。同一虚拟社区的人们可能从未谋面，通过网络彼此交流、沟通、分享信息与知识，形成了个人社区关系网络，最终形成了共同的社区意识和社区文化。

2．超时空性

虚拟社区的交往具有超时空性。通过网络，人们之间的交流不受地域的限制，只要你有一台计算机、一条电话线（或网线），就可以和世界上任何地方的人（也具备相应硬件条件）畅所欲言了。

3．符号性

虚拟社区人际互动具有匿名性和彻底的符号性。在虚拟社区里，网民以 ID 号标识自己。ID 号依个人的爱好随意而定。例如：“硬盘”，一看就是计算机硬件爱好者；“红叶飘飘”，估计是一个有品位的人；“潜水艇”，估计是个军事爱好者……在现实中不可能有人起这种名字。同时，由于互相不能看到对方的“庐山真面目”。所以，传统的性别、年龄、相貌等在虚拟社区里可以随意更改。网上有句名言：“和你聊天的也许是条狗。”

4．群体流动

虚拟社区人际关系较为松散，社区群体流动频繁。社区的活力主要靠“人气”和点击率，吸引这些的主要是看社区的主题是否适合大众口味。前一个好理解，在交大 BBS 上，一般“二手市场”“勤工助学”“鹊桥版”“电影”“游戏”比较火暴，因为这些符合大学生“没钱”希望交友和“空虚”的特点。相比之下“数据库”“数学”等技术版“门可罗雀”。

【问题】虚拟社区与传统社区的关系？

【提示】首先，虚拟社区提供的服务版块也是根据人们现实的需要而设定的；现实社区中的生活方式和观念、规范会影响到虚拟社区的构建。其次，虚拟社区所提供的服务是现实社区服务的延伸和提高。传统的利用以纸为媒介的信件传递，发展为 Email 传递。虽然两者介质和速度不同，但 Email 内容格式仍和传统的信函格式相似。脱离现实，虚拟社区是不可能存在的。

拓展训练 1-1

社区探访调查

走访调查是直观、快速了解社区最基本情况的方法。通过社区走访调查一方面可以增强学生与社区居民及社区组织的沟通技巧；另一方面可以形成社区的调查报告，有助于对社区有全面认识和直观的感受。

具体实施如下：

1. 做好人员分工，确定拟调查的社区

首先将学生分成 4～6 人的调查学习小组，每个小组自愿或选举产生一名小组长，然后以小组为单位选择一个社区作为调查对象，尽量让每个小组选择不同的社区。

2. 查阅文献资料，设计调查问卷或访谈提纲

通过查阅文献资料，确定调查内容，选定调查方法，然后在此基础上共同探讨和设计社区现状调查问卷或访谈提纲。

3. 深入社区，开展调查或访谈

以小组为单位，深入社区，通过问卷调查或者访谈法，收集有关社区基本情况的资料，如地域范围、人口数量及构成情况、基本设施、居民关系、社区文化等。

4. 资料分析，撰写调查报告

将收集的资料进行整理和分析，然后撰写社区现状调查报告。

第二节　社区的类型

案例导入

小王的烦恼

小王从小生长在农村，一直在农村长大，在他 13 岁那年，由于父母到城市打工，在城市租了房子，便把小王也接到了城里上学。小王进城之后，非常不适应，常常向爸爸妈妈抱怨，想要回农村，他觉得农村生活非常简单，青山绿水，蓝天白云，吃的东西都是自己种的，又干净又新鲜。他的好朋友都住在一个院子，经常一起玩，共同上学放学，觉得生活过得很充实。而城市里到处都很拥挤，也没有朋友，连邻居是谁都不认识。

小王的父母和他观点不一样，经常开导他，他们觉得农村生活并不好，买东西一点都不方便，几天才赶集一次，万一生病什么的，非常不方便，农村医疗条件差，技术也比城里大医院落后。而城市生活就不一样了，东西应有尽有，想买什么都可以买到，也有很多可以玩的地方，尤其对于孩子教育方面，有更好的资源。

小王也慢慢觉得城市和农村各有长短，自己需要调整心态，慢慢适应新的环境。

【思考】农村社区和城市社区各有什么特点？

由于发展水平不一，社区也各有特色，不同的社区呈现出多元的状态。为了更好地认识和理解社区，我们从多个角度对社区进行分类：

一、按主要功能划分

社区具有多重功能，在这些功能中，有的居于主导地位，从而使得该社区在整个社会的分工合作格局中扮演着某种特殊的角色，发挥着某些特殊的功能。我们根据社区内占主导地位的活动或社区发挥的主要功能，把社区划分为经济社区、政治社区、文化社区、军事社区等类型。

其中，所谓经济社区是指绝大多数社区劳动力都从事生产经营活动，并主要表现为经济共同体的一类社区。这类社区在我国城乡占有较大比重。政治社区主要是指全国和省、市、县等行政区域的管理机关所在地，如首都、省会、县城等，它们分别是全国或一定区域的政治中心。另外，也可以把城市中各类党政机构的聚居区看作是一个局部性的政治社区。文化社区主要是指教育、科研、文化艺术单位比较集中的社区，如日本的筑波科学城和我国北京的中关村等。军事社区是以军事活动和军事设施为主体的社区，如较大规模的军营、军事基地等。不过，需要说明的是，按主要活动和主要功能对社区进行分类具有明显的相对性，有些社区既有较强的经济功能，又是一定区域的政治中心，甚或还是文化中心，其主要功能是多方面的，对于这些社区应该加以具体分析。

二、按规模大小划分

根据社区人口数量、社区地理范围大小，我们可以把社区划分为巨型社区、大型社区、中型社区、小型社区和社区。

其中，所谓巨型社区是指人口聚居的数量很多、地域面积很大的社区。而社区则是指人口数量较少、地域面积也比较小的社区。当然，社区的大小划分很难有一个绝对的数量标准，为了便于理解，从我国现阶段的情况来看，不妨把上百万人口尤其是数百万人口的城市看作是巨型社区；把几十万到上百万人口的城市以及相当于这一规模的市辖区看作是大型社区；把十几万到几十万人口的城市以及相当于这一规模的市辖区、居民区看作是中型社区；把拥有几万人口的居民区、小城镇、集镇区以及城市街道办事处辖区共同体等看作是小型社区；把农村中的村落和城市中的居委会辖区共同体等看作是社区。

三、按照空间特征划分

1. 法定社区

法定社区是指为了实施行政管理而人为划定的，有明确的界限，并以法律的形式规定下来的统治区域和社会群体组织，是国家对于基层社会的一种组织形式或管理形式，也可称为行政社区。无论国内还是国外，政府强大的管理力量是社区和社区发展不可忽视的基本事实，法定社区就是政府管理力量的重要表现形式之一。我国现行城市化社区基本都是按照行政区划进行管理的法定社区。

2. 自然社区

自然社区是指人类在生产和生活中自然形成的聚落，是非人为的、人们在长期生活中自然形成的、共生共存的社会地理空间。其主要特征是：规模小，以家庭为社会核心单元，人的行为主要受习俗和传统的约束，社区具有很强的同质性。

3. 专能社区

专能社区是指人们从事某些专门活动而形成于一定地域空间上的聚集区，也可指在社区的多重功能中，某一功能具有主导地位，形成独有的社区特色的社区。按照社区所承担的功能进行划分，如城市中经济特区、文化社区、工业社区、旅游社区等，就是具有或多或少的功能特色的社区。

4. 虚拟社区

虚拟社区是指出现在互联网时代的非现实社区。它是由有共同需要的社会成员（网民）组成，依托互联网在电子网络空间进行频繁的社会互动，并形成具有文化认同的共同体及其活动场所。

四、按综合标准划分

社区本来就是具有多重本质属性和多方面显著特征的社会区域生活共同体，单一的标准很难概括社区的类型，按照经济结构、人口密度、规模大小、组织特征、文化模式等多元标准可以划分为农村社区和城市社区。

1. 农村社区

农村社区是指以农业生产方式为基础的规模较小、结构比较简单的社区，是伴随着原始农业的出现和人类的定居而产生的。

从地域和人口的特征来看，农村社区人口居住分散，人口密度低，流动性小，人口的职业结构比较简单，人口结构的同质性强。

从社会组织形态来看，农村社区是以血缘为纽带而形成的亲属关系，以及长期在一起生活形成的乡亲关系。农村社区中家庭、亲属、邻里等初级关系和初级群体非常重要。

从文化和生活方式上看，农村社区生产方式简单，生活方式单调，生活节奏缓慢，人们活动的范围较小，交往面较窄。

2. 城市社区

从地域和人口方面来看，城市往往建设在交通要道、军事要塞，或是具有某种丰富自然资源的地方，地貌特点通常是比较平坦且有充足易取的水资源，同时城市之间的地理位置的关系也具有一定的规律性；城市社区人口密度大，人口结构的异质性特点突出。

在社会组织形态上，城市社区由于社会生产与生活的分工精细，专业化强，相互之间联系紧密，形成一个严密的社会组织体系。

在文化和生活方式上，商品经济高度发达的城市社区中不同职业、阶层、文化背景的人居住在一起，人们的信仰、价值观、行为规范和生活方式都呈现出较大差异，使城市社区文化表现为多元化、异质化和现代化的特点。

案例 1-2

浔埔社区

浔埔社区地处泉州湾晋江下游出海口，泉州两江突出部，依山面海，前临滔滔晋水，后依新兴滨城，是一个以渔业为主、工商并举的沿海社区，社区共有住户 1635 户，总人口 6120 人，社区设 7 个居民小组（片区），支部党员 79 人，社区两委班子成员 11 人，社区内拥有社区办公大楼一幢，有小学、幼儿园、卫生所 2 处，内外海机动渔船 450 艘，滩土养殖面积 7000 多亩。对台贸易码头一座，文物保护单位 2 处。浔埔社区又是泉州市三大渔港之一，现有外海捕捞渔船 100 艘（其中钢质渔轮 15 艘），年产量 36.98 万担，产值 1.58 亿元，内海以流刺蚵株养殖为主，“浔埔蚵”久负盛名，深受广大市民喜爱，是泉州地区的特产品，经济价值高，产品辐射全市每个市场，为繁荣城乡商品市场做出贡献。渔业生产历来是浔埔经济的重要产业支柱，其生产总量占全区农业产值的 4.7%。

勤劳勇敢的浔埔妇女具有别具一格的民俗特色，浔埔现保存着大量的历史文化遗产“蚵壳厝”。随着泉州市沿海大通道浔埔路段建设的进展，浔埔社区将把握有利时机，抢抓机遇，充分利用浔埔的民俗特色和古建筑物“蚵壳厝”，发挥沿海渔区的自然优势，大力发展旅游业、餐饮业，建设海鲜美食一条街，使浔埔岸线成为泉州市一道亮丽的风景线。

【问题】

（1）浔埔社区的地域要素对浔埔社区的发展有什么样的影响？

（2）浔埔社区属于什么类型的社区？

【提示】社区的地域要素涵盖地理条件和人文地理条件。浔埔社区的地域要素对社区的发展起到了重要的作用。首先，从地理条件来说，浔埔社区处于泉州湾晋江下游出海口，为社区发展渔业、海上养殖业提供了得天独厚的条件；从人文地理条件来说，浔埔社区的民俗特色和古建筑物又为当地发展旅游业提供了基础。

对社区的分类有不同的标准：

（1）若以社区的发展状况为标准来划分，浔埔社区是一个发展中社区。

（2）若以社区功能来划分，浔埔社区是一个以渔业为主的经济社区。

（3）若以社区区域特征来划分，浔埔社区是一个城镇社区。

（4）若按社区形成方式来划分，浔埔社区既是一个自然性社区，又是一个法定性社区。

拓展训练 1-2

总结农村社区和城市社区的特点

通过查阅文献资料，实地调研，总结农村社区和城市社区的主要特点。

具体实施如下：

（1）划分学习小组，5～6 名同学为一组。

（2）查阅文献资料，并到社区实地走访、观察、访谈社区居民。

（3）资料分析，撰写总结报告，内容主要包括农村社区和城市社区的地理特征、人口特征、文化特征、人与人之间的交往互动方式。

第三节 社区的结构和功能

案例导入

居民的烦恼

某居民小区入口处有一家垃圾处理厂，大量垃圾堆积使得这里臭气熏天，夏天时更为严重，居民路过时都无法正常呼吸。在家时，居民也不敢随意开窗，怕导致室内空气污浊，生活受到了很大影响。有些居民因此搬离了这个小区，还有些居民甚至产生了轻微的病症，如头痛和眩晕。社区工作者得知这个消息后将社区居民组织起来，听取居民的意见和想法，与居民中的志愿者一起对事件进行了充分的调查了解，并收集了空气污染的相关数据资料。然后拿着有关环境污染要求的文件和实测数据资料，以及由社区居民自发参与签署的连名信一起到垃圾处理厂解决这一问题。垃圾处理厂在事实面前无法抵赖，只得加强污染治理，并向社区的受害者支付了一定的经济赔偿。

【思考】

(1) 居民和所居住社区之间的关系。

(2) 社区有哪些重要功能？

如果说社区的要素与类型是对社区“有形的分析”，那么社区结构与功能可以说是对社区“无形的分析”。前者依据实体，具有可感性；后者则只有抽象性，必须从理性上去把握。

一、社区的结构

社区是一个功能完整的相对独立的生活共同体，必然具有复杂的结构。社区的结构是指社区内各要素的内部及其相互间形成的相对稳定的关系或构成方式。社区是一个由各种要素相互作用形成的有机系统。经济要素、政治要素和文化要素是社区的重要组成部分，它们自身又具有一定的结构，互相之间也形成一定的结构，从而形成不同的社区类型。我们这里讲的社区结构既包括各要素的内部结构又包括它们之间的相互关系。我们仅从下面几个方面进行分析：

(1) 社区的经济结构，包括生产力结构和生产关系结构，是社区生活中起主导作用的系统，制约着其他方面的发展。产业结构、企业结构、产品结构、技术结构、职业结构、所有制结构、交换结构、分配结构、消费结构、社区经济的空间分布结构、自然资源和人文资源的构成都是分析社区经济结构的主要内容。

(2) 社区的政治结构是指社区居民在政治活动中形成的关系，反映社区居民的利益和地位的分化。一定的社区政治结构与社区经济结构相适应，主要表现为阶层结构，各种政治组织、政党之间的关系，社区权力结构和政治制度结构等。

(3) 社区的文化结构是多层次的，成分也是多种多样的，包括社区内存在的各种伦理道德、价值观、宗教信仰等社会意识形态，以及社区内的语言、个体意识和群体意识、各种文化载体或设施等。

（4）社区的人口构成，即自然构成和社会构成，如人口的年龄结构、性别结构、民族和信仰构成、知识结构、群体结构和组织结构等。

二、社区的功能

社区的功能是指社区各部分对社区整体的作用。

1．经济生活功能

经济生活功能是指生活、分配、交换、消费的功能，表现为社区通过生产或进口为其成员提供衣、食、住、行等基本的生活必需品和服务，并为社区成员提供就业与谋生的机会。担负这一功能的主要是社区的各个经济组织，如社区的工厂、商店、旅店、餐馆以及第三产业等，能为居民提供生产、流通、消费、娱乐文化等服务。

2．社会化功能

社会化是指自然人成长为社会人的过程。社会通过各种教育手段，使自然人逐渐学习社会知识、技能与规范，从而形成自觉遵守与维护社会秩序和价值观念与行为方式，取得社会人的资格，这一成长过程即社会化。社区内的家庭、学校和儿童游戏群体对儿童与青少年的社会化起重要作用。社区的文化教育活动对青少年、成年人都产生重大影响。社区所有成员在参加社区各项活动中受到教育，不断社会化。社区有一套社会化的体系，对社会成员起社会化的功能。社区社会化的最大特点是能否密切协调各种组织的活动，使社区的社会化活动形成一个整体，从而在功能上达到最大的效果。

3．社会控制功能

社会控制具有把维护社会稳定的任务落实到基层社区的功能，社区通过社会化来实现其对成员的内在控制，通过各种组织及其规章制度来实现它对成员的外在控制，以维护社会秩序。

社区各类机构与团体在维护社区秩序、保障社区安全等方面发挥重要作用。社区有一套完整的社会控制体系，一方面发挥正面教育作用，鼓励人们遵守社会规范，维护社会秩序；另一方面对违反社会规范的人给以惩罚，同时也发挥着反面教员的作用。社区的风俗习惯和规范约束居民的行为，社区的赞誉与责备等社会舆论促使居民遵守社区的风俗习惯和规范。

4．社会福利保障功能

社区通过组织社会福利机构与居民互助体系，发动组织本社区的力量，为社区成员解决困难和提供各种福利服务，它所提供的是就地、直接和及时的帮助。这种功能表现为社区福利部门或慈善团体、民政部门扶贫助弱，社区居民之间的相互帮助、互相支援，社区医院、诊所为居民提供医疗保健服务等。守望相助、邻里相帮是我国社区居民的一个优良传统，一个友好的“近邻”赛过亲密的“远亲”，它能解你“燃眉之急”。许多生活中的困难，往往消化在邻里的互助之中。因此，和睦邻里成为社区文明建设的一项内容。

5．社区参与功能

社区是居民生活交往的场所，也是社会成员直接参与社会事务活动的地方。社区通过其基层组织开展各种社会活动、文化娱乐活动、体育活动等，促进人们相互交往与互动，提高社区居民的参与意识。社区越是能动员其居民积极参与社会活动，就越有利于促进社区的建设与发展。

社区为居民提供经济、政治、教育、康乐和福利等方面活动的参与机会，促进社区内人们的相互交往与互助，使居民对社区有更多的投入和更强的认同感，提高社区的价值整合。在参与社区活动中产生互助，发挥居民的潜能，充分挖掘社区资源，促进社区的繁荣与发展。社区的功能随着社区的变迁和发展而发生相应变化。现代社区的发展趋势是一方面在复杂化，一方面在专门化。一个大的社区往往聚集为商业区、文化区、政治区、工业区、开发区。

案例 1-3

上海程家桥社区的发展目标

“十一五”期间，程家桥社区的总体目标是：坚持以科学发展观为指导，推动程家桥社区各项事业全面协调可持续发展，将程家桥社区全面建成“天蓝、地绿、景美、居佳、人和”的生态型文明社区，成为政治文明、经济高效、环境优美、生态和谐的新型的“和谐社区，温馨家园”。

具体目标及任务如下：

（1）社区经济

要在 2005 年 3.86 亿元的基础上，每年要以 15%～18%的增长速度发展。

（2）社区公益设施建设

建造 1400 平方米的办公大楼，建造 1800 平方米的社区文化服务中心，改建 2000 平方米的社区事务受理中心，每个居民区有一个便民医疗点。建立和完善社区服务网络，社区志愿者组织健全，活动正常，参与率达到 15%以上。把各居委会建成市级或区级社区服务示范居委、敬老小区和一级居委会；市、区级科普村达到 100%。建立和完善社会保障机制，优抚对象结对帮困率达 100%，社区单位参与帮困率达 100%，并着力开展家庭养老。社区内建有 2 个标准化和 1 个达标菜市场、4 个超市网点，副食品经营面积 3990 平方米。

（3）社区事业发展

加强政治文明建设。三年内将程桥建成法治型社区，充分发扬和体现政治民主，居委干部民主选举达到 100%。

营造文明高雅的人文环境。三年内建成 1 个社区信息指挥中心和 2 个信息苑，建成信息化社区；办好社区学校和各类居民文化培训班，提高公民道德、文化素质，建成学习型社区。九年义务教育普及率和青少年爱国主义教育普及率达到 100%。加大创建文明小区的力度，将 100%的小区建成市级文明小区（目前 93%居民生活在市级文明小区内），文明小区创建升级上新台阶，把所有小区建成一居一特小区。

建设健康社区。积极开展环保治理活动，实现无污染社区。具体目标是：无燃煤街道，社区环境噪声、交通干线噪声达到市级指标；工业废水排放处理率、达标率、污染物排放削减量达到市级标准；社区各项环保质量指标达到市级标准。每个小区都建有环保电子显示屏，建成环境监测网络，每个小区全部建成绿色环保小区、园林小区；新增平溪路、清溪路路口公共绿地，人均公共绿地达到34.54平方米。

（4）社区管理和服务

三年内全面建成安全社区，8个居民小区全部建成市、区级安全小区，辖区内企事业单位60%以上的建成安全合格单位；确保社区内公共场所治安秩序良好，民事调解率达到100%，刑释解教人员重新犯罪小于5%，不发生因调解不当而造成恶性事件和非正常死亡事故，不发生人为的重大治安（火灾）、灾害性事故，不发生影响全市性的社会稳定事故。

（5）社区自身建设

加强社区党建，充分开发并利用社区各类资源，积极探索社区网络化体系。树立社区党建网格化的新理念，以“凝聚力工程”为抓手，探索以社区为载体，以网格化的方式，打破条块分割，建立起整合资源的管理体制和统筹使用资源的反应机制，切实体现党的总揽全局、协调各方，进一步增强党的执政基础。

【问题】社区举办端午节包粽子文化活动有什么意义？

【提示】社区文化活动不仅具有趣味性与文化性，最重要的是提高人们的参与度和凝聚力。

拓展训练1-3

社区功能调查

社区是城市的细胞，是城市建设与管理的基础。当前，随着城市化进程的日益加快，城市社区承担着越来越多的职能，发挥着越来越重要的作用。

（1）调研要求：通过社区实际调查，了解社区具有哪些功能，各功能如何为居民提供综合服务、提高居民生活水平。同时调研和统计社区居民对社区功能的满意程度，寻找社区还缺少哪些服务功能。

（2）调研主题：从便民利民服务方面着手，调研社区服务站、活动室、警卫室、卫生服务站等社区基础设施建设方面的功能成效。

（3）调研目的：以创建和谐社区为目标，不断完善社区基础设施和社区服务是我们构建和谐社会的重要组成部分，社区和谐是社会和谐的基础。调研让我们有机会了解社区和居民的紧密联系，为以后的工作生活提供便利。同时我们也会将调研的结果和意见反馈给社区，让社区功能不断完善，给大众更好的便利。

（4）具体实施：

1）做好人员分工，确定拟调查的社区。首先将学生分成4～6人的调查学习小组，每个小组自愿或选举产生一名小组长，然后以小组为单位在学校附近选择一个社区作为调查对象，尽量让每个小组选择不同的社区。

2）深入社区，开展调查或访谈。以小组为单位，深入社区，通过问卷调查或者访谈法，收集有关社区功能的资料。

3）资料分析，撰写调查报告。将收集的资料进行整理和分析，然后撰写社区功能调查报告。

练　习　题

一、名词解释

社区　社区结构　法定社区　虚拟社区　农村社区　城市社区

二、填空题

1.（　　）是社区的主体，是社区构成的第一要素。

2.（　　）要素是社区概念中的一个重要因素。

3. 按照经济结构、人口密度、规模大小、组织特征、文化模式等综合标准可以划分为农村社区和（　　）。

4.（　　）是指社区内各要素的内部及其相互间形成的相对稳定的关系或构成方式。

5.（　　）中家庭、亲属、邻里等初级关系和初级群体非常重要。

三、单项选择题

1. 社区一词最早是由谁提出来的？

A. 孔德　　B. 滕尼斯　　C. 麦基文　　D. 桑得斯

2. 非人为的、人们在长期生活中自然形成的、共生共存的社会地理空间是指什么类型的社区？

A. 自然　　B. 农村　　C. 专能　　D. 经济

3. 把社区划分为经济社区、政治社区、文化社区、军事社区等类型是按照什么标准划分的？

A. 人口　　B. 功能　　C. 综合　　D. 结构

4. 社区内存在的各种伦理道德、价值观、宗教信仰等社会意识形态，以及社区内的语言、个体意识和群体意识、各种文化载体或设施、机构等是指社区的什么结构？

A. 人口结构　　B. 文化结构　　C. 经济结构　　D. 政治结构

四、思考题

1. 社区的概念？

2. 社区可以分为哪些类型？

3. 社区的结构？

4. 农村社区和城市社区的特点？

5. 社区具有哪些功能？

第二章 社区建设

学习目标

- 熟悉社区建设的含义以及社区建设的内容；
- 熟练掌握社区建设的运行机制；
- 掌握社区建设的管理体制。

随着我国经济体制改革和社会管理体制改革的不断深入，社会成员从原来的“单位人”属性逐渐向“社会人”过渡，居民群众的物质文化生活需要不断上升，民主意识和参与意识也越来越强，“小政府、大社会”的格局正在形成。社区作为人们日常生活最基本的场域，承担越来越多的社会服务功能，社区建设就变得十分迫切，且意义重大。

第一节 社区建设概述

案例导入

打造“15分钟生活圈” 居民吃喝玩乐一站“搞定”

——嘉定区嘉定镇街道睦邻中心建设样本记录

嘉定区嘉定镇街道睦邻中心是集便民生活服务、专业为老服务、睦邻特色服务为一体的综合型服务枢纽平台。中心依照“政府主导、社会协同、公众参与”的原则，以“公益化、枢纽化、社会化、智慧化”为目标，委托成熟的社会组织进行运营管理，通过引进社会上口碑好、专业性强的公益性单位为居民提供精准、优质、高效的基本公共服务项目。与一般睦邻中心不同的是，高昌路睦邻中心的服务大多是政府购买的形式，可为居民提供更为专业的服务。目前入驻睦邻中心的单位及社会组织共有 15 家，分别从事为辖区智力、精神及重度残疾人提供托养服务和阳光职业康复服务项目，为老年人提供聊天陪护、康复训练、医疗保健、健身活动、助餐服务等老年人日间照料及文体活动，为区域党建、社区党建及社区工作者等提供相关专业服务。“将社会资源整合后入驻睦邻中心，进行统一管理，组织之间可以互通有无，实现‘1+1>2’的效果。”高昌路睦邻中心负责人陈健华说。中午来老年人日间服务中心吃饭，饭后去图书室看书，然后到书画室练习书法，坐久了想活动一下的话，就去健身室跑跑步，锻炼之后如果出汗了，还可以去淋浴室冲个澡，然后还能在公益洗衣房洗衣服……这样便捷的自助服务，对辖区内的老人们而言，以前想都不敢想。而现在，老人们的这些愿望均可在睦邻中心实现。

睦邻中心助餐服务点的设立，更是给丽景、西大、银杏等社区居民带来了方便。“平时要不随意做点饭，要不就在外面凑合，在睦邻中心吃饭，不仅方便，每顿还可以享受 3 元优惠。”居民高新海说。陈健华介绍，3 月 2 日试营业以来，已有 150 余人来办理就餐卡，随着其他企业组织的陆续“开张”，将会有更多老人在此处受惠。除了老年人，残障人士也能在睦邻中心享受便捷贴心的服务，可以享受推荐就业和职业康复，还能通过简单劳作获得一些补贴。陈健华介绍，上海飞星照明电器有限公司在睦邻中心设有小型工厂，符合条件的残障人士可通过制作灯头、开关等电子设备，获得补贴，基本上能够满足他们的日常生活所需。

据嘉定镇街道工作人员介绍，高昌路睦邻中心建设及阳光家园迁址工程是街道五年行动计划中的一项民生实事项目，也是社会治理创新、街道体制改革背景下，街道落实市委一号课题的重要举措。除首家高昌路睦邻中心外，嘉定镇街道将陆续再建 4 个睦邻中心，努力打造“15 分钟生活圈”，满足社区居民就近享受优质、便捷公共服务的迫切需求。

【思考】

（1）嘉定区嘉定镇社区的“15 分钟生活圈”有什么意义？

（2）社区建设对社区居民生活水平的提升有什么作用？

一、社区建设的含义

社区建设是指在党和政府的领导下，依靠社区力量，利用社区资源，强化社区功能，解决社区问题，促进社区经济、政治、文化、环境协调和健康发展，不断提高社区成员的生活水平和生活质量的过程。我国现阶段各地方兴未艾的“社区建设”所指的法定小型社区，主要指城市居委会和农村村委会层次。随着社区建设的发展，我国社区建设未来将可能提升到城市的辖区政府或街道办事处层次。社区建设具体应指城市辖区政府或街道办事处以下的基层社区在党和政府的支持和领导下，通过调整和强化社区自治组织和其他社区组织，依靠社区力量，利用社区资源，整合社区功能，发展社区事业，改善社区经济、社会和文化环境，把社区与整个国家的社会生活合为一体，从而通过社区建设促进整个社会进步。或者说，它是基层社区为不断强化基层民主自治，优化社区区位结构，不断完善与提高其功能，不断满足与提高社区成员生活质量的自我发展过程。

二、社区建设的意义

（1）加强社区建设，是社会主义市场经济发展的迫切要求

市场经济使社会的流动性加剧，社会成员的“单位”“组织”属性逐渐减弱，大量的“单位人”转为“社会人”，大量的农村人口涌入城市，还有大量从事个体、私营企业人员处于

松散的管理状态。企业深化改革，企业转换经营机制，企业办社会的职能，企业退休职工的管理，企业下岗职工的再就业和社会保障等，都将分离到社会，必须有一个载体来承接。另外，政府机构改革，转变职能，许多社会职能、服务职能，除一部分可以通过中介组织承担外，大部分也要由一个新的载体来承接。人员的社会流动性增加，企业深化改革，政府转变职能，使得计划经济体制的城市基层社会管理方式很难适应，迫切需要一种新型的管理模式取而代之。这种模式最好的选择就是社区管理。

（2）加强社区建设，是提高居民生活质量的迫切要求

随着经济的发展，群众富裕了，越来越讲究生活质量。经济体制改革的深化，住房、医疗、养老、就业等体制的改革，城市居民同所居住社区的关系愈来愈密切。在社区服务、居住环境、文化娱乐、医疗卫生等方面，群众的要求会越来越多，越来越高。但是，目前城市在管理和服务方面远不能满足群众多方面、多层次的要求。因此，必须在拓展社区服务的基础上，推动社区建设。

（3）加强社区建设，是加快城市现代化进程的迫切要求

目前，城市基层管理普遍滞后，居民整体素质有待提高，社区文化、娱乐、体育活动匮乏。只有加强社区建设，才能提高城市的管理水平，提高城市居民的整体素质和文明程度，从而加快城市现代化的步伐。

（4）加强社区建设，是城市基层政权建设改革的迫切要求

面对流动人口，下岗职工、老龄问题、社会治安、计划生育以及对属地单位的社会化服务等各种问题，居委会力不从心；而随着城市的发展，旧城区的改造与新区开发，按户口数量而不是按自然地域标准来建立居委会的做法，已显得落后，也不符合城市管理的客观需要。另外，长期以来，绝大多数居委会干部由离退休人员组成，这些老同志凭着奉献精神发挥余热，为城市社会管理做出了贡献。但年龄大，文化低，体力和精力不足等问题，使他们难以承担新时期居委会工作的繁重任务，难以承担推动社区建设的重任。同时，居委会办公用房短缺，办公经费匮乏，工作条件差等问题，也严重制约了居委会作用的发挥。因此，加强社区建设，改革城市基层管理体制，探索具有中国特色的城市基层管理的新路子，是摆在我们面前的一项十分紧迫的任务。

三、社区建设的主要特征

社区建设涉及方方面面，在党委、政府的领导下，各有关部门和单位要各司其职，各负其责，相互配合支持，按照各自的职能共同做好工作。工会、共青团、妇联、残联以及老龄委等组织在推进社区建设中有着重要作用。坚持党委和政府领导、民政部门牵头、各有关部门配合、社区居民委员会主办、社会力量支持、群众广泛参与的原则，才能形成推进社区建设的整体合力。可见，社区建设包括了各类社会群体和社会组织。不同地区的城市社区，甚至同一地区或城市的不同社区，因其经济发展水平和居民构成的不同，社区建设呈现出多样性。概括而言，社区建设具有以下主要特点：

1. 社会性

社区建设是一项社会性的工作。它既不是一种单纯的政府行为，也不是一种单纯的民间

活动，而是各类社区主体、各种社区力量共同参与的过程。它的社会性主要表现在以下几个方面：

（1）党政组织发挥着领导或主导作用。党是我国社会主义现代化事业的领导核心，自然也是社区建设的领导核心。在党的方针、路线的指引下，各级政府机构承担着制定和实施社区建设政策和社区建设规则，完善社区建设制度，推动社区建设工作，并在其中协调居民、社团和企事业单位之间的关系等职责。

（2）社区建设工作面向整个社区，面向社区成员，为社区组织和成员提供多方位、多样化的服务。社区居民委员会和各种社会团体是党和政府联系广大居民群众的桥梁、纽带，发挥着骨干或中介作用。

（3）社区建设工作需要全社会的参与，辖区单位与社区居民的共驻共建是社区建设的基础工程。没有社会各部门和社会各种力量的广泛参与，仅仅依靠政府的行政力量，社区建设就会成为无源之水、无本之木。

2．群众性

社区建设是一项群众性的工作，主要表现为：

（1）社区建设的基本原则是以人为本。社区居民的基本利益和实际需求是社区建设的出发点和立足点。这是社区建设的根本所在。

（2）社区居民的参与是社区发展的坚实基础。社区居民的参与热情越高，社区的发展越快，社区工作开展得就越好。

（3）社区建设工作必须是全体居民对其所生活的社区形成认同感、荣誉感、归属感与参与感，即社区意识。只有使社区居民真正树立起社区意识，才能增强居民对社区的向心力和凝聚力，才能促进社区建设和社区发展。

3．地域性

中国的社区是一种地域性的社会生活共同体，因此社区建设也具有突出的地域性特征，主要表现为：

（1）社区建设主要是根据本社区成员的需求和愿望，解决本社区问题，为本社区成员提供多样化服务。

（2）社区建设的组织者和参与者主要是本社区内的居民、单位和群众、组织。

（3）社区建设的活动范围主要局限于本社区之内，并在一定程度上受本社区地理环境条件的制约。

因此，社区建设在中国不可能有一个统一的模式，必然是因地制宜，多种模式并存。

4．综合性

社区建设是一项综合性工作，而不是特指某一方面的工作。其表现为：

（1）社区建设工作涉及面很广，它包括拓展社区服务、美化社区环境、强化社区治安、繁荣社区文化、推进社区卫生。

（2）社区建设既然是一项综合性工作，所以评估社区建设工作的标准也不是单一的，或固定不变的。而是要根据社区群众满意不满意等多种标准来评估。

（3）社区建设工作是一种多学科的集合体，既有社会学，也有人口学、政治学、环境学、管理学等。开展社区建设的工作，要求社区工作者必须掌握多方面的知识。

（4）社区建设的工作方法是多样的，既有一般的方法，也有特殊的方法；既有经济手段，也有行政手段和社会手段。只有采取多种方法和手段，社区建设才能达到预期的目的。

5．计划性

社区建设的计划性表现为：

（1）社区建设是一项有计划的社区变迁。人们认识和掌握了社会变迁的客观规律，制定社区建设计划，推动社区发展的过程，就是社区变迁。因此，社区建设的计划，必须符合变化着的客观实际。符合客观规律的社区建设计划是可行的，照这种计划去做，就会达到预期的目的；反之，违背客观规律的社区建设计划，是空想的计划，照这种计划去做，就会受到惩罚。

（2）社区建设作为有计划的社区变迁，是人的自觉的主观能动性的体现。这不仅体现在对社会和自然发展规律的认识基础上去计划社区的变迁，而且还体现在对社区未来的发展目标以及达到这个目标的措施做出决策，以减少盲目性，增强自觉性，从而推动社区建设和社区发展。

（3）社区建设必须从社区实际出发，制定长期、中期、短期的计划。严格地说，长期计划是一种规划。因此，必须在大量社区建设调查的基础上制定出符合社区实际情况、具有自己特色的总体发展计划。当然，这种社区的总体发展规划，又必然受到整个国家的经济社会发展规划的制约。

四、社区建设的原则

1．社区建设原则的制定

根据我国社区建设的实际情况和我国的基本国情，我国城市社区建设具有五项基本原则：

（1）以人为本、服务居民。坚持以不断满足社区居民的社会需求，提高居民生活质量和文明程度为宗旨，把服务社区居民作为社区建设的根本出发点和归宿。

（2）资源共享、共驻共建。充分调动社区内机关、团体、部队、企业事业单位等一切力量广泛参与社区建设，最大限度地实现社区资源的共有、共享，营造共驻社区、共建社区的良好氛围。

（3）责权统一、管理有序。改革城市基层社会管理体制，建立健全社区组织，明确社区组织的职责和权利，改进社区的管理与服务，寓管理于服务之中，增强社区的凝聚力。

（4）扩大民主、居民自治。坚持按地域性、认同感等社区构成要素科学合理地划分社区；在社区内实现民主选举、民主决策、民主管理、民主监督，逐步实现社区居民自我管理、自我教育、自我服务、自我监督。

（5）因地制宜、循序渐进。坚持实事求是，一切从实际出发，突出地方特色，从居民群众迫切要求解决和热切关注的问题入手，有计划、有步骤地实现社区建设的发展目标。

2. 社区建设原则的实现

在社区建设中如何实现以人为本的原则，是社区建设发展的关键所在。在社区建设中，坚持以人为本，就是要把满足社区居民的合理需求作为工作目标，按照社区居民需要什么就做什么，这里既包括物质方面的，也包括精神方面的。以人为本的原则，要求我们要有对人民负责的精神，要真正了解人民的需求所在，要真心实意地为人民服务。以人为本，在作为我国城市社区建设的重要原则提出之前，已作为社会发展战略，由联合国开发计划署提出。该署在吸收各种有关注重人的发展的思想基础上，发布了其第一个人文发展报告。这一报告提出，应把人的需要、期望和选择放在一切发展活动的中心，提出“发展是人的发展，为了人的发展，由人去从事的发展”“没有人，就没有发展”“不能使人过上好的生活，并且使人不能真正发挥他们的创造，表达和参与能力的发展，不是真正的发展”，强调“以人为核心，把人作为发展行动的出发点和归宿”。从上可知，以人为本，就是要把人作为核心和本源，以满足人的需要、促进人的全面发展为导向，开展工作。

（1）以人为本，是社会发展的必然选择。以人为本的战略是在吸收经济增长战略的教训后提出的。第二次世界大战后，世界各国尽管经济制度、经济体制和经济发展水平存在很大差距，但有一个共同点，就是把经济增长等同于发展，把国民生产总值和国民收入的增加以及实现工业化当作发展的主要内容。

（2）以人为本，是社区建设的根本目标决定的。我国的社区建设，是在社会主义市场经济不断发展的情况下开展起来的，是适应社会主义市场经济发展的需要提出的。市场经济的发展，使社区成为人们除工作、学习以外的重要活动场所，人们生存和发展的重要基地，人们切身利益的重要载体。无论人们如何更换工作岗位，但居住的社区却是相对稳定的。因此，社区在人们生活中的地位和作用越来越突出。加强社区建设，就是要依靠社区力量，利用社区资源，强化社区功能，解决社区问题，促进社区政治、经济、文化、环境的协调和健康发展，不断提高社区成员生活水平和生活质量。社区建设的这一根本目标，要求它必须以人为本，只有这样，才能不断改善生活环境和质量，提高人的文明素质，实现人的全面发展。

（3）以人为本，是我们党的宗旨的要求。党的宗旨是全心全意地为人民服务，是代表最广大人民的根本利益。不断提高生活质量，实现全面发展，既是最广大人民的根本利益所在，也是我们党的事业所在，也正是我们的工作目标和内容。以人为本就要改进工作作风，切实了解社区居民的需求。社区居民的需求，有些是共同的，有些则因文化层次、经济水平、健康状况、年龄性别、兴趣爱好等不同而有所差异。要为社区居民提供优质服务，不仅要了解社区居民的共同需求，也要掌握社区居民的不同需求。这就要求改进工作作风，经常深入到居民之中，倾听社区居民的呼声，通过各种有效的方式，掌握社区居民的需求情况，以便根据实际需求情况及其变化，确定和调整服务，提高服务质量，改进工作方式。

（4）以人为本就要建立满足居民需求的机制。有了为社区居民服务的责任心，知道了社区居民的需求还不够，还需要建立一种新的有效机制，来切实为社区居民提供服务，确保满足社区居民的需求。事实证明，实行“四个民主”就是行之有效的办法。四个民主，除民主选举外，还有民主决策、民主管理和民主监督。民主决策，就是社区内部的事务由居民来决策。由于决策是社区居民自己民主做出的，它必然要体现多数居民的需求和利益。民主管理就是社区居民通过居民会议或者其他民主形式参与社区管理和监督的活动。居民秉承主人翁精神，维护社区权益，承担社区管理责任。民主监督，既有社区领导人对社区居民的监督，也有居民对社区领导人的监督，还有社区居民的互相监督。作为社区领导人，有责任从社区居民的整体利益出发，对个体居民的行为实施监督。对社区领导的监督，就是看他是否执行了居民民主做出的决策，是否是为居民的利益做事。互相监督则是监督对方不要做损害自己特别是大家利益的事情。实行四个民主，不仅可以选出代表社区居民自己利益、满足社区居民自己需求的社区领导人，而且建立起一种机制来保障社区居民的需求得到满足，利益得到体现，社区居民还可以在参与四个民主的过程中锻炼、提高和发展自己。

案例 2-1

组织群众开会

钱建荣高中毕业后进地方供销社工作一段时间，然后下海办起了店口镇最早的五金配件商店。直到现在，钱建荣的五金配件商店仍然是店口镇最大的，每年销售额有 2000 多万，利润几百万元。钱建荣特别喜欢琢磨问题，常给《诸暨日报》提关于语法错误和错别字的意见。之后钱建荣以高票当选了村委会主任并在 3 年当中充分发挥自己主动性，将鲁戈村由一个落后村变成先进村。

钱建荣刚当村委会主任时，不太懂得如何开展工作，然后到隔壁村挂职两个月，这两个月挂职给他以很大教育。刚去挂职，村里开干部会，结果来了很多村民，屁股坐在桌子上，这个干部会显然没有办法开下去了。隔壁村村支书是一个工作经验十分丰富的老干部，他临时将干部会开成群众会，让所有愿意讲的群众发言。一次会议没有发言完，下次会议再讲，一个一个地讲，知无不言，言无不尽，竟一连开了30多次群众会。结果，村民意见讲完了，牢骚发完了，共识也达成了，反对意见也自然就没有了。隔壁村一下子由一个坏村变成了好村。公开议事，充分议事，而不是关起门来私下个别解决问题，这是一个关键。当前群众工作中存在的严重问题是关起门来秘密地个别解决问题而不是通过群众公开讨论达成共识来解决问题，结果就是群众越来越不信任干部，矛盾和对立也越来越大。从这个意义上讲，群众工作方法的一个重要方面是开会。这是钱建荣在这次挂职锻炼中最大的收获，他也因此在村办公室大厅正面悬挂“百姓议事厅”5个大字。

粗略地分，有两种不同的开会，一是民主，二是集中。民主是广开言路，让各种意见得以发表，集中形成决策，作为民主的开会，主要不是解决集体问题而是要就现有状况达成理解和共识，是让有理的少数变成多数，让无理的多数变成少数，让问题清晰化、要求明晰化，并在此过程中将情绪变成理智，让正气压倒邪气。连续不断地开会，是一种强有力的动员，会给所有参与会议的人以政治正确的标准方案，也给敢于违反共识者以巨大心理代价。有了充分讨论及由此形成的共识，则作为集中的开会，就只是一个过场了，集中是对共识的支持。这样做出的决策，就不会有执行上的任何困难。民主越充分，集中越简单，执行越容易。这大概是村级治理中组织村民开会的必然逻辑。

【问题】社区居民开会有什么意义？

【提示】让所有利益相关者都有权利充分参与讨论，是一种既有群众观点又有群众工作方法的具体举措。

拓展训练 2-1

拟写社区建设方案

社区建设方案是社区建设的指导思想，学习撰写社区建设方案一方面可以增强学生与社区居民及社区组织的沟通能力；另一方面可以帮助学生对社区基本情况有个感性的认识，引发学生的思考。调查社区建设现状主要包括：一是了解社区的人员构成情况；二是了解社区基本设施情况；三是了解社区居民参与社区建设的情况；四是了解社区居民对社区建设的期待与评价；五是撰写社区建设现状调查报告。

1．具体实施

（1）做好人员分工，确定拟调查的社区

首先将学生分成 4～6 人的调查学习小组，每个小组自愿或选举产生一名小组长，然后以小组为单位在学校附近选择一个社区作为调查对象，尽量让每个小组选择不同的社区。

（2）查阅文献资料，设计调查问卷或访谈提纲

通过查阅文献资料，一方面了解社区建设的内涵；另一方面了解前人在这方面所做的研究。然后，在此基础上共同探讨和设计社区建设现状调查问卷或访谈提纲。

（3）深入社区，开展调查或访谈

以小组为单位，深入社区，通过问卷调查或者访谈法，收集有关社区建设现状的资料。调查时，注意调查对象的选择，比如考虑不同年龄的人群、不同的社区组织等因素。

（4）资料分析，撰写调查报告

将收集的资料进行整理和分析，然后撰写社区建设现状调查报告。

2．重点提醒

（1）设计调查问卷或访谈提纲。一是有利于大家了解社区建设现状方面的研究（因为要设计问卷或访谈提纲，大家需要查阅文献和讨论）；二是为大家进入社区调查或访谈前做好准备，包括调查材料的准备、衣着打扮的准备等。

（2）撰写社区建设现状调查报告。调查报告一般包括社区的基本情况、被调查人的基本情况、社区建设现状（含存在的问题及原因分析）、社区居民对社区建设的期望或建议。

第二节　社区建设的内容

案例导入

项目设计“遍地开花”撬动居民自治热情
——徐汇区龙华街道打造居民区自治项目样本记录

在徐汇区龙华街道狮城居委的小区里，会发现宠物狗外出，一律戴着口罩，狗主人牵着狗绳，时不时看到狗狗衣服上的 SC（狮城）标志，颇为亮眼。这便是龙华街道推出的“一居一品”居民区自治项目带来的成果。

狮城居委会申报的自治项目是“萌宠总动员”，据居委书记张晴霞介绍，“养宠物的居民多，小区绿化带、楼道内经常发现宠物大小便，影响环境卫生。还有无证养狗、外出不牵狗绳、大型犬不戴口罩、宠物在绿化带和人行道上戏耍追逐、咬伤行人，这样的问题之前也出现过。”为解决诸如此类的问题，居民区党支部在广泛听取各方意见之后，最终找到了众人意愿和要求的最大公约数，妇女代表王浩洁和退休居委干部姚静华，自发组织成立“狮城萌宠好主人俱乐部”。他们在整个居民区招募“好主人”，这些“好主人”每天利用遛狗的时间担当起平安志愿者巡逻的工作，遇到陌生人就上前盘问。还利用空余时间，教其他狗主人用废旧报纸折叠狗狗坐便器。为了鼓励更多的萌宠主人参与到这个自治组织，王浩洁号召大家为狗狗们量体裁衣，免费定制一件带有“SC”（狮城居委缩写）标志的服装。

除此之外，俞二居民区的“夏德胜工作室”，龙华新村的“小区啄木鸟”，俞三居民区的“赉乐学堂”等，都各具特色。纷纷致力于寻找自己社区居民的关注点，引导居民走出来。针对此次在全街道范围内集体推出的居民区自治项目，街道办事处主任程伟表示，社区治理的主体是社区居民，因此要充分调动居民参与社区治理的积极性，让居民为小区建设发展出谋划策，真正成为小区治理的主体。在这个过程中，还要加强专业指导，希望专家们能够为居民区的自治项目提供指导和帮助，使自治工作抓住要点，更有成效。

【思考】

（1）徐汇区龙华街道打造居民区自治项目为什么受居民欢迎？

（2）作为社区工作者我们如何开展居民自治？

一、社区组织建设

社区组织，是指直接从事社区民主选举、民主决策、民主管理、民主监督活动以实现自我教育、自我管理、自我服务、自我约束功能的各种组织的总称。社区组织建设包括：加强社区党的组织建设，建立健全社区党的基层组织；加强社区居委会建设，成立居民自治组织，建立社区代表会议制度；加强民间服务组织建设，发展社区志愿者队伍。

1. 社区党组织建设

社区党组织是指按照《党章》的规定，在社区之中成立的，以全体党员为组织对象的中国共产党的基层组织，其具有政策宣传、理论学习、监督教育、联系群众和发展培养的作用。

2．社区自治组织建设

社区自治组织是在街道党工委和社区党组织的统一领导下，按照“社区自治”的原则设立的，实行社区民主选举、民主决策、民主管理、民主监督的社区组织，主要包括社区居民代表大会、社区居民委员会、社区共建委员会（理事会），每届任期均为 3 年。社区自治的特点有：①社区普通居民是社区自治的主体；②自治的内容是社区内的各种公共事务；③社区居民的公民权利意识直接影响自治参与的深度；④社区发展和公民权利保障是社区自治的目标取向；⑤自治的范围是本社区内。

3．社区中介组织建设

（1）社会（区）团体类组织。这是自下而上形成的社区中介组织，是基于社区成员生活需要而形成的团体，以社区居民为成员，以社区地域为活动范围，以满足社区居民不同需求为目的，由居民自主成立或参加的组织，也可称为民间组织。其基本特点是民间性、社区性、自主性、志愿性、群众性、非营利性、非法人性。

（2）社区民办非企业类组织。这是自上而下建构的，由政府倡导、扶持成立的较正式的组织。其特点是正规性、独立性、非营利性、公众利益性。

二、社区工作者队伍建设

在国外，尤其是欧美发达国家，“社区工作”是专业社会工作中的重要组成部分，这是一个“协助普通人通过开展集体行动以改善其社区的过程”。与此相应，“社区工作者”是专业化、职业化的社会工作者，他们以社区工作为主要方法，以社区及居民为服务对象，通常受雇于社会福利服务机构，不同于一般利用业余时间从事社会公益事业或社会服务的志愿者。社区工作者往往具有专业社会工作的教育背景和工作执照，社区工作是他们所从事的职业。在他们身上，职业化与专业化往往是统一的。

三、社区环境建设

社区环境是社区人口与自然环境、生态环境、社会环境三者相融合的综合体，它既包括自然环境，也包括人工环境；既包括生活环境，也包括生态环境。它是人类社会发展到一定阶段的产物，是社区居民有目的、有计划地创造、改造出来的生存环境。社区人口聚集密度高，因而聚集性是社区环境的一大特点；社区环境为其成员进行大规模的群体活动提供一个空间，在这个空间，社会活动高度集中。随着经济发展和人民生活水平的提高，人们期望能够拥有一个舒适、安静的空间。对每个居民来说，良好的生活环境不仅包含物质生活的丰富，还包含着精神生活的享受、人居环境的舒适。在西方发达国家，城市建设、人居环境开发日益强调环境效应，“绿色城市”“森林都市”“园林城市”等设想与实践成为一种发展趋势。

四、社区卫生建设

社区卫生建设是社区建设的重要组成部分，是在政府领导、社区参与、上级卫生机构指导下，以基层卫生机构为主体，以全科医师为骨干，合理使用社区资源和适宜技术，以人的健康为中心、家庭为单位、社区为范围、需求为导向，以妇女、儿童、老年人、慢性病人、残疾人、贫困居民等为服务重点，以解决社区主要卫生问题、满足基本卫生服务需求为目的，融预防、医疗、保健、康复、健康教育、计划生育技术服务功能等为一体的，有效、经济、方便、综合、连续的基层卫生服务。

五、社区治安建设

社区治安是维护社区正常社会生活秩序，保障社会安定团结的日常社会管理活动。良好的社会治安是人民安居乐业和社会主义现代化建设顺利进行的重要保证，是社区发展的前提条件。社区治安建设的基本内容：

（1）协助公安机关、政法机关严厉打击各种违法犯罪活动

（2）做好社区青少年犯罪的预防工作

（3）积极开展人民调解工作

（4）做好流动人口管理工作

（5）做好失足少年和刑满释放人员的安置帮教工作

（6）做好居民的治安防范工作

（7）做好社区消防工作

（8）做好社区交通安全管理

六、社区文化建设

社区文化是指社区居民在特定区域内长期活动过程中形成的具有鲜明个性的群体意识、价值观念、生活方式、历史传统、行为规范等文化现象的总和，它包括街道文化、小区文化、校园文化、企业文化、家庭文化等内容。社区文化具有下列几个功能：

（1）宣传功能。因为社区文化活动生动活泼，通俗易懂，普及面广，而且是群众自我参与、自我宣传，因而在社会性宣传方面具有特殊的优势。

（2）教育功能。社区文化教育不以说教为形式，而是采用渗透式或直接传授式，通过生动形象的活动和群众自娱自乐的形式，让人们获得知识，受到启迪，提高素质，让人们在参与过程中受到陶冶和感染，在娱乐休闲中受到教育。

（3）娱乐功能。这是社区文化的基本功能。娱乐是社区文化活动中最活跃、最生动、最具吸引力、最易于让人们接受的活动。

改革开放以来，我国城市社区文化不断得到发展。目前城市社区文化的格局已基本形成，表现在社区文化工作网络正在构建，社区文化设施正在逐步完善，社区文化活动从内容到形式都有了相应的变化和发展。例如，沈阳市和平区每年夏季联合驻区有关单位，在辽展广场和中山广场每周举办一次公益性的文艺晚会，发展广场文化，依靠社会办文化，办好文化为

社会。社区文化活动的内容向“大众化”转变，由群众自娱性的“小文化”扩展为“大文化”，集思想性、知识性、娱乐性于一体，使社区文化丰富多彩。

七、社区教育建设

社区教育建设是指在社区中开发、利用各种教育资源，以社区全体成员为对象，开展旨在提高成员的素质和生活质量，促进成员全面发展和社区可持续发展的教育活动。社区教育建设使社区的机关、团体、家庭、学校、工矿企事业、娱乐场所、大众传播媒介、社会舆论、社会风气，人们的各种经济交往、政治交往、礼仪交往、感情交往，以及原有的文化特质相互交融，汇成一股合力，通过一系列的社会关系影响社区建设，其中主要表现是：血缘关系，指以与血统有关的亲属为基础而形成的人群关系；地缘关系，指以地域为界限而结成的人群关系；社交关系，指人们在社会交往活动中形成的关系。而社区教育具有创建社区良好的文化氛围、培养社区成员文明素质、促进社区建设的功能，社区教育与社区建设是相互依赖、相互促进的关系。

社区教育应该是社区范围内的整体教育。它包含两个部分：一是社会成员教育体系，这是大教育的概念，围绕对社区所有成员进行终身教育，其中最为重要的是建立社区精神、社区文化、社区生活圈所需要的教育。二是职业教育体系，即包括职前、职后教育，以及不断适应企业结构变化需要的就业和再就业教育。社区成人教育机构可以对本社区的资源、产业结构、职业结构、劳动力的文化、技术构成以及人才流向趋势做出具体的规划和预测。根据社会对教育的需求为社区决策和其他有关部门提供咨询及必要的帮助。社区教育必须从地方教育那种“升学教育”模式的恶性循环圈中跳出来，发挥其对整个教育乃至整个社会的先导作用。以文化知识、科学技术为工具，以培养自主、职业、创造意识和能力为主线，努力提高企业劳动者的整体文化素质，培养技艺高超和具有高尚情操的社区优秀人才。

八、社区服务建设

社区服务建设是社区建设的重要内容，我国的社区建设就是从社区服务开始的。没有社区服务，就没有真正意义上的社区建设。因此可以说，社区服务既是社区建设的基础，又是社区建设的出发点和归宿点。

1. 社区服务的方式

（1）社区福利性服务，是指免费或保本提供给社区弱势（主要指社区下岗职工、残疾人、孤寡老人等）的服务或商品。这种服务一般都是由第三者付费或补贴，服务对象只交很低费用或免费。

（2）社区公益性服务，是一种公开免费提供给所有社区成员的服务，如社区卫生清理、环境美化、全民健身等。

（3）社区互助性服务，是指社区内不同成员之间的相互服务。社区成员都具有一定的特长，可以为社区其他成员提供自己的服务，而自己同时又可以享受到其他社区成员的服务。

（4）社区志愿性服务，是指社区内的居民或驻社区单位志愿向社区提供的服务。这种服务方式不仅可以增强社区与社区内各单位之间的友谊和信任，还可以形成资源共享、相互服务的新机制。

（5）社区经营性服务，是指社区中的居民或有关组织按照市场交易原则向社区居民提供的有偿服务。这种服务方式虽然是有偿的，但因其贴近社区、方便灵活、收费低廉而受到居民群众的欢迎。

2．社区服务的内容

社区服务的内容十分广泛，涉及居民生活的各个方面。常见的服务内容有家政或家务服务、医疗服务、就业服务、婚姻服务、法律服务、安老服务、抚幼服务、各种维修服务、日常用品供应服务等。随着居民生活需求的不断增多，还会出现更多的服务内容。

九、社区社会保障建设

城市社区保障是社会保障的有机组成部分，是在政府的倡导、规划和组织下，发动社区成员，依靠社区力量，依法建立保障体系，对社区成员的基本生活给予保障的制度。社区保障的对象是社区内全体成员，重点是老年人、残疾人、贫困者、灾民、失业者、军烈属、复退军人等特殊保障对象。社区基本生活保障项目主要由社区保险、社区救济、社区福利和社区优抚 4 部分组成。

1．社区保险

它是以确保社区成员基本生活为唯一目的的保险，主要分为养老、失业、医疗保险三大类。

（1）养老保险，即养老金制度，主要是对丧失或暂时丧失劳动能力及失去工作机会、无生活来源的社区成员依法给予基本生活需要保证。城市社区要提高养老保险管理服务的社会化程度，积极实行社会统筹、社会发放，实现离退休人员与原工作单位脱离，转向主要依托社区进行属地化管理。

（2）失业保险，即对居住在社区内失业者的基本生活需要保障。失业保险金的使用范围，包括失业救济金、失业期间医疗费、死亡丧葬补助费、供养直系家属抚恤费、失业职工就业训练费等。

（3）医疗保险，即对社区成员维系个人生活的一种社会保障措施。目前的运作方式是在政府领导和社区组织下，通过集合社区多数单位、多数人的经济能力，为疾病患者提供医疗补偿，对就医问题做出具体的医疗保险规定。

除了这三类保险外，社区保险还有工伤保险和生育保险。这几类保险都是由国家、单位、个人三方承担资金的社会保险项目。

2．社区救济

社区救济的目标是扶危济困，救助社会脆弱群体。其对象主要是低收入人群和困难人群。低收入人群是指在有生之年不可能通过自己的劳动达到基本生活水平的人群，如残疾人、鳏寡孤独老人等。困难人群是指因天灾人祸等暂时达不到基本生活水平的人群，如孤儿、长期失业者等。国家通过救济，使他们获得最基本的生活条件。实施救济是为了在短期内消灭绝对贫困现象，同时在中长期内尽可能地减少相对贫困。这是实施社会保障的最低要求。社区救济的方针是“依靠群众，依靠集体，实行自救，互助互济，辅之以国家必要的救济和扶持”。

3. 社区福利

社区福利是指政府和社区为改善和提高社区内需要关怀者及全体成员的物质和精神生活水平所提供的福利项目、福利设施以及社会化服务的总称，包括社区福利生产（以安置残疾人劳动就业为目的的社会劳动生产组织）、社区福利事业（由国家、集体、个人兴办的多种形式的社区福利组织和设施，包括养老院、老年人活动中心、少儿活动中心、疗养院）、社区康复事业（对城市社区成员中那些需要从生理、心理上特殊关怀者的一种社会矫治事业）。社区福利要改变由国家包办的局面，广泛依靠社会力量，探索政府资助、社团经办、企事业单位入股合办、法人承包等多种形式发展的路子，使福利事业单位逐步向民办公助、法人管理的方向发展。

4. 社区优抚

作为国家的一种特殊保障，社区优抚主要是指社区对优抚对象的优待、抚恤以及其他物质照顾和精神激励的一种保障措施。优抚对象是对国家有功人员，一般是指军烈属、伤残军人、退伍义务兵、志愿兵等。工作基本原则是“思想教育、扶持生产、群众优抚、国家抚恤”，坚持走“国家、社会、群众三结合”的道路。保障的目标应高于社区内平均生活水平，并建立优抚标准随经济发展逐步增长的机制。

案例 2-2

下班后“再上岗” 沪东全面激活社区在职党员

——浦东新区沪东新村街道在职党员管理模式样本记录

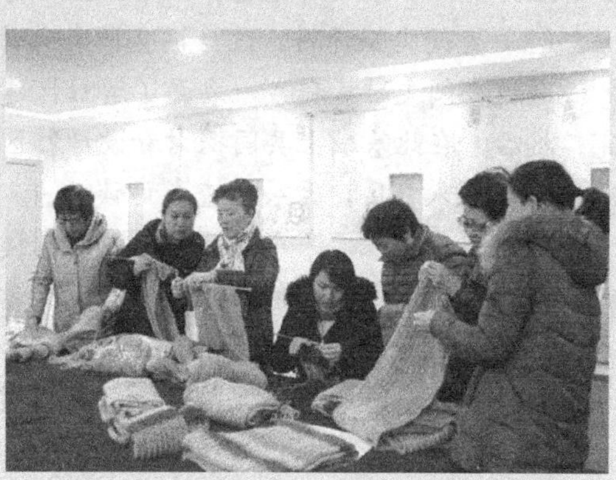

在职党员能够进入社区报到，为群众服务是件好事，但不少基层干部表示，真正做起来却有相当的难度，大家普遍担心最后只是流于形式。

如何让在职党员在社区中真正发挥作用，真正地让党员和社区都能感受到效果，都有获得感？沪东街道在这一问题上下了不少功夫，如今工作开展得风生水起，在职党员也在服务中发挥长处，实现了自己的价值。

2016 年新年即将到来时，伟业居民区的在职党员约好，一起在线上报名参加了小区阿姨的编织小组，和阿姨们一起“爱心接力”共同编织围巾，并上门送到社区高龄老人家中，给老人们带来冬日里暖暖的祝福。沪南居民区是老小区，独居孤寡老人多。在新春到来时，在职党员线上报名一起为孤老庆新年。窗外冷风飘飘，屋内暖意浓浓，伴随着 9 点的钟声敲响，在沪南小区活动室，两位年轻的在职党员主持人拉开了迎新联谊活动的序幕。小合唱《夕阳红》、诗朗诵《心愿》、萨克斯独奏《月亮代表我的心》等一个个节目精彩纷呈。

在 2015 年的党总支兼职委员选举中，金桥市政公司的年轻在职党员加入寿一居民区党总支。在春节和元宵节期间，在职党员们又相约在小区和周边开始禁燃烟花爆竹的巡逻，和志愿者们共同携手“爱家护航”。

居住在柳博居民区的在职党员陈老师，是一名党务工作者，居民区党总支特邀请其为大家作了一堂精彩生动的“五大发展理念”专题讲座。陈老师充分发挥自身特长，结合国内外形势，用鲜明的案例向党员们阐述讲课主题。原本以为会很枯燥的讲课，持续了一个半小时，居民们听得全神贯注。

【问题】社区在职党员下班后“再上岗”活动有什么意义？

【提示】发挥社区党员的带头作用不仅丰富了社区的文化生活，最重要的是让在职党员参与社区工作的劲头更足了。

拓展训练 2-2

拟写小区环境建设方案

垃圾乱丢、毁绿种菜、楼道堆物等问题频现，“脏乱差”一度成为不少老旧小区面临的窘境。但城市发展得好不好，不能只看高楼、广场这些“面子”，更要看老旧小区这种不起眼的“里子”。如何整治小区环境，以较低的成本让“面子靓，里子净”，也是一直困扰大家的一个问题。

1．具体实施

（1）做好人员分工，确定拟调查的社区

首先将学生分成 4～6 人的调查学习小组，每个小组自愿或选举产生一名小组长，然后以小组为单位在学校附近选择一个社区作为调查对象，尽量让每个小组选择不同的社区。

（2）查阅文献资料，设计调查问卷或访谈提纲

通过查阅文献资料，一方面了解社区建设的内容；另一方面了解前人在这方面所做的研究。然后，在此基础上共同探讨和设计社区环境建设现状调查问卷或访谈提纲。

（3）深入社区，开展调查或访谈

以小组为单位，深入社区，通过问卷调查或者访谈法，收集有关社区环境建设现状的资料。调查时，注意调查对象的选择，比如考虑不同年龄的人群、不同的社区组织等因素。

（4）资料分析，撰写调查报告

将收集的资料进行整理和分析，然后撰写社区环境现状调查报告。

2．重点提醒

（1）设计调查问卷或访谈提纲。一是有利于大家了解社区环境建设现状方面的研究（因为要设计问卷或访谈提纲，大家需要查阅文献和讨论）；二是为大家进入社区调查或访谈前做好准备，包括调查材料的准备、衣着打扮的准备等。

（2）撰写社区环境建设现状调查报告。调查报告一般包括社区的基本情况、被调查人的基本情况、社区环境建设现状（含存在的问题及原因分析）、社区居民对社区环境建设的期望或建议。

第三节 社区建设的管理体制

案例导入

权力在阳光下运行 政务公开顺民意被“点赞”

——浦东新区康桥镇“五民工作法”样本记录

时下不少基层干部感叹，“基层工作越来越难做了，群众也越来越难管了”，群众工作无小事，基层工作无小事，特别是随着新形势的出现，对基层工作提出了更高的标准和要求。如何更好地处理好与群众的关系，更好地做好基层工作，成了当下基层干部面临的巨大问题。

康桥半岛秀沿路 1168 弄区域出入口没有建造门岗和道闸，保安在烈日寒风中站岗，不但工作条件艰苦，而且没法对进出小区的车辆和人员实行真正意义上的管理。社会车辆借道穿行及外小区车辆的无序停放，严重影响了居民正常的生活秩序，导致经常发生矛盾和争执。针对这一情况，社区党总支向小区业委会提议，把建造门岗、增设道闸、实行封闭式管理工作尽快摆上议事日程。自今年 4 月起，该项工作依照“阳光公开——聚焦五民”工程的程序，经过党员大会、居民代表会议统一思想，达成共识，后征询全体业主的意见，形成最终的实施方案，今年 6 月初正式动工，预计 9 月底竣工。“五民工作法”的第一步便是“听民意”，这是做好群众工作的基础和前提，这样才能对群众工作的现状，特别是群众的诉求有准确和全面的认识。“民意”应该怎么听？康桥镇党委书记解军表示，“我们必须主动走出办公室，走到基层一线，走到田间地头，走到群众家中。通过和群众面对面、手拉手、话家常，了解实际情况，倾听群众呼声，从而准确掌握群众的所思、所想、急难愁盼。切实解决人民群众最关心的实实在在的问题，这样，我们的群众工作才能更有针对性、更具有效性，也才能真正把群众工作做到点子上，做到群众心坎里。”

【思考】

（1）康桥镇的“五民工作法”在社区工作中收到了怎样的实效？

（2）作为社区工作者我们从中学习到了什么？

一、社区管理体制的概念

社区管理体制是指社区管理机构为了实现一定的社区发展目标和社区工作规划。根据一定历史阶段的国家意志和管理原则实施管理的组织体系及运转模式。它要以社区管理的基本内容为基础，与社区外在环境和社区发展的方向相适应，是社区管理实施的组织结构、权能权限划分和管理方式、工作方法的总和。

二、我国社区管理体制的演变

1．单位制：走入历史

单位制是新中国成立后社会管理的产物，单位是适应计划经济体制而设立的一种特殊的组织形式，具有政治、经济与社会三位一体的功能，以行政性、封闭性、单一性为特征。单位制的形成具有历史背景，在当时起到了重要的社会整合作用，但也带来了制度性的后果，造就了总体性社会和依赖性人格。在我国改革开放后，所有制结构出现了变动，社会主义市场经济体制逐步建立，社会流动也迅速加剧，导致单位制渐渐走上崩溃的边缘，失去历史的舞台。

2. 街居制：身陷困境

在计划经济体制时期，我国对社会的管理以单位制管理为主，以基层地区管理为辅。地区管理主要是通过街道办事处和居民委员会这两个行政建制的组织来开展工作，通称为街居制。街居体系经历了 50 多年的发展变化，但一直扮演着政府的“脚”的角色，简单被动地执行上级下达的任务。在社会快速转型的今天，街居制面临着很多新的问题，越来越不符合城市社会发展的需要。

3. 社区制：浮出水面

在社会学史上，“社区”这个概念最初是由德国社会学家滕尼斯提出的。在滕尼斯那里，“社区”是指由具有共同价值取向的同质人口组成的关系密切、守望相助、富于人情味的社会共同体。在此之后，“社区”这一概念被各国学者加以引申和扩展，但并未形成一个统一的范畴。在中国，“社区”一词在 20 世纪 30 年代被引进，而作为一个广泛使用的名词始于 1986 年。当时，民政部为推进城市社会福利工作改革，争取社会力量参与兴办社会福利事业，并将后者区别于民政部门代表国家办的社会福利，就另起了一个名字，称之为“社区服务”，由此引入了社区概念。1991 年民政部为了开拓民政工作又提出“社区建设”的概念。1998 年国务院的政府体制改革方案确定民政部在原基层政权建设司的基础上设立基层政权和社区建设司，意在推动社区建设在全国的发展。2000 年 11 月，国务院办公厅转发了民政部关于在全国推进城市社区建设的意见，由此社区建设在全国城市中轰轰烈烈地开展起来。

三、我国社区管理体制的现状

我国社区管理体制曾长期以来一直实行的是与计划经济相适应的行政全能主义的“亚社区”管理体制。“单位人管理”和“地区管理”是其主要特征。在传统社区管理体制下，单位成为政府的附属，传统的街道和居委会则是辅助单位，起着“拾遗补阙”的作用。改革开放以后，特别是进入 20 世纪 90 年代以后，随着经济体制的改革，社会主义市场经济的深入发展，我国城市社区管理体制发生了很大的变化，主要表现在以下几个方面：

（1）“单位制”解体，大量的“单位人”重新回到社区，成为“社会人”。单位不再是个人唯一依附的载体。

（2）市场经济的发展在客观上要求政府转变职能，从掌舵划桨的全能者变成有限职权的掌舵者。政府逐渐开始将许多不该管、管不好、管不了的经济工作交给企业，社会性事务交给社区，政府通过“单位”全面干预社会生活的地位和职能有所弱化。

（3）随着社会主义市场经济的深入发展，“现代企业制度”的建立要求企业依法成为一个“产权明晰、权责明确、政企分开、管理科学”的自主经营、自负盈亏的独立法人。在此种背景下，企业将旧有体制下的许多非经济功能剥离出来交给社会。企业与社会日益分离。

(4) 人们重新回归社区，人们与社区的联系日益紧密。居委会作为群众性自治组织再次受到人们的关注。

(5) 随着政府对社会控制的调整，社会自主性力量逐渐增强。各种社会性组织逐年增多，在社会参与上发挥了越来越重要的作用。

四、我国社区管理体制存在的主要问题

1. 社区建设观念上的不明确

当前，在社区管理观念上，有些政府依然停留在传统计划体制下的行政组织包打天下的层面上，不敢、不愿、不能将社会性管理和服务的职能下放或转移给其他社会组织，也没有鼓励、扶植、发展群众自我管理和服务组织的意识和观念。因而政府对在社区建设和发展上到底应该做些什么事，并没有完全分清楚，以致容易用行政的办法办的事，政府就抓在手上；社区内不好办的事，有些本应由政府办的，政府反而不去办，推向社区自治组织。由于政府机构不了解民情，有时又求政绩，因而即使政府为社区居民办了事，也未必能得到居民的认可。在实际工作中，政府职能部门各级干部对社区居委会的性质、职能、作用认识模糊，认为社区居委会是政府的派出机构，没有把社区居委会作为一个居民自治组织来对待，漠视了社区居委会的法律地位，把给居委会发号施令、派发任务当作是理所当然的事。在工作运行过程中，一些部门不分职内和职外，合理或不合理，把一个个本应由各部门完成的任务或开展的活动，以文件的形式一一转发，不管是否符合社区的实际情况，都压给街道办，并规定时限完成。街道办为完成上级部门任务，只能将任务分解到社区居委会。对社区干部来讲，虽然明白自身的责任和义务，感觉街道办分配的任务过重，却不得不硬着头皮去完成。哪个部门催得紧，逼得急，就先完成哪个部门的工作，实在抽不出身，就只能敷衍了事，应付差事。社区作为我国城市社会基础管理服务平台，其功能越来越重要，作用越来越明显，但在实际工作中其自身应有的基层群众性自治组织的性质未得到体现，这就使社区居委会几乎成了一些行政机关的下设机构，直接导致了社区居委会工作负担过重，承担了大量职责权限范围以外的工作，工作时间超长、工作内容超额、工作范围超大。居委会将大多数时间和大部分精力都花在了完成相关职能部门和街道办布置的任务上面，而涉及社区自身职责范围内的一些工作却没有多大进展。

2. 社区的宏观管理不到位

长期以来，在社区的管理上政府一直处于一种各自为政的状态，名义上民政部门承担着宏观管理的职责，但由于民政的工作地位决定了它在此项工作中不可能有大的作为，这绝不是因为民政不努力，而是因为民政无能为力。在这种情况下，社区建设几乎处于一种无序纷乱的状态。而各管理部门都过分强调自身的管理权威和利益，造成社区整体上管理无序，没有统一的管理目标，没有一个权威机构对各个职能部门的工作职责和任务作明确的界定，没有谁对社区的管理负全责，没有谁对社区管理该负的责任做出裁决和进行监督。往往出现有利的事情大家干，无利可图的则无人问津，有权的不干，无权的不能干或想干却干不了，责、权、利严重脱节，常常造成行政部门之间的矛盾以及由于职责不清引起的社区管理职能得不到落实。例如，有的政府虽然成立了社区建设领导小组，但这是一个非常设机构，领导小组

成员都是政府领导兼任，并没有在政府设立一个专门机构来协调和处理各职能部门在社区的具体矛盾，从而造成各管理部门对社区管理的作用不是形成合力，而是相互摩擦、相互制约甚至对立，不利于社区的管理、建设和发展。

3．街道办与社区居委会形成事实上的领导与被领导的关系

目前部分城市现行的城市管理体制是“两级政府、三级管理”体制，从字面上看，“两级政府、三级管理”的提法只承认市、区“两级政府”，把“街道办”视为一级“管理”机构，而非一级“政府”，但作为“第三级管理”的“街道办”在现实中却行使了大量的政府职能，成为事实上的一级政府。在社区建设与发展过程中，街道办由“虚政府”变成“实政府”，成了社区管理事实上的唯一主体，而处于街道办行政领导之下的社区居委会就成了街道办的“跑腿儿”。街道办对各行政职能部门分派的各种工作任务，均下派到社区居委会去落实，社区居委会成为一个具体的办事机构。再加上街道办的财政拨款是社区服务的主要资源、有些居委会中的大部分干部是由街道招聘的等因素，使居委会的人事和财政在很大程度上受制于街道办，街道办与社区居委会之间指导与被指导的关系变成了领导与被领导的关系，社区居委会的自治性、自主性、独立性大打折扣。

4．社区居委会承担了过多的行政部门职能，社区自身职责不明确

随着政府职能转变和工作重心下移，许多政府的专业管理部门都把社区作为一级基层政权看待，一些职能部门借动员社区资源为名，将自身业务尽其所能地转嫁给社区居委会承担。很多部门还硬性规定了明确的考核指标，使居委会在实际工作中形成了目标责任制。还有些政府部门把不想管、不好管的事推给居委会，而把资金、设施等留在自己手中，出现问题时，他们却充当监督和检查居委会的角色。有的街道办甚至向居委会下达了大量的招商引资任务。社区居委会忙于应付上级的各种工作任务及考核，对于社区自治、社区内事务却思考甚少，造成社区自身管理职责不清，定位不明。例如，许多社区居委会对许多新建住宅小区的社区建设缺少知情权，对小区物业管理部门联系不够，对一些辖区单位尤其是自我封闭的单位了解甚少，社区居民委员会对这些小区管理缺乏必要的手段，有的便放弃了对小区事务的管理，使小区内普遍形成了社会管理方面的“真空”，社区居委会应该到位的管理却没有到位。

5．社区基础设施不健全

一些早期建成的小区，社区管理不到位，社区基础设施不健全，道路老化，出现坑洼不平，有些路灯常年不亮，楼道里的感应灯更是破损不堪，社区居民健身无活动的场所，造成居民生活不便，更无从谈起开展文体活动。有的社区办公场所窄小，容不下大量的居民来办公，更谈不上“一站四室”的建设。社区居民的物质文化、精神文化生活得不到满足。

6．社区居民对城市社区缺乏认同感

社区居民对社区居民委员会缺少认同，既不了解社区情况，也不关心社区公共事务，更别提对社区的认同感和归属感。部门居民对社区的了解仅仅是办低保、开证明时有个社区居委会，居民小区的环境卫生由社区来管理，居民对社区干部的认识仅仅停留在居民老大妈的水平，认为社区干部仅是调解一些家庭纠纷、收收卫生费、管理好社区的环境卫生而已，而

社区居民委员会作为居民自我管理、自我教育、自我服务的基层群众性自治组织，长期以来主要以行政化方法提供管理与服务。社区居民缺少参与社区公共事务的渠道，参与意识薄弱，这就很难对社区形成归属感和认同感。

7. 社区管理的法制不健全

目前，社区管理的法制不健全，对管理权力缺乏监督和制约，主要表现在：①监督的主客体错位。从我国目前社区管理的方式及具体操作层面而言，虽然主要是由社区管理者进行，但从具体的监督层面而言，却是主要由我国的居民进行社区实际运作的监督，这无疑加大了监督的难度与执行力。②监督运行方式单一。主要依赖居民的自我监督，因此整个监督体系以及运行方式没有形成一个良好的监督机制，同时受制于居民身份的特殊性，使得监督的力度不够。除此之外，还有监督法规不健全，监督制度不完备，缺乏可操作性。

五、构建社区管理新体制

1. 加强社区规范化立法

就目前来看，我国应逐步制定社区管理和社区建设的专门法律和相关法律，并增强其可操作性，使社区建设有法可依。一是确定社区组织的法律定位和职能定位。二是以法律或规章等形式，明确社区内各权利主体的活动。三是通过立法的途径，制定《社区自治法》，以及与社区自治的其他相关法律，如《社区服务法》《社会保障法》等。四是在国家层面的法律法规没有出台之前，各地应从实际出发，先行制定地方性法规，明确社区自治的法律地位、自治章程或规定的效力、产生程序，以及自治组织的权限、工作程序等。

2. 建立协调统一的宏观管理组织

当前社区管理中的宏观管理出现各自为政的局面，主要原因是覆盖各职能部门的管理层级出现虚位。因此，解决这一问题的根本办法就是，建立起填补这一虚位的管理层级，使其有效发挥对各相关部门的组织、协调和统一作用。这一管理层级的基本模型结构应具备以下特征：①机构的阶位应当高于所有被协调的层级；②机构可以是协调性的非常设机构，但其日常办公部门应当固定，并设在党委或政府机关内；③机构的职能主要为组织、协调、规划、制定政策和监督。

3. 科学界定政府与社区居委会在社区管理中的职责

就我国当前的国情而言，政府在社区建设和管理中的重要地位是不可或缺、无可替代的，但同时其能力作用也是有限的。政府作为社区建设的推动主体，应在社区建设和管理中发挥好启动、组织协调和宏观指导 3 个作用，进一步转变政府职能，做到“让位、归位、到位”。

① 让位：做到简政放权，从大量社会事务中解脱出来，将一些服务职能交给或归还给社会、社区去做。政府仅仅需要承担社区建设启动者这一重任，积极做好社区建设的规划，制定必要的扶持鼓励政策以及发动宣传工作。

② 归位：做到把政府部门的精力用在研究社区建设发展的方针政策上来，采取有效措施，指导、支持和帮助社区开展工作，培植社区的造血功能，加强对社区工作的组织和协调，发

动引导广大居民和社区单位参与社区建设。

③ 到位：要做到认真履行宏观管理职能，尽职尽责地保证管理到位，指导、协调到位，财力支撑到位。主要是制定、完善有利于社区建设发展的各项法律、法规和政策，规范、引导社区中介组织的有序、健康运作，公正、合法地保障社区成员的公共权益等。而政府一般不宜直接参与社区建设的具体实施活动。

社区居委会是社区建设实施的主体，它的职能是代表当地居民利益，在辖区内依法行使综合管理各项社会事务的权力，其基本职责应包括以下 4 项：

① 社区自治职责。社区有在国家法律、法规和政策范围内自主决定社区内部各项事务的职责，主要包括民主选举、社区决策、日常管理、财务自主、内部监督等。

② 社区协管职责。按照小政府、大社会和“管理重心下移”的原则，结合政府机构改革，将那些政府管不过来、需要社区协助管理的行政事务转移给社区，由社区协助政府进行管理。同时应根据责、权、利相一致的原则，对一些协管工作应实行“费随事转”。

③ 社区服务职责。组织开展面向社区居民的各种社区服务和文体活动，发展便民利民的社区服务业，完善对老年人、残疾人、优抚对象和困难群体的服务网络，发展志愿者队伍，开展群众性的互助、互济活动。搞好社区环境的净化、优化、美化和生态环境的保护，开展社会公德、职业道德和家庭美德教育，教育居民增强社区意识、参与意识，组织开展多种形式的精神文明创建活动。

④ 社区监督职责。社区代表居民对政府及有关部门进行监督评议，对物业公司的管理和服务进行监督，及时向上级有关部门反映居民的意见和要求，并提出建议。

4．加强街道办对社区的指导、协调和服务职能

在街道办对社区管理上，要实现街道管理体制和管理方式的创新，要从传统的行政管理向协调、指导和服务的方向转变，从以条为主、条块分割向条块结合、以块为主转变。要着力于理顺条块关系，把行政部门的“条”的专业管理和街道办事处的“块”的综合管理相结合。街道办事处的主要职责是贯彻落实上级党委和政府有关社区建设的决定和工作部署；研究制定街道范围内的社区建设规划和工作计划；发动、组织辖区各种社会力量，积极开展社区建设工作，发挥其对社区建设的指导、协调和服务作用。

5．加大投入完善社区基础设施建设

政府加大资金投入，确保社区组织工作用房和居民公益性服务设施满足社区居民群众的服务需求，加强社区基础设施建设，确保居民有文体活动场所。政府要把社区建设列入国民经济与社会发展规划，把社区公共设施建设列入城市建设规划，确保社区建设专项资金与地方经济同步增长。

6．鼓励社区居民积极地参与到社区管理

要注意培养和激发社区居民的参与意识，建立畅通的参与渠道，发挥他们在社区建设中的作用。具体来说，可以采取以下措施：①举办社区活动，培养社区意识。社区活动的开展无形中为居民提供互动的机会，使居民在自然互动的情境和场合中，增加对社区事务的了解与关心，也使人与人之间建立良好的信任关系，凝聚民众的向心力。②提供充分的信息，增加居民对社区的了解。信息的提供，可增进居民对公共事务的关心，产生归属感。

7. 培养高素质的社区管理队伍

（1）强化教育培训，提高干部素质。社区干部任用之后，加强对他们的教育和培训，是强化队伍建设不可缺少的环节，应从多方面来有效提高社区干部素质和业务能力水平。

（2）抓好岗前培训。对新进社区工作人员应采取以老带新、结对互帮、共同提高的办法，搞好传帮带，并着重加强专业理论知识和敬业爱岗方面知识的培训和教育，以加深新上岗人员对社区工作特性的认识和了解，树立良好的敬业爱岗意识。

（3）开展学历教育培训。利用党校等阵地，开展社区干部学历教育，切实提高社区干部理论文化和业务素质，以适应当前社区工作的需要。

（4）开展多层次的交流活动。首先是在社区内部开展交流，社区干部之间相互学习，取长补短；其次是在街道范围内或全区各社区间通过社区建设工作经验交流会、座谈会等形式，相互传授先进经验，从而促进社区工作人员素质的全面提高。

案例 2-3

政府托底“让民做主” 家园自治破解棘手难题
——普陀区开展“同心家园”建设样本记录

谈起苏州河畔的中远两湾城，不少人习惯性“摇摇头”：楼盘多，管理难，群租现象严重，更是“夏令热线”投诉的“常客”。可如今，这里完全变了样：走进8号楼，亮堂堂的大楼门厅，墙上悬挂着丹青墨宝，上了电梯，每位居民都有VIP门卡——每人一张的专属“梯控”。包括8号楼在内的10多幢楼还自行形成公约：不进行群租；谁家出租房屋，需向居委会报备，并要取得周围邻居的同意；通过自筹资金，将大堂、电梯、楼道粉刷装修一新，安装了门禁卡、梯控和楼道监控等安全设施。究竟是何“良方”让如此头痛的群租问题得以遏制？“同心家园”建设给出了答案：上下同心、条块同心、内外同心，从百姓的切身需求出发，建立“自下而上”推动社区事务的机制，变“为民作主”为“让民作主”，促进居民“急盼愁难”问题的解决。

普陀区通过正在开展的“同心家园”建设，为社区生活中碰到的琐碎问题提供了一个个鲜活的解决样本。去年年底，长征镇怒江苑小区7号楼的居民终于圆梦安装上了电梯，引来各方点赞声一片。这是上海首个居民自筹资金加装电梯的成功案例，而且整个过程完全体现了业主自治的理念。从项目启动至工程竣工的这一年半内，社区居委会跨前一步，主动指导、引领和协调；小区业委会积极响应，发挥自我管理职能；社区居民热情参与，不断增强自治意识。有居民曾感叹：“加装电梯涉及方方面面，这么棘手的事情居然办成了，真是一个奇迹！让人不能不服！”“电梯效应”也不断扩散，从怒二居民区、长征镇到普陀区各街镇，甚至辐射到了全市有加装电梯愿望的居民楼。

开展“同心家园”建设，就是践行“人民城市为人民”，通过一件件与群众息息相关的具体项目和举措，进一步改善居民生活质量，让居民切实感受到城市让生活更美好。据了解，普陀区已向10个街镇居民首轮征集了431个居民希望解决的社区项目，涉及与群众生活息息相关的方方面面。街镇对此进行了梳理，将百姓共同关心的问题形成项目，与区里各相关部门和单位条块结合、积极对接。目前，首批50个项目被纳入，且各有关条线部门已经深入社区调研，听意见、想方案，推动项目落实，"同心家园"的建设正在如火如荼开展中。

【问题】普陀区开展"同心家园"建设活动有什么意义？

【提示】变"为民做主"为"让民做主"，从百姓的切身需求出发，建立"自下而上"的社区自治服务机制能有效推动社区建设。

拓展训练 2-3

社区环境整改报告

宁安社区占地近500亩，一条市心北路贯穿而过。在当地人眼里，这座"城中村"的改造是难啃的"骨头"。站在市心北路和建设四路的十字路口，会有一种巨大的落差感：南边是高楼林立、现代感十足的城市商业中心；北边是管线乱拉、加盖私盖楼房随处可见的"城中村"。这里是萧山经济技术开发区开发后历史遗留下来的城中村，既有20世纪90年代的老旧房，又有新农村区块。外来务工人员大量涌入，催生了火爆的租房市场。在租金收益的驱动下，且因过去管辖单位不明确等问题，很多旧房套新房、楼上又建楼，出现了楼宇之间只留缝隙的"握手楼""亲吻楼"。最夸张的一幢楼3000平方米租住了200多人。村里电线私拉，污水横流，村道被各种私搭私建挤占，最窄处只有一米多宽。整个社区常住人口2000人，外来人口近20000人，每天不到深夜一两点是不会安静下来的。虽然租房有一定的收入，可是家门口的脏乱差也让社区居民很是头疼。

如何整治小区环境是一直困扰大家的一个问题，请针对社区环境现状拟写整改方案。

具体实施如下：

（1）进行走访调查，撰写调查报告。以小组为单位，深入社区，通过问卷调查或者访谈法，撰写社区环境建设现状调查报告。

（2）根据调查报告中所反应的问题提出整改方案，此方案要结合小区实际，能调动小区居民积极参与。

练 习 题

一、名词解释

社区建设　社区管理　社区服务　社区环境建设　社区结构　社区文化

二、填空题

1．城市化就是人口向城市______的过程。

2．城市社区的特征有______、______、______。

3．人力资源主要指______。

4．在我国，社区资源的利用与共享还处于______阶段，完全建立在一种______的基础上，资源在社区建设中是否发挥作用，基本上取决于______，没有相应的制度予以规范。

5．______是社区建设的核心。

三、单选题

1．位于城乡接合部的某社区有针对性地开展了流动人口登记、治安巡逻、帮教失足青少年等活动。这些活动所体现的社区建设功能是（　　）。

A．社会保障功能　　B．环境维护功能

C．文体教育功能　　D．社会综合管理功能

2．以下不属于社区建设功能的是（　　）。

A．社区服务功能　　B．管理协调功能

C．环境维护功能　　D．管理服务功能

3．以下不属于社会综合管理功能的是（　　）。

A．法制宣传　　B．民事调解　　C．防火防盗　　D．计划生育

4．以下不属于社会保障功能范围的人群是（　　）。

A．退休人员　　B．低收入家庭　　C．社会困难群体　　D．失足青少年

5．（　　）的社群和组织，都是社区居民赖以实现人际社会交往的两类不同的载体。

A．农村社区　　B．集镇社区　　C．城市社区　　D．城镇社区

四、思考题

1．社区与社会有什么区别？

2．为什么要进行社区建设？

3．社区建设的发展目标是什么？

4．社区建设的原则是什么？

5．策划社区建设活动的注意事项有哪些？

6．社区治安管理包括哪些内容？

7．社区需要怎样的管理体制？

8．社区建设的运行机制包括哪些？

9．结合实际，谈论居民最需要什么样的社区。

10．借鉴国外和我国香港社区发展的模式，结合实际思考中国内地社区如何发展？

第三章 社区组织建设

学习目标

- 熟悉社区组织的含义以及社区组织建设的内容;
- 掌握社区党组织、社区自治组织和社区社会组织的定义、特点;
- 掌握社区党组织、社区自治组织、社区社会组织的建设中存在的问题。

社区组织是社区建设的主体,也是社区建设的核心内容,主要包括社区党组织建设、社区自治组织建设和社区社会组织的建设等。加强社区组织建设有利于夯实社区基础,提高社区主体对社区事务的管理能力和服务能力,对加强和创新基层社会管理、促进基层社会和谐与稳定具有十分重要的意义。本章要求学习者通过社区实地探访来了解社区组织建设的概念、社区党组织建设、社区自治组织建设、社区社会组织建设的内容,掌握社区各类组织建设的特点及方法等,重点培养学习者分析当前我国社区组织建设中存在的问题,以及开展社区组织建设的实务能力。

第一节 社区组织建设概述

案例导入

提升社区基层组织建设工作水平

甘肃省阿克塞县结合社区实际,全力实施以“微信公众平台” “双网工程”“三单式服务”“四大行动”为主的“1234”工作机制,搭建起联系服务群众“大通道”,弘扬党员干部“奉献、友爱、互助、进步”的精神,发挥广大党员服务社区居民的积极作用,让居民群众真正得到实惠。

“微信公众平台”打通服务通道。扩大党员教育和党建宣传的覆盖面,推进社区党建数字化、信息化建设,全县各社区党组织适应新媒体快速发展需求,将党建工作与微信这一全新的现代移动信息技术网络平台有机结合,开通“微信公众平台”,实现了指尖上的“服务阵地”。定期或不定期地将时事政治、党建知识、党务信息、党纪原则、党史知识、生活常识、惠民事实等信息及时通过“平台”发布,有效拓展了社区党员群众对社区工作的监督渠道,创新党群舆情直通体系，成为社区连民心、接地气的桥梁纽带。同时，注重围绕规范运行、信息发布、推广覆盖3个方面强化措施，力求把微信平台建出特色、建出影响、建出成效。

“双网工程”加强服务规范。各社区按“一长四员”要求，将社区划分为2个大网格，8个小网格，每个网格都有工作站，确定1～2名网格负责人，制定服务管理细则和服务内容，形成横向到边、纵向到底的网格管理机制，并逐步健全和完善居家养老服务配套服务措施，增强生活照料、医疗护理、文化娱乐、精神慰藉和老年教育服务等10余项功能，让老年人既不脱离家庭，又能获得专业化的社会服务。真正实现了“网中有格、按格定岗、人在格中、事在网中”的精细化网格管理服务模式，做到了“党员管理网格化、居民管理网格化”，并把社区100余名无职党员群众连在手机或QQ群上，实现党员教育管理信息化，最大限度地拓展社区党建信息化覆盖的范围，满足党员随时随地都能接受党组织的教育与管理。

“三单式”提升服务实力。采取“群众点单、社区下单、党员接单”的“三单式”在职党员服务模式，将社区居民在生产生活中遇到的实际困难，制作成《服务问需订单》《服务项目菜单》《服务落实领单》，发布到QQ群内，在职党员通过网上支部选择适合自身实际的“菜单”项目，进行认领。目前，全县在职党员进社区报到人数达到890余人，报到率达到98%，结合居民群众要求共接单30余件。

“四大行动”增强服务保证。以服务社会和群众、加强组织建设为重点，设立了以“草原先锋志愿队”为主题的党建品牌，组织党员成立了“学雷锋”志愿者服务队，着力实施“敬老爱老暖心行动”“洁净社区清理行动”“文明交通宣传行动”“文明新风倡导行动”等“四大行动”。先后共开展各项行动25场次。同时居民自行组织创建“最美阿帕合唱团”“文体健身志愿队”“冬不拉音乐班”等娱乐志愿者团队10余支，队员达到50余人。以进楼院、进家门的形式，服务于居民群众，切实打通服务社区、服务群众“最后一公里”。

【思考】

（1）社区组织建设的目的是什么？

（2）提升社区组织的服务能力需要哪些社区组织参与？

一、社区组织的含义

所谓社区组织，概括来讲就是依托社区而形成的各类社会组织。在具体概念界定上，它有广义和狭义之分。

广义的社区组织，是指在社区地域范围内面向全体社区居民开展工作以满足社区居民各项需求的各种社会组织的统称，它可以是营利性的专业服务组织，如小区物业服务管理中心，也可是非营利性的社会服务组织，如社区的社会工作服务机构、福利机构或者政府的派出机关或机构，如街道办事处、社区警务室等。这些组织尽管在组织性质、工作目标和服务内容方面存在一定的区别，但它们都以满足社区及其居民需要为主要目标，承担着为社区提供各种公共服务和社会管理的职能。

狭义的社区组织，则是指由社区或者社区居民有目的、有计划组建起来的，由社区成员参与的，以满足居民社会性需要和社区公共利益为目标的各种社会团体和机构。与广义的社区组织相比，狭义的社区组织的建立主体、组织目标、参与成员等方面更强调社区成员的参与。狭义的社区组织主要有自治性的社区居民组织，如社区居民委员会、小区业主委员会等，以及由社区或居民组建的社区服务机构、志愿者组织、社群组织或社区民间团体，如居民小组、社区老年协会等。

依据不同的划分标准，可以将当前我国的社区组织划分为不同的类型：一是以社区为管理对象的组织，包括社区党组织、街区行政组织、政府下派在社区承担相关管理职能的组织；二是社区居民组织的自我管理的群众性自治组织，如居民委员会、业主委员会等；三是在社区内开展社会活动并参加和承担某项社区事务管理的组织，如社区社会组织，物业服务企业等。

与其他社会组织相比，社区组织的活动范围较为明确，主要面向社区以及社区范围内的居民，内容涉及社区居民的经济生活、政治生活、文化生活以及社会管理和社会服务等全方位内容。除了作为一种社会组织类型和社群活动的载体，在社会工作理论与实务中，社区组织还是社会工作的一种工作过程和工作方法，是指将社区各社会机构组织起来，通过协调沟通来促进其协作，使社区内各种资源得以充分运用，从而满足社区居民的需要。比如在英国，社区组织就是指地区组织的联系统筹，合力为社区服务的模式与过程；在美国，社区组织则等同于社区工作，被视为社会工作的方法之一；在我国香港地区，社区组织也是作为社区工作中的一个具体工作模式。就我国当前社区建设的实践而言，我们更多地是从组织类型和社会管理与服务载体的意义层面来使用社区组织这一概念的。

二、社区组织体系

1. 社区组织体系的构成

当前我国的社区组织可以概括为三大组织体系：

（1）社区党组织。社区党组织是党在社区的基层组织，是党在社区全部工作和战斗力的基础，是社区各类组织和各项工作的领导核心，其凝聚力、组织力、影响力都是社区其他组织无法比拟的。社区党组织由党员大会或党员代表大会选举产生，在街道党工委的领导下开展工作。

（2）社区自治组织。社区自治组织是指代表社区居民对社区公共事务进行自我管理、自我服务的群众性自治组织，一般包括社区居民委员会、社区居民代表大会（有的地方称社区成员代表大会）和社区协商议事委员会。

（3）社区社会组织。社区社会组织是介于社区自治组织与居民个体之间独立开展社会活动，发挥服务、沟通和监督作用的社会服务机构，包括各类社区社会团体、民办非企业单位，社区社会服务组织以及群众为满足生活文化需求而建立的以自我教育、自我管理、自我服务为主的组织等。

2. 社区组织体系的特点

在我国当前的社区建设中，社区党组织是社区建设的核心力量，社区自治组织是社区建设的主体力量，社区社会组织是社区建设重要的纽带和补充力量。总体而言，当前我国的社区组织体系具有以下共同特点：

（1）组织管理机构相对健全，组织权限职责比较清晰；
（2）非政府非营利的社区社会组织开始在社区建设与社区发展中发挥重要作用；
（3）社区志愿者在社区组织建设中发挥着重要的作用。

三、我国社区组织建设的特点

当前我国在社区组织建设方面存在以下一些特点：

1．从政府主导转变为政社合作

社区既是社会的细胞，也是居民日常生活最基本的单元，因此也是我国社会建设最重要的领域。我国的社区建设始于改革开放之后，而无论是改革还是社会建设我国都具有明显的行政主导下的自上而下的发展趋势，因此社区组织建设也始终离不开政府的主导和推动。政府主导不仅体现在社区组织建设活动经费的支持与各项社会资源的整合方面，还体现在政策扶持、规范建设和日常监管等方面。随着政府与社会互动日益频繁，社区自治组织自我管理、自我服务能力的不断提高，以及社区社会组织的逐步发展壮大，我国在社区公共事务领域开始呈现出“强政府”与“强社会”并存的社会治理新格局，政府的管理层级逐步减少，行政主导下的社区组织建设模式开始为多元组织形态并存的政社合作模式所取代。伴随着社会转型速度的加快，我国还将会进一步梳理社区的社会管理与服务职能，整合社区现有的组织力量，让更多的社会组织或机构参与到社区公共事务的管理与服务中来，将社区管理与服务的主体从一元主体转变为多元，从而更好地满足社区居民的多元需求。而政府的角色则从行政干预和大包大揽转变为激发社区多元主体参与、培育社会组织、提供资金和政策支持等方面来。

2．坚持党的领导与社区自治相结合

我国的社区组织建设必须坚持党的领导，这是毋庸置疑的。因此，我国当前开展的社区组织建设基本都是通过开展社区党组织建设，通过党员干部在社区建设中的模范带头作用，利用基层党组织自身的资源和优势来不断完善社区自治和治理架构，充分发挥党组织在凝聚社会力量、增进社会共识、整合社会资源等方面的能力。通过搭建社区党建平台，激发驻社区单位和在职党员共同参与社区建设和管理的积极性，在社区中逐步形成“社区是我家、建设靠大家”的共识，逐步形成在社区党组织主导下的社区居民委员会、驻区单位、社区群团组织、业主委员会、物业公司、社区警务站等多位一体的社区管理模式，并在此基础上推动社区居民开展自我管理、自我服务，促进居民群众、驻社区单位、企业以及社区社会组织之间的互助服务和资源共享，从而有效整合社区各方力量，健全和完善社区管理体制。

3．社区社会组织逐步发展壮大

改革开放以来，我国在经济建设上取得了巨大成就，但也产生了一系列社会问题。随着单位制逐渐为社区制所取代，人口流动日益频繁，城乡二元结构被逐步打破，居民需求趋向多元化而社会服务却相对单一化，社会管理的难度越来越大，传统的全能政府模式开始面临多重困境。我们在社会管理领域的实践表明政府已经无法解决所有的社会问题和提供所有的社会服务，社会事务的责任主体和服务主体必须要多元化。由此开启了我国在社会管理领域的变革和创新，突出表现就是政府从社会管理和公共服务领域的逐步退出与社区社会组织的不断壮大。根据民政部发布的相关公告，我国在 1988 年经民政部门登记的社会团体数量仅有 4446 个。从 2004 年开始，为推动社会管理体制机制的创新，加强和完善社会管理的组织建设和服务体系建设，我国政府从国家政策的角度做出了加快发展社会组织的战略部署，自此社会组织开始步入快速发展壮大的阶段。到 2016 年一季度，全国依法登记的社会组织已经达到 66.48 万个，其中社会团体 32.9 万个、基金会 4841 个、民办非企业单位 33.1 万个。就社区事务管理与服务而言，社区社会组织已经在社区物业管理、邻里互助、社区治安联防、公共事务决策，以及养老、卫生、家政、教育培训、助残、健身等诸多社区公共服务领域发挥着重要作用。

四、我国当前在社区组织建设方面存在的问题

随着我国社会经济的不断发展，城市功能不断完善，社区所承担的社会管理与服务职能不断增多，这在一定程度上促进了社区各类组织的快速发展。与此同时，随着城市化的快速推进，流动人口和下岗失业人员增多，而社区居民群众的物质文化需求也越来越呈现出多层次、多样化的趋势，这就加大了社区治理的难度，由此也暴露出我国当前在社区组织建设方面存在的一些问题。

（1）社区党组织存在职能界定不清、服务意识不强等问题

根据 2004 年中共中央办公厅转发《<中组部关于进一步加强和改进街道社区党的建设工作的意见>的通知（中办发[2004]25 号）》中规定，我国社区党组织的主要职责包括：

一是宣传和执行党的路线方针政策，宣传和执行党中央、上级党组织和本组织的决议，团结、组织干部和群众，努力完成社区各项任务。

二是讨论决定本社区建设、管理中的重要问题。

三是领导社区居民自治组织、支持和保证其依法充分行使职权，完善公开办事制度，推进社区居民自治，领导社区群众组织、支持和保证其依照各自的章程开展工作。

四是联系群众、服务群众、宣传群众、教育群众、反映群众的意见和要求，化解社会矛盾，维护社会稳定。

五是组织党员和群众参加社区建设。

六是加强社区党组织自身建设，做好党员的教育管理和发展党员工作。

然而现实情况却是，社区党组织与社区居民自治组织一直实行的是“两块牌子、一套班子”的机构设置，它们实际履行的是偏重管理的“准行政机关”工作模式和以完成街道布置任务为主的被动式工作方式，与政府有关职能部门的权责关系并不明确。长期以来，大量政府部门的工作经由街道办事处指派给了社区居委会，这就使得身兼数职的社区党务干部在承担社区居民自治事务的管理职责的同时还需承担准政府行政管理的职责，最终将社区党组织陷于繁杂的具体事务中，很难有余力去开展其本职工作。另一方面，随着城市化发展和社区建设的快速推进，社区党组织的建设也面临许多新情况和新问题。社区中外来流动党员增多，思想情况复杂，教育管理工作的量大，难度也大，而社区党务工作者的服务能力和服务意识却并没有相应增强，这就使得社区党组织的很多职责并不能被真正履行，社区党组织活动往

往流于形式，缺乏针对性，无法取得应有的效果。

（2）社区自治组织行政化倾向较重，社区自治水平不高

按照法律规定，我国的社区居民自治组织应当是居民自主参与和自主管理有关基层社区日常事务和发展事务，维护居民自治管理和自我权益的组织，即它应当是基层群众性自治组织，而不是一级政府部门或政府部门的附属机构，也不属于事业单位或者经营性组织。然而实际情况与法律规定的并不一致。在实践中，基层政府与社区居委会之间原本的指导与被指导关系往往异化为了领导与被领导的关系。由于社区居委会从办公场所保障、办公经费的来源、工作任务的确定乃至工作业绩考核等各个方面，都要受到街道办事处和有关政府部门的领导与控制，这使得居委会实际上具有了"准行政化"组织的倾向，成为政府行政管理职能在社会的延伸，而对政府权力与资源的高度依赖势必会削弱社区居民委员会的自治能力。另一方面，由于社区居委会需要协助政府开展包括社会治安、公共卫生、计划生育、优抚救济、社区教育、劳动就业、社会保障、社会救助、文化体育等各个方面的工作，其自身的负担已经过重，实际上也没有多余精力去发展社区自治，多方面因素的共同作用最终导致我国社区居民自治组织的自治能力和自治水平总体偏低。

（3）社区社会组织结构失衡，缺乏制度保障和有效监管

尽管我国社区社会组织在近年来发展较为迅猛，从组织数量到组织规模都比以往有较大的提升，但社区社会组织的建设与发展仍存在一些问题，包括社区社会组织的类别不多、覆盖面窄，以及服务性的社区社会组织偏少等。当前社区社会组织的活动领域大都集中于教育培训、文体活动和生活服务领域，而服务于弱势群体和困难群体的公益性、志愿性组织数量则相对较少。虽然，教育、文体和生活服务类社区社会组织对于社会建设和民众的需求来讲，也非常重要。但社会服务与公益类的社会组织却会是未来我国社区社会组织发展的重点。另一方面，我国社区社会组织还普遍存在着治理结构不完善，缺乏制度保障和有效监管等问题。在治理结构方面，社区社会组织在现实运行中往往缺乏与社会组织相适应的治理结构。比如理事会不健全，规模小的社会组织甚至没有理事会，或者虽有理事会，但其成员相对单一，缺少其他社会人士的参与，导致社区社会组织的决策、运营等缺乏有效监督。由于自身治理结构不完善以及缺乏有效的制度保障，社区社会组织的运营管理也就存在较多不规范的现象。由于我国对社会组织监管的相关制度仍在完善，在以往的双重管理体制下，社区社会组织与其他社会组织一样，既受主管部门业务指导又受登记管理机关监督管理，其结果往往是主管机关相互推诿，监管职责难以形成监管的合力，而缺乏有效监管最终会造成社会组织陷入社会公信力不高、难以有效地动员社会资源的发展困境。

案例 3-1

探索"社区党组织+社会组织"新模式，创新基层社会治理

近年来，浙江省宁波市北仑区大碶街道积极探索"社区党组织+社会组织"的模式，创新推进基层社会治理的实践路径，有力推动了社会组织与党建资源的深度融合。在街道的大力支持下，近年来大碶街道所属社区先后成立了协商议事会、红十字会员小组、综合减灾协会等社区社会组织 32 个，建立社区党建工作联席会议制度，签订契约式共驻共建协议，整

合社区党组织、小区业委会和物业、学校、企业、机关、群团、统战人士等社区社会资源，不定期组织开展各类活动，为社区居民提供就业指导、医疗救助、法律讲座、慰问帮扶、国防教育、未成年人教育辅导等服务。作为基层社会治理的主导力量，各社区党支部还积极为社会组织开展的志愿服务提供场地、人员、物资支持，为灾区和贫困学生捐款；联系辖区学校为假日学校小候鸟们的培训提供师资力量，为辖区居民免费提供 3D 电影；帮助综合减灾支部编印防震减灾手册，宣传防震减灾知识等方式；搭建好载体，选好契合各社会组织服务特色的社会题目，让社会组织的特长优势得到充分发挥，让社会组织的价值得到充分体现。这种“社区党组织+社会组织”的模式，有效实现了资源整合，形成基层社会管理与服务的合力，极大激发了社会组织的活力和为民服务的热情。

【问题】社区党组织与社区社会组织的合作对推动社区治理有何作用？

【提示】社区治理离不开社区党组织的领导和示范，也离不开社区社会组织的积极参与和支持。

拓展训练 3-1

社区组织建设现状调查

调查社区组织建设现状是最直观地了解社区组织建设现状及其存在问题的有效路径，一方面可以帮助学生了解社区现有组织结构，熟悉社区各类组织的运作流程和规范，另一方面可以启发学生积极思考社区组织建设所存在的问题，并尝试探讨相关的解决方案。调查社区组织建设现状主要包括以下内容：一是了解社区各级各类组织的基本情况；二是了解各类社区组织的工作开展情况与服务范围；三是了解社区居民对这些社区组织工作效果的评价；四是了解各类社区组织之间的关系与沟通情况；最后撰写社区组织建设现状调查报告。

具体实施如下：

（1）以小组为单位到社区开展调查

（2）设计调查问卷或访谈提纲

（3）进入社区，开展调查或访谈

（4）资料分析，撰写调查报告

第二节　社区党组织建设

案例导入

规范社区流动党员管理　深化服务型党组织建设

建立流动人口党支部，是贵阳市云岩区蔡关社区 2015 年创新社会管理思路的成果。蔡关社区位于云岩区城郊接合部，3.58 平方公里的区域范围内居住的流动人口达 2.7 万人，是户籍人口的四倍。长期以来，如何更好地管理和服务好流动人口成为蔡关社区不断探索的焦点问题。

“客观来讲，辖区内乱摆摊设点、乱搭违章建筑等城市管理难点和部分流动人口有着密切的关系。不过，社区也存在着与流动人口沟通接触渠道不畅、管理服务不到位的问题。”蔡关社区党委书记马鹏程说，经过反复思考，社区决定成立流动人口党支部，以抓好相对固定居住在辖区内的流入党员工作为切入点，打通流动人口与社区管理服务的隔阂。

余建华便是蔡关社区流动人口党支部的流动党员之一，2009 年开始到蔡关社区居住。“从 1998 年入党，算算我已是个有 17 年党龄的老党员了。”但自 2003 年他所在的贵州锅炉厂改制后，就再没有正常参加过党组织生活。从 2015 年 8 月开始，由社区牵头的流动人口党支部成立，余建华耿耿于怀十多年的“心病”终于好了。不仅可以就近参加党组织生活、及时了解国家和党组织相关方针政策，还能参与到社会事务的管理中。“社区会及时传达上级部门工作重点或者最新的流动人口服务管理规章，并听取流动人口代表的心声。”余建华说，无论是参与宣传十八届五中全会精神，还是动员流动人口共同维护辖区治安环境和环境卫生，他能明显感觉更受“信任”，能逐渐真正融入自己所居住的环境中。

有了组织保障和信任基础，余建华开始做起了更多事情。带动周边群众筹集资金修缮理工学院球场背后的下寨路一段，改变近千人出行的稀泥路状况；代表上班晚归的租户向村委会和社区反映路灯问题；协调派出所安装监控探头……不知不觉间，余建华逐渐成为社区管理和周边群众沟通联系的纽带。

如今，在蔡关社区，像余建华这样的流动人口党员共有 32 名。以“抓先进典型、树正面榜样”为出发点，这些来自四川、重庆、贵州、云南等省市各地的流入党员正纷纷成为社区管理服务工作的重要助力。这既解了流动党员组织生活缺失的尴尬，又增添了社区传达管理服务相关细节的途径，为流动人口和辖区群众反映心声、说事议事增加了新渠道。

【思考】

（1）社区党组织建设的目的是什么？

（2）社区党组织建设的途径？

社区党组织建设是加强党对社区的领导、巩固基层政权、实现社会主义民主政治建设的根本保证，也是社区各类组织和各项工作的领导核心。

一、社区党组织的组织形式与职责

1．社区党组织的组织形式

社区党组织是我们党组织中最基层的一级组织。作为党的组织基础，它是党联系群众的桥梁和纽带，也是党在社会基层组织中的战斗堡垒。根据中国共产党党章的规定，在企业、农村、机关、学校、科研院所、街道社区、社会组织、人民解放军连队和其他基层单位中，凡是有正式党员在 3 人以上的，都应当成立党的基层组织。党的基层组织，根据工作需要和党员人数，经上级党组织批准，分别设立党的基层委员会、总支部委员会、支部委员会。一般情况是：党员 3 人以上又不足 50 人的基层单位，可以成立支部委员会；党员超过 50 人至

100 人的，如不需要成立党的总支部委员会，经上级党组织决定，也可以成立支部委员会。据此，在街镇党（工）委的领导下社区党组织的具体组织形式包括社区党委和社区党支部。通常情况下，社区党委下设社区管理服务站党支部、居委会党支部和若干居民党员组成的党支部。社区党委由书记、1～2 名副书记（一般由是党员的管理服务站站长和居委会主任担任）、3～6 名委员（由下设的居民区党支部书记担任）组成；社区党支部由 3～7 人组成，设有书记、组织委员、宣传委员、纪律检查委员等。社区党委和党支部委员会的任期均为 3 年。

2. 社区党组织的具体职责

（1）宣传和执行党的路线方针政策，以及党中央、上级党组织和本组织的决议，团结组织干部和群众，努力完成社区的各项任务。

（2）讨论决定本社区建设与管理中的重要问题。

（3）领导社区居民自治组织，支持和保证其依法充分行使职权，完善公开办事制度，推进社区居民自治。

（4）领导社区群众组织，支持和保证其依照各自的章程开展工作。

（5）联系群众，服务群众，宣传群众，教育群众，反映群众的意见和要求，化解社会矛盾，维护社会稳定。

（6）组织党员和群众参加社区建设。

（7）加强社区党组织自身建设，做好党员的教育管理和发展党员工作。

二、社区党组织建设的概念

社区党组织建设作为党的自身建设的一个重要方面，是指党根据形势发展和党的政治任务的要求，遵循党的组织原则和组织路线，不断改进和加强党在社区层面的组织制度、组织机构、组织纪律、领导制度，不断提高基层党员干部队伍的素质和党员队伍素质的一系列活动。社区党组织建设主要包括党的基层组织——社区党支部建设、社区党员队伍建设、流动党员管理与服务、社区民主集中制建设等有关内容。

其中，党的基层组织——社区党支部建设是党的组织建设的基础性工作。其主要内容包括：适应新形势新任务的要求，扩大党的工作的覆盖面，不断加强和改进党的基层组织建设，使基层组织成为贯彻党中央指导思想的组织者、推动者和实践者。具体来讲，社区党组织应当加强以社区党支部为核心的基层党组织配套建设，增强党在社区群众中的凝聚力，充分发挥党在社区公共事务中的政治核心作用。我国历来在社区建设中都高度重视社区党的建设，以服务群众为重点，大力构建城市社区党建工作的新格局，不断加大在社会团体和社区社会组织中建立党组织的工作力度。全面做好机关党建工作和学校、科研院所、文化团体等事业单位的党建工作。

三、社区党建工作的指导思想和主要任务

1. 社区党建工作的指导思想

根据党的全会决议和党中央的指导精神，紧密围绕我国社会改革发展稳定的大局，密切

结合基层社区建设的实际，以保持党和人民群众的血肉联系为核心，以服务社区群众为宗旨，以构建基层社区党建工作新格局为着力点，不断加强党员队伍建设、党的基层组织建设和党内民主建设，提高社区党组织的创造力、凝聚力和战斗力，努力扩大党组织在城市工作中的覆盖面，充分发挥基层党组织在服务群众、凝聚人心、优化管理、维护稳定方面的作用，全面构建以党组织为核心，社区自治组织为骨干，社区居民为主体，社会组织和社区单位共同参与的社会治理新格局，将基层社区建设成为服务完善、管理有序、环境优美、文明祥和的社会生活共同体，为构建社会主义和谐社会提供坚强有力的组织保证。

2. 社区党建工作的主要任务

（1）加强社区领导班子建设，充分发挥领导核心作用

对社区领导班子的建设，一方面需要落实基层民主集中制，即健全“集体领导、民主集中、个别酝酿、会议决定”的基层决策和议事制度，来拓宽基层民主渠道，广泛集中民智，增强决策的科学性和民主性，形成团结协作、各负其责、奋发向上的基层工作格局。另一方面需要强化政治学习，坚持思想建党。为此，社区领导班子应当健全政治学习制度，定期组织开展深入学习贯彻党的各项会议精神和党的最高领导人的重要讲话精神，通过学习来准确把握我国经济和社会发展的总体思路和指导思想，深入研究我国当前经济社会发展所面临的新形势、新任务，把握新机遇，切实把思想和行动统一到中央重大决策部署上来。不断提高社区党组织领导社区发展、处理复杂问题、促进社会和谐的能力。

（2）进一步加强党的基层组织建设，充分发挥战斗堡垒作用

1）要进一步健全街道社区党建工作联席会，不断完善街、居、组三级党建工作网络，进一步强化和拓展社区党建服务平台，扩大党在基层社区的覆盖面，增强党的工作的影响力、渗透力和党组织的凝聚力、战斗力，强化社区党组织的协调功能，突出解决实际问题。

2）要加强社区党建的组织载体建设。以选配好社区党组织班子为核心，夯实社区党建工作的组织基础。采取“选、引、派、育”等方式培养和选拔社区党组织成员，促进整体结构不断优化。同时，还要根据社区党员的人数和分布，来创新社区党组织的设置形式。此外，要充分发挥社区党组织密切联系和服务群众的优势，通过社区党组织建设来带动群团组织建设，确保社区内群团组织在党组织的统一领导下开展工作。

3）在联系群众方面，要依照《中国共产党章程》的规定，充分履行基层党组织的职责任务。明确社会主义市场经济条件下基层党组织工作与经济社会发展和人民群众利益新的结合点和着力点，通过联系群众、宣传群众、组织群众、服务群众，引导和激励人民群众的积极性、创造性，团结和带领人民群众共同推进经济社会发展，共同创造和谐幸福生活。

（3）进一步加强基层党员队伍建设，充分发挥先锋模范作用

1）深化党员分类管理。按照属地管理的原则，针对不同类型的党员，区别情况，分类管理。对纯居民党员全部纳入党组织管理，不留空白；对离退休人员和下岗职工中的党员，要积极做好党员组织关系接转工作，及时转入社区党组织管理；对在辖区内务工经商的流动党员，通过设置流动党员联络站，主动联系管理；对驻区单位的在职党员，建立向社区党组织报到制度，实行“双重”管理。

2）严格党的组织生活制度。健全的制度是党建工作顺利开展并取得成效的保障。党的组织生活制度包括三会一课、民主生活制度、党员汇报制度以及民主评议党员制度等。为此，社区党组织应定期组织党员参加学习，开展集体活动，对党员进行经常性的党员意识和党的方针政策教育。坚持每年对党员进行一次民主评议，组织党员积极开展批评与自我批评。健全完善相关簿、册、记录，整理资料档案，规范党员教育管理工作。

3）丰富党员实践活动。按照“服务社会、服务群众、服务发展”的要求，积极开展“党员责任区”“党员模范岗”“党员奉献日”“党员目标承诺”“主题党日”（图3-1）等服务和实践活动，引导广大党员在奉献中增强责任感，体现先进性。

图 3-1　社区党支部组织党员开展主题学习活动

4）做好发展党员的工作。按照“坚持标准、保证质量、改善结构、慎重发展”的方针，把从社区、非公企业中发展党员工作作为社区党建责任目标的一项重要内容纳入议事日程，加强对入党积极分子的考察、培养和培训，努力提高入党积极分子的素质，同时建立入党积极分子的帮带机制，对其进行及时的帮助指导，使其早日成熟。

3．社区党建的工作重点

社区党组织建设的根本任务，就是要全面实践党的宗旨，而党的宗旨就是要全心全意为人民服务，因此社区党建工作的核心就是要找准居民群众反映最强烈、最需要解决的问题，实实在在地为群众办好事，全面落实基层党组织的工作职责，将工作的重点放到凝聚群众共同奋斗上来，联系群众、宣传群众、组织群众、服务群众、团结群众共同创造幸福生活。具体是从以下方面来开展：

（1）改进基层党组织的工作方式。适应基层经济社会管理体制、治理模式的变化，规范党组织与经济、行政、自治组织的工作程序，健全党组织的工作制度和工作机制，保证党组织职能作用的有效发挥。

（2）增强基层党组织服务群众的功能。健全群众利益表达和利益协调机制，培育各类服务组织，拓宽新形势下基层党组织服务群众、凝聚人心的途径和方法。

（3）加强基层党组织自身建设。加强班子建设，推进党内民主，健全党内生活，建立使党员“长期受教育，永葆先进性”的长效机制。

（4）扩大党的组织和工作的覆盖面。加强新经济组织、新社会组织和城市新建小区的党建工作。

（5）改善基层党组织工作条件。建立基层党组织开展工作和活动的物质保障机制，保护发挥基层党员干部的积极性、创造性。

（6）推进社区党组织与辖区单位的共驻共建。进一步探索互联共建的有效措施，与辖区单位共同探索发挥作用的有效途径。在组织设置方面，创新基层组织设置，健全社区党组织与辖区内非公企业、机关、学校等单位党组织的联动互助机制，构建条块结合、资源共享、优势互补、共驻共建的城市社区党建工作新格局，形成辖区单位党组织和社区党员人人参与的条块结合、纵横结合的基层党建工作新格局。

四、新形势下社区党建工作中面临的主要问题

进入新的历史发展阶段，随着社会结构的分化与社会自主性的成长，社区已经成为各种社会组织的落脚点、各类社会群体的聚集点和各种利益关系的交汇点，大量社会矛盾出现在基层，集中在社区。社区党建工作由此面临一系列新情况和新问题。

1. 社区党员数量明显增加

随着我国城市化进程的加快、产业结构的进一步调整和社会管理体制改革的不断深入，社会管理的重心不断下移，原来由企事业单位承担的部分社会职能正越来越多地被分离给社区，传统的“单位人”转变成为“社会人”，致使社区中的党员数量不断增多。另一方面，随着人口流动的加快和城镇化的快速推进，大量劳动者从农村流向城市，进入社区，这也使得社区流动人口中的党员数量随之不断增加。而党员数量的增多就意味着党员管理的难度的不断加大。

图 3-2　成立流动党员服务管理中心

2. 社区多种利益群体并存

当前，社区居民分化的多样性和需求的差异性是我们开展社区党建工作必须面对的客观现实。具体来讲，有三类社会群体必须引起高度重视。他们有的脱离了原有社会组织，又没有完全进入现有管理体制，有的游离在社会的边缘，跟不上时代发展的要求，有的生活富足，但缺乏社会责任感，在少数人身上还存在着为富不仁、不守法制道德的现象。我们必须将他们纳入社区管理和服务的范畴给予更多的关心、关注、扶持和帮助。

（1）外来务工人员群体。他们很多生活在“城中村”社区或城郊接合部，从事着相对劳累的工作，有自己的利益需求，但由于对他们的管理、服务和维权工作相对滞后，一些企业外来务工人员权益缺乏有力保障，一些民营、外资企业劳资关系紧张，极容易引发集体上访事件，部分外来人员并没有融入当地社区，甚至还出现了一些地域性的帮派团伙，成为社会治安的隐患。

（2）国企改制分流人员、退休人员等困难群体。全面市场化以来，由国企改制导致的下

岗失业人员很多，他们在工作、生活方面面临着很多困难，有的急需社会的救助，有的就业呼声比较强烈。一些企业离退休人员，曾经为地方经济建设和发展做出过很大的贡献，但退休后失去依托，心灵孤独，再加上企业对一些涉及个人切身利益的问题没有处理好，容易引发许多社会问题。

（3）部分先富群体。先富起来的人群在精神文化上有较高的追求，在物质生活、就业方式上也不同于一般社区居民。但极少数的富人缺少道德和文明观念的约束，为富不仁、违法做坏事的情况时有发生。如何既保持这部分先富人群的发展活力，又能强化他们的社会责任心，也是社区党建工作一个不容忽视的课题。

3．社区矛盾和纠纷呈上升趋势

随着社区党员数量的急剧增加、党员结构的分化、各种群体利益诉求的多元化以及贫富差距的增大，社区日益成为社会矛盾的汇集点，各种显性和隐性的社会矛盾均呈上升趋势。尤其在一些经济发展快、社会转型早、利益分化较为明显的发达区域，各种社会矛盾暴露得更早、更多和更充分。由于旧城改造、产业转移和体制改革引发的各类社会矛盾、集体上访和群体事件时有发生，各类问题重叠交错，使得社区矛盾更加复杂化和尖锐化。此外，由于流动人口增多，社区的社会治安形势也不容乐观，盗抢案件的发案率有所上升，从而影响群众的安全感。最后，伴随社会变革，各种思想文化的碰撞，社区还面临着诸如社会道德失范、家庭失和、邻里关系淡漠等社会矛盾。

五、社区党建工作必须处理好的几个关系

随着经济社会体制的不断变革和完善，政府职能的进一步转变，社区建设也随之而发展变化。在新的历史时期和新的形势下，社区党建工作对社区党组织战斗堡垒作用的发挥，乃至整个社会的发展都有着直接深远的影响。为此，要在工作中处理好以下几种关系：

1．要正确处理社区党建工作与居务工作的关系

社区党建工作几乎渗透到社区其他工作的方方面面，因此社区党建工作和社区居务工作有着极为密切的联系。在一定意义上，做好了社区居务工作，就等于做好了社区党务工作，而如果社区各项工作都出色，社区党建工作也必然十分优秀。但社区党组织和社区居委会并不是相互平行的关系，而是领导与被领导的关系，即社区党组织是社区各种组织和各项工作的领导核心。因此，加强社区党的建设，对于凝聚社会共识，确保党的各项路线方针政策在社区的贯彻落实，完成各项工作任务意义重大。

2．要妥善处理好条与块的关系

区、街、居各级党组织在社区党建工作中起主导作用，对社区内社会性、地区性、群众性、公益性的工作负有全面责任，但社区党组织仍应以为驻区单位做好服务为首要目标，多做社区单位想做而没有做、不便做或做不到的工作，以赢得社区单位对“社区党建”的认同、理解、参与和支持，营造浓厚的社区氛围。

3．要正确处理好继承与创新的关系

社区党建要遵循党的建设的基本工作规律和方法，但又要大胆创新。社区党组织在开展

工作中，不能简单照搬上级党组织的工作方法，而应建立组织网络，通过平等协商的形式开展党建工作，不搞一个模式，不强调千篇一律。尤其在开展思想教育、政治学习和党员活动方面，应当鼓励创新。

4. 要正确处理好工作指导和政策扶持的关系

要做好社区党建工作，需要街道和社区居委会组织在工作思路上实现由过去主要抓经济、搞创收到现在的集中精力抓社区建设的转变。因此，为了保证街、居党组织有足够的经费开展工作，各级财政应加大投入，尤其要从年初的预算上予以安排。开展社区党建，还对街、居委会干部的素质提出了更高的要求，因此要配好、配备街、居委会干部，要加强培训，努力提高他们的政治、业务素质，在人力上予以保证。

案例 3-2

社区党员管理中遭遇四难

根据绝大多数的社区党支部反映，目前社区党员管理最难的、最头痛的就是破产、停产企业的失业党员和改制企业的下岗职工或买断工龄的党员，因为这些人下岗、失业或买断工龄以后，为了谋生，有相当一部分到外地打工或做生意，留在本地的也是为了生活日夜奔波，很少有时间看书学习，他们的精力更多地放在经济利益上，对学习教育不感兴趣，要把这些党员组织起来学习或过组织生活，难度很大。对于外地流入的党员管理，尽管各街道党工委、各社区党支部做了大量的工作，但这项工作的开展还存在很多亟待解决的问题:

一是一些外来党员不愿意公开自己的党员身份，从而在流动党员中形成了不少的“隐性党员”“口袋党员”;

二是一些流动党员虽然承认自己是党员，也愿意交党费，但却不愿意把组织关系转过来，从而形成了不少的“自报党员”。

出现上述问题，究其原因，一是这些流动党员在外出经商或打工时，没有较为固定的经营场所和居住地，这是他们不想转移党组织关系的主要原因。二是转移党组织关系手续复杂，也使得部分流动党员不愿转移党的组织关系。三是部分流动党员党组织观念淡薄，不重视自己的政治身份，认为公开与不公开身份无所谓；有的甚至认为，公开了党员身份，在经营活动中容易束缚手脚，因而故意隐瞒党员身份，以规避党组织的监督、约束。这样就使得相当一部分流动党员，既脱离了原单位党组织的管理，又不接受所在地党组织的领导，造成社区对这些党员在管理上出现了“四难”，即组织学习和过组织生活难、催交党费难、保持联系难、掌握其表现难。这种状况给社区党组织的管理工作带来很大的难题，造成有的工作根本无法开展。

【问题】如何解决当前社区党员管理所面临的困难？

【提示】针对当前社区党建工作面临的难点，我们就当创新从社区党建工作的内容、形式、工作方法和工作载体方面进行创新，从党员群众最关心的切身利益入手，以人为本，围绕居民群众最关心、最直接、最现实的利益问题，最大限度地整合资源，用服务实现凝聚，以奉献促进和谐。

拓展训练 3-2

社区党群公益服务活动策划

针对当前外来务工人员数量的急剧上升，××社区党组织拟举办一系列党群公益活动，为社区中的空巢老人、留守儿童等困难群体送去关怀和帮助。请全班同学以小组为单位展开讨论并开展社区实地调研，在充分调研的基础上为该项目设计并撰写一份社区党群公益服务活动的策划方案。

具体实施如下:

（1）以小组为单位到社区开展调查

（2）设计社区党群公益服务活动项目

（3）撰写并提交社区党群公益服务活动的策划方案

第三节　社区自治组织建设

案例导入

居民期望社区自治工作多一些务实少一些形式

社区委员会应该是联系政府与群众的快速通道，发挥着“下传上达”的重要作用。与此同时，社区居委会由于承担了大量社会管理和服务的职能，往往工作繁重。对普通居民而言，他们是如何看待现行社区自治组织的运作模式，他们最希望社区为他们做些什么呢？2013 年 8 月，武汉长江日报刊发了一篇驻站首席记者在对部分社区居民和社区干部进行走访调查后的社情民意报道。

该报道称，许多社区中的上班族平时上班早出晚归，很少跟社区干部接触，但真正遇到困难时还是会想到向社区求助。作为社区的成员，他们希望社区能够及时将各项民生惠民政策告知居民，真正多为居民做点实事，少搞点检查评比的花架子。比如，江夏区莎羡街北华社区的居民董雪花反映：“前不久小区附近的路灯坏了，需要修，或者道路破损了，要人来搞。我们都不知道这归谁管。后来，找到社区，立即找到相关部门修好了。希望通过社区能够了解一些办事服务的流程，少跑路，甚至有些事情能够不出屋就把事情办了。”而武昌区胭脂路社区的肖书芬则建议，社区应该少一些管理多一些服务，应该面向社区各年龄段的居民提供公共服务，比如孩子放学后和暑期，由于无人看管，多选择参加培优，社区就可以考虑提供“四点半学校”、小饭桌、暑期托管等服务项目，以满足社区居民的多元需求。还有一些社区居民则认为社区应采取弹性工作制，更好地为上班族办事，同时社区还应当多组织一些公益活动，如定期走访社区空巢老人，帮老人解决生活中的困难，以及当社区居民突遭天灾人祸时，发动邻里提供帮助等。

【思考】

（1）社区自治的内涵和自治范围？

（2）在社区居民的日常生活中，社区自治组织扮演着什么样的角色？

一、社区自治概述

1. 社区自治的概念

根据《中华人民共和国宪法》第一百一十一条之规定，城市和农村按居民居住地区设立的居民委员会或者村民委员会是基层群众性自治组织。关于自治有多种不同的定义：

《辞海》的解释：“自治是自己处理自己的事务。”

《现代汉语词典》解释：“民族、团体、地区除了受所隶属的国家、政府或上级单位领导外，对自己的事务行使一定的权力。”

《百科大词典》解释：“某一地区人民，在主权国家或宗主国家的授权与监督下，自己订立规章制度，自己组织机关，以管理地方公共事务的行为。”

上述定义，尽管不完全相同，但基本内涵是一致的，即自治是在一定区域内，一个组织的成员或管理机关在一定范围内拥有的自行决定组织内部事务的权利，也是现代政治意义上人们通过民主方式开展自主治理的基本形式。任何组织的自治都不是绝对的自治，而是在法律规定范围内的自治。根据我国现行《宪法》和有关法律的规定，社区自治实质是社区居民通过民主选举来对社区公共事务进行民主决策、民主管理、民主监督，从而达到自我管理、自我教育、自我服务的一种基层群众性自治制度，社区居民委员会和农村村民委员会则是我国在城市和农村居民居住地区所设立的基层群众性自治组织。随着城市化的快速发展和户籍制度改革的稳步推进，撤村改居（简称“村改居”）社区规范化建设正逐渐成为中国城镇化发展背景下的必然趋势，也是我们促进城乡公平和谐、统筹城乡发展和加强创新社会管理的迫切要求。

2. 社区居民自治的基本要素

社区居民自治的主要目的在于社区居民群众自己决定自己的事情，利用自己的资源，依法办理属于自己的事务，以促进基层社会民主和精神文明建设的发展。社区居民自治必须具备 3 个基本要素，即自治区域、自治组织和自治事权。

（1）自治区域。就是实行自治的辖区或范围，一般是经过法定的程序，在国家的领土范围内划出一定的区域，作为自治活动的范围。例如，《村民委员会组织法》把村民自治的活动范围一般局限在建制村范围内；《城市居民委员会组织法》规定城市居民自治一般在一定的居民居住范围内。社区居民自治组织必须有一定的活动范围，否则居民自治将无所依附。自治区域不仅关系到自治组织行使权力的范围，同时也关系到地方居民身份的确定，即自治组织服务主体的确定。

（2）自治组织。是实行自治的物质依托或组织基础。基层群众自治组织是我国特有的组织形式，在农村是村民委员会，在城市是居民委员会。实行基层群众自治，必须通过一定的自治组织形式来实现，否则居民和村民的自治权将无法落实和执行。凡居住在一定区域的自然人，不分男女老幼，不论行业职业，只要在某一区域内有定居的事实，在法律上都被称为居民。我国的居民一般应具备两个条件：一是身份条件，即必须是具有中华人民共和国国籍的人；二是居住条件，即必须是居住在该区域内的人。两个条件缺一不可。居民在自治过程中，具有双重身份，他们一方面是自治的主体，另一方面又是自治的客体。也就是说，居民既是组成自治组织的成员，又是自治组织服务的对象。

（3）自治事权。是开展居民自治的核心。自治事权是自治组织处理的自治事务，也是居民自治的基本权利，这项权利的取得通常是宪法或法律授权的。例如，我国《宪法》规定居民委员会是基层群众性自治组织，根据这一规定，国家又颁布了《居民委员会组织法》，对居民委员会的自治权作了专门的规定。居民自治事权的广泛或大小，与自治功能的发挥、自治事业的发展，都有密切的关联。

3. 社区居民自治的特征

（1）直接性。社区居民自治与居民群众的利益直接相关，居民通过履行自治权利，直接参加基层民主实践，表达群众的利益诉求，参与公共事务和公益事业的管理，依法有效保护权益。

（2）有限性。社区居民的自治活动是在党的领导下，在宪法、法律和相关政策规定的范围内进行的。其自治活动始终按照党和政府指引的方向前进，从而保证居民自治的健康发展。

（3）有序性。居民自治实践是有领导、有计划、有步骤地进行，是由点到面，由浅入深，由单领域到多领域循序渐进的过程。同时，各项法律法规和制度也是在逐步成熟健全的，居民的自治能力也将在实践中逐步得到提高。

二、社区居民自治的基本原则

社区居民自治本质上是社区居民群众通过民主管理形式实现自行处理自己内部事务的实践活动。这些活动根据相关法律的规定，应当由居民委员会负责组织、召集和主持，并遵循相应的原则。

1. 群众自治原则

所谓群众自治原则，就是由居民群众自己组织起来，发动群众、依靠群众、自我管理、自我教育、自我服务，大家的事情大家办，共同办理好本居住区内关系群众切身利益的各项事务。我国社区居民委员会的性质是社区居民自我管理、自我教育、自我服务的基层群众性自治组织。居民委员会的规模应当根据居民居住状况，本着精干、效能和便利群众开展自治活动及减轻国家和群众负担等方面来确定。社区制定居民公约必须由居民委员会议讨论通过，被剥夺政治权利的人须由居民委员会对其进行监督和教育。这些都是群众自治原则的体现。

2. 直接民主原则

直接民主是相对间接民主而言的，它是我国社会主义民主的最高形式。直接民主原则主要体现在《居民委员会组织法》第八条中，主要包括3项内容：

（1）居民委员会主任、副主任和委员的候选人的提名和确定，应当充分发扬民主，坚持群众路线，由居民充分酝酿、提名推荐，并且经过反复协商，按照多数居民的意见确定。

（2）居民委员会主任、副主任和委员，必须由本居住区年满 18 周岁的居民（被剥夺政治权利的人除外）直接投票选举产生，以获得参加投票过半数选票为当选。

（3）除了被剥夺政治权利的人以外，凡是年满 18 周岁的本居住区的居民，都有参加选举居民委员会委员和被选举为居民委员会成员的权利。

直接民主原则，不仅体现在居民委员会成员的选举上，还体现在对不称职、严重违法乱纪的居民委员会委员的罢免上。《居民委员会组织法》第十条规定：“居民会议有权撤换和补选居民委员会成员。”因此，只要本居住区参加居民大会的年满 18 周岁的居民、户代表或者由居民小组推荐的代表的过半数通过，即可罢免和撤换那些不称职、严重违法乱纪、失去民主信任的居民委员会成员。

3．居民做主原则

居民做主原则，就是关系全体居民利益和本居住区工作中的大事，必须由全体居民、户代表或者居民小组推选的代表组成。居民委员会是居民会议的执行机构，对居民会议负责并报告工作。在理解居民做主原则时，必须明确居民自治的主体是居民群众。因此，关系全体居民利益的事情，应当由全体居民会议行使当家做主的权利，只要坚持群众自己当家做主，才能把大家的事情当成自己的事情自觉地去做，社区的各项工作才能取得成效。

三、社区自治的组织体系

随着我国经济社会的快速发展，人口流动的频繁和社会结构的深刻变化使得社区作为社会管理最基础平台的重要性越发突出。在实施社区管理的过程中，政府与社区居民间的良性互动和有机衔接离不开社区自治组织的沟通、协调和配合。为此，需要我们构建一个定位明确、职能清晰、功能互补、运转高效、各尽其能的社区自治组织体系，以协调、整合、指挥、组织社区居民有序参与社区建设、社区管理和社区服务，达到良性互动的状态。当前，我国社区自治组织的组织体系一般由社区居民委员会、社区居民会议、社区共建理事会或社区协商议事会和居民小组构成，其中社区居民会议和社区居委会是其核心。

1．社区居民会议

（1）社区居民会议的含义。社区居民会议是社区居民自治组织的最高决策机构，在整个自治组织体系中处于最高地位。其他社区居民自治组织机构都必须接受其领导和监督。社区居民委员会是社区居民会议的执行机构，向居民会议负责。我国的《居民委员会组织法》也规定了居民委员会向居民会议负责并报告工作的内容。

（2）社区居民会议的主要职责。包括：制定和修订社区自治章程和社区居民公约；选举产生或撤换、罢免社区居民委员会成员，包括社区居委会主任、副主任和委员；听取和审议社区居民委员会工作报告；讨论决策本社区公益事业的发展规划和年度计划；讨论决定涉及全体社区成员利益的其他重大事项；改变或撤销社区居民委员会不适当的规定等。

（3）社区居民会议的主要形式。社区居民会议是实现社区居民自治的最高形式，所讨论的问题都是涉及本居住地区居民切身利益的重要事项。按照《居民委员会组织法》第九条之规定：“居民会议由 18 周岁以上的居民组成。”

1）全体会议。全体会议即社区中全体 18 周岁以上的居民共同参加的会议。这种会议的好处是能够全面反映居民的意见和要求，所作出的决定具有较大的权威性。但这种会议形式人数较多，不便于经常召集和举行。

2）代表会议。社区代表会议主要由社区居民推举的居民代表组成。居民代表可以是每户派出的代表，也可以是居民小组推选产生，驻社区的单位代表则由职工民主协商产生。社区代表的名额按社区人口规模来确定。这种会议由于人数较少，便于召开，比较符合我国城市的实际情况，往往为大多数社区所采用。社区居民代表大会通常每年举行一次，出席会议的居民代表人数需超过应到代表人数的半数方为有效。有三分之一的代表提议，可以临时召集社区代表大会。

（4）社区居民会议的作用。社区居民会议作为基层群众自治组织的最高权力机关，它对充分发扬社会主义民主，培养居民的民主生活习惯，增强居民当家做主意识，防止居民委员会成员独断专行，具有极为重要的作用。

1）有利于实现居民自治。居民会议是实行居民自治的重要形式。没有居民会议，居民的意见得不到反映，涉及居民利益的问题不能由居民讨论决定，所谓居民自己管理本居住地区的各项社会事务也就无从谈起。

2）有利于防止社区居民委员会成员的独断专行。

3）有利于培养居民的民主意识和民主生活习惯。居民群众通过参加居民会议，亲身受到社会主义民主教育，提高参加基层群众自治的积极性，从而促进社会主义民主的发展。

4）有利于充分发挥集体智慧的作用。凡涉及居民自治的重大问题由居民会议集体讨论决定，可以集思广益，保证决策的正确性和可行性。

2. 社区居民委员会

社区居民委员会是党领导下的自我管理、自我教育、自我服务和自我监督的社区群众性自治组织，由社区成员代表会议选举产生，对社区成员代表大会负责并报告工作。

（1）社区居委会的职能。

1）管理职能。社区居委会应当在政府有关部门指导下，组织社区成员进行自治管理，搞好社区的卫生、物业、计生、流动人口和治安管理，完成社区成员代表大会、社区议事委员会制定的社区管理目标。

2）服务职能。社区居委会要组织社区成员进行便民服务（包括网点服务、家政服务、保洁服务、治安服务、医疗服务等），开展以劳动就业为重点的社会事务性服务，为社区特殊群体提供社会福利性服务。

3）教育职能。组织引导社区成员开展法制教育、公德教育、青少年教育、职业培训等，组织社区成员开展各种文化娱乐和体育活动，组织评选“文明家庭”“文明市民”等活动，以形成具有社区特色的文化氛围，增强社区成员的归属感和凝聚力。

4）监督职能。受社区议事委员会指派或社区成员委托，对政府有关部门和其他社会组织履行社区服务的职责进行监督，并将监督意见及时向上级有关部门或投诉部门进行反馈。

（2）社区居委会的具体职责任务。在实践工作中，社区居委会的具体职责任务又可以细分为：

1）宣传宪法、法律、法规和国家的政策，维护居民的合法权益，教育居民履行法律规定的义务，爱护公共财产，合理利用自然资源，保护和改善生态环境。

2）协助政府及其派出机关做好与居民利益有关的民事调解、社会治安、劳动就业、卫生医疗、计划生育、优抚救济、青少年教育、外来人口管理等工作，确保政府各项工作在社区的顺利开展。

3）向社区居民会议或社区成员代表会议负责，并定期汇报工作，努力完成其提出的各项任务。

4）办理本社区居民的公共事务、公共事业，开展共驻共建，开发社区资源，筹措本社区公益事业资金，管理和维护集体资产。

5）动员和组织居民开展爱国卫生运动，督促本居住地区的社会单位做好“门前三包”，搞好环境卫生；动员和组织居民维护本居住地区的绿地，积极举报并协助有关部门制止损坏、侵占绿地的行为。

6）发展社区文化教育，普及科技知识，开展多种形式的社会主义精神文明建设活动。

7）积极开展便民利民、下岗人员和无业人员就业服务等社区服务工作；维护妇女、儿童、青少年、老人、残疾人合法权益，积极开展尊老爱幼、助残帮困活动；兴办有关的社会福利事业，指导、管理社区服务站、就业服务中心、老年活动室等社区服务机构。

8）协助政府部门做好社区内失业人员及离退休人员的社会化管理与服务工作。

9）协助政府有关部门对本居住区的出租房屋进行管理，积极举报违法建设；加强对物业管理委员会的指导，监督物业管理企业，协调物业管理委员会、业主委员会和居民之间的关系；搞好社区环境整治和提高物业服务水平。

10）向政府部门反映社区居民的意愿、要求和提出建议。

11）组织社区居民对政府部门的各项政务进行民主评议和民主监督。

12）依法积极培育和发展社区民间组织，协助政府部门加强对社区民间组织的指导和帮助。

13）在国家法律、法规和政策允许范围内，自主决定社区各项事务。

四、当前社区自治组织建设中存在的问题

1．自治组织行政化倾向较重，自治性弱化

由于制度设计的缺陷，我国的社区居委会在人、财、物等多个方面对政府存在着较强的依赖，行政化色彩浓重，从而导致社区自治组织推进社区居民自治的自主性和内动力不足，最终影响到社区自治能力的有效发挥。

（1）在社区居委会工作人员的聘任中，街道等基层政府部门在很大程度上会影响或干预到社区居委会工作人员的聘任。

（2）社区居委会常规工作经费，包括工作人员工资、办公经费等要完全靠政府（街道）的划拨，而社区居委会开展其他社区管理和服务活动的物质资源也主要依赖于政府各级部门。在人员、经费方面对政府的高度依赖，导致社区居委会内部规章制度大部分是根据政府（街道）的要求来制定，社区居委会的工作计划也要根据政府（街道）布置的任务或提出的要求来制定。

（3）对社区居委会的评估检查工作也是由政府（街道）来负责。据调查，有权对社区工作进行检查考核的政府部门包括组织、纪检、综治、司法、人社、民政等数十个部门，涉及基层党建、廉政文化、综合治理、爱国卫生、环保、计划生育、就业、科普、禁毒、防灾减灾等各类事项，平均每个社区一年几乎要应对数十次的政府检查与考核评比。除了频繁的检

查考核，社区还要应对诸如统计、创建、宣传等临时性的繁杂任务，致使社区自治组织成天围绕各项工作指标转，将大量时间精力用于在办公室做台账整理资料、开展宣传检查等，从而严重影响了社区自治组织自治功能的发挥。

2．居委会承接的行政延伸事务过多，服务能力受限

目前，社区承接了大量从政府延伸下来的综合治理、公共卫生、计划生育、民政事务、劳动就业、社会保障、社会救助、文体教育，以及老年人、残疾人、未成年人、流动人口权益保障等行政事务性工作。这些工作事项，有的是社区居委会依法应该协助政府完成的，但却变成了责任主体；有的已经超出社区居委会的职责范围。在实践中，一个仅有十余名工作人员的社区居委会，往往需管理几千人甚至上万人的社区公共事务，几乎所有社区居民办事的第一站都指向了社区。社区肩负着社保、计生、治安、防火等多达上百项的行政事务性工作，每一项工作的背后，没有最烦琐，只有更烦琐。行政事务性的工作大量流入社区的结果，一方面造成社区工作人员疲于应对各项工作，负担过重，进而滋生出应付交差的敷衍心理，另一方面被烦琐的社区行政事务所挤压，将导致社区居委会职能范围内的自治性和服务性工作由于人手严重不足而无法深入有效开展。

3．自治组织建设中社区成员参与不足

社区建设的终极目标是人的全面发展。该目标的实现需要调动社区居民的积极性，使其主动参与社区建设的进程，以全面提升社区居民的主体意识、民主意识和自治能力。事实上，社区成员的参与率及参与程度的高低正是衡量社区自治能力的重要标志。因此，作为社区组织建设的内在动力，社区成员参与的规模、程序和制度化水平将直接关系到社区的自治程度，乃至社区发展的整体变迁和目标管理。社区成员参与社区自治组织的建设，包括居民个体参与社区自治组织对公共事务决策、管理以及公益活动的过程和行为。但在现阶段的实践中，社区成员参与不足的问题仍较为突出，主要表现在：

（1）社区参与主体不具有广泛性和代表性，当前参与社区自治组织建设的主体大多为离退休老年人、妇女，在职的中青年人，尤其是社区中的专业人才则很少主动参与。

（2）社区成员参与社区自治的广度和深度不够，许多成员只是在参与社区文体活动方面较为积极，而对于社区民主选举、民主监督、民主决策等方面的参与则相对不足，这就会制约社区自治组织自治能力的提升，最终影响社区建设目标的实现。

案例 3-3

居站分离，让居委会回归居民自治功能

社区居委会作为居民自治组织，近几年因承担了大量的行政性工作，不仅工作负担繁重，还呈现出“机关化”的倾向。为改变这一现状，大连市中山区民政局在全市率先试点“居站分离”制度，让社区回归自治功能。所谓“居站分离”就是将目前社区承担的工作分为行政性工作与居委会工作两大类。党务、城建、文体、安全、精神文明、调解等社区服务类工作由居委会负责。民政、计生、就业、司法、退管等需要设置办事窗口的行政类工作由工作站负责，工作站定人定岗。“居站分离”并非大连市中山区的原创，此前在南方发达城市已有成熟经验。

按照“居站分离”制度，社区工作站主要承接政府延伸至社区的公共管理和公共服务职能，并确保“一口通办、全程服务”。居委会制定工作计划，承诺每年至少有两个长期服务居民活动，每月有活动安排。林景社区作为大连市“居站分离”制度的试点社区，目前有11名工作人员。在试点前，社区工作人员往往被各类行政性事务困扰，疲于奔命，甚至最基本的入户走访都难以抽身。在推行“居站分离”制度后，大部分社区工作人员开始得以专心服务百姓。目前，居委会每天至少安排6人开展入户走访和社区协商工作，让居委会工作人员深入到楼院，既对社区情况有了更深入的了解，也摸清了百姓需求。

【问题】居站分离的目的是什么？试分析居站分离可能面临的现实困境？

【提示】“居站分离”意在剥离居委会的行政事务、福利性事务以及社会化服务等内容，从而使社区居委会回归居民自治组织的本来属性。

拓展训练 3-3

撰写社区特殊困难家庭帮扶工作方案

为进一步密切社区自治组织与社区居民群众的联系，把联系群众、服务群众的工作落到实处，让社区党员干部深入基层，××社区居委会拟针对社区特殊困难群体，尤其是因病、因残、因丧失劳动能力等原因导致生活贫困的低收入家庭开展结对帮扶工作。请全班同学以小组为单位展开讨论并开展社区实地调研，在充分调研的基础上为该项工作撰写一份社区特殊困难家庭帮扶工作方案。

具体实施如下：

（1）以小组为单位到社区开展调查

（2）明确帮扶对象

（3）撰写并提交社区特殊困难家庭帮扶工作方案

第四节　社区社会组织建设

案例导入

一杯豆浆的温暖

“五豆浆”服务队是宁波市海曙区白云庄社区的一个社会组织。短短3年时间，这支队伍已经在辖区内家喻户晓。

这支由几位老党员自发成立的志愿服务队，每天5点钟准时来到社区居家养老服务中心，开始为老年居民现磨豆浆，直至8点钟豆浆领完。对一部分年老体弱行动不便的老年人，他们还按需提供上门服务。

说起“五豆浆”服务队，社区老人直翘大拇指。事情还得从一次老年协会会议说起，有人提及社区有户居民在制作“五豆浆”，感觉对身体健康很有帮助。实际上这是用 5 种豆子合在一起制作的豆浆，居民口口相传后，不少老年人都非常渴望喝上新鲜健康的“五豆浆”。经过了解和调查，老年人的需求激发了社区几位老党员的热情，大家决定成立“五豆浆”制作服务队，自己动手为老年人制作豆浆。制作现场就放在社区居家养老服务中心。

社区老年协会成员陈宏、余善英、许宝玉、史芝佳等几个老党员忙碌开了。为了既保证质量，又降低成本，采购豆子原料时，他们往往是货比三家，一次次在市场中来回比较。服务队的成员将老人喝豆浆情况编上号，以便更好地服务。对于老人们交来的喝豆浆的钱，服务队的队员每月底都要认真汇总，一旦有结余，大家就开始商量给居家养老的老人添置点需要的东西或者活动器材。如今社区内喝上“五豆浆”的老人已经超过 100 人。

一杯豆浆拉近了居民之间的距离，一杯豆浆也开拓了社区工作者的思路。“一定要做好按需服务。”白云庄社区书记吴晓春说，“过去社区做什么事情，一边是组织活动的社工感到很累，一边是参与活动的居民很少，辛辛苦苦做的事情，居民不一定满意，自己也感到委屈。”

社区社会组织就在普通居民中间，他们来自居民，又服务居民。在白云庄社区，类似这样的社会组织有 20 多个，主要涉及文体类、志愿服务类以及综合类等。从成立之初，他们的一个共同点是自我管理发挥很好。2008 年初，白云庄社区根据街道安排，成立了社区社会组织管理服务站，对社区社会组织进行积极引导。如今，这些活跃在社区的社会组织已经能够很好地实现自我管理、自我服务、按需服务。

【思考】

（1）社区社会组织与其他社会组织相比有何优越性？

（2）如何建立政府、社区居委会与社区社会组织三方联动的机制？

一、社区社会组织概述

1. 社会组织概念的提出

社会学上的社会组织是指为了执行一定的社会职能，完成特定的社会目标、具有明确规章制度的一个独立单位，是正式化的社会群体。在国际上，由于各国在文化传统和语言习惯方面存在着不同，社会组织在不同的国家和地区有多种不同的称谓，如非政府组织、非营利组织、公民社会、第三部门或独立部门、志愿者组织、慈善组织、免税组织等。这些称谓在内涵上区别不大。与政府和企业相比，社会组织具有突出的非营利性、非政府性、独立性、志愿性和公益性等基本特征。我国于 2007 年开始正式使用“社会组织”概念替代传统的“民间组织”。“民间组织”的“民间”是与政府、官方相对应的，反映了传统社会政治秩序中，官与民对应的角色关系，容易让人误解民间组织与政府相对应甚至具有相对立的地位。因此，在新的形势下，我们党在十六届六中全会和党的十七大上将民间组织纳入了社会建设与管理、构建和谐社会的工作大局，对传统的提法进行改造，从而提出了社会组织这一新的称谓。

2. 社区社会组织的概念与类型

社区社会组织，是指由社区组织或个人在社区（镇、街道）范围内单独或联合举办的，以社区为主要活动范围，以社区居民为成员或服务对象，以满足社区居民不同需求为目的而成立的各种社团类组织、社会服务型组织或民间自发组织。它是社会组织的一部分，而且是承担着基层社会服务职能的社会组织。与其他社会群体相比，社区社会组织具有民间性、自主性、自愿性、群众性和非营利性等共性特征。此外，它还具有以下一些独有的个性特征：

（1）社区性和本土性。这种社区性和本土性体现在社区社会组织的发起者、活动范围、组织成员、服务对象和活动目标等方面。与其他社会组织相比，社区社会组织产生于社区，服务于社区，活动于社区，影响力所及也主要在本社区；另一方面，组织的成员也主要来源于本社区的居民或组织，服务对象也是以面向本社区居民为主，而最核心的一点还在于这类组织所开展的活动大部分以满足社区居民多元需求为目标。

（2）灵活性和适应性。与一般社会群体相比，社区社会组织在成员规模、组织结构、体制以及活动方式都有很大的灵活性，这使其便于根据不同地区、领域和人群的条件变化和需要及时做出调整，从而具有很强的适应性。

（3）松散性和低成本性。松散性是指与政府组织和企业组织相比较，社区社会组织的结构、管理方式和运行方式往往相对松散，但却并不代表它不具有组织性。事实上，大多数社区社会组织的组成和建立往往也要经过一定程序，也要建立组织目标、行为规范或章程等管理制度。另外，组织结构的相对松散也极大降低了社区社会组织在办公条件、活动经费等方面的限制条件，有多大的能力做多大的事，使其可以集中精力去做政府不方便或做不好的事情。

二、社区社会组织的地位与作用

1．社区社会组织是建设和谐社区的有效平台

社区社会组织根植于社区，社区社会组织通过整合社区内的各种资源，满足社区居民的不同需求，凝聚社区向心力，能增强社区居民的社区认同感和归属感，能提高社区居民参与社区建设和社区事务的积极性，为建设和谐社区提供有效的载体和平台。

2．社区社会组织是适应政府职能转变的承接平台

为适应社会经济发展和政府职能转变的需要，原来由政府主导社区承担的一些服务性工作，可以通过政府引导或政府向社区社会组织购买服务的方式转移。社区社会组织承接后可以有效弥补政府和市场在提供公共服务方面的缺陷和不足，如社区居家养老服务、社区四点半课堂、社区心理援助服务等。

3．社区社会组织是社区民主自治的转移平台

当社区社会组织接收原本由社区承担的行政性事务后，社区自治组织才能回归自我教育、自我服务、自我管理、自我监督的职能，而社区社会组织参与社区公共事务管理还将激发和调动社区居民参与社区管理的积极性，推进社区民主自治的进程。

三、社区社会组织的分类与运作

根据社区社会组织涉及的领域、功能、表现形式，社区社会组织大致可以划分为以下 5 种类型。

1．社区服务类

根据服务对象的不同，近年来在便民利民、社会福利服务、再就业服务及公益类服务等领域涌现了大量社区社会组织，如社区卫生服务机构、民办幼儿园、老年人服务中心、法律服务咨询机构等，这些组织在满足社区居民多元化、多层次需求方面发挥了重要作用。

2．社区事务类

随着社区治理新模式的全面推动，为有利于社区居委会更好地进行居民自我管理，原先被归入社区居委会的大量行政职能需要被剥离出来，而许多地方政府也正在尝试将这些转移出来的公共事务通过政府购买、项目委托等方式，交由专业的社区社会组织来承接，如社区统计、各类社区调查工作等。

3．文体活动类

文体类活动可以极大地丰富社区居民的精神文化生活，由社区社会组织来提供文体活动不仅运作成本低，还有利于更好地调动居民的参与积极性。这类组织数量往往较多，包括社区文化服务中心、艺术团体、表演队、体育组织、各种兴趣爱好团体等。

4．慈善救助类

社区的慈善救助类服务对象是社区的困难群众，服务是无偿或低偿的，如慈善超市、居民互助社等，对于承担此类服务的社区社会组织，政府不但应该在政策上给予支持，同时也要提供基础的资源配置，使之能正常运作和发展。

5．社区维权类

社区维权类民间组织更多的是自上而下、对口成立，如老年人协会、残疾人协会、计生协会等。对社区居民正当的维权要求，政府应当依法畅通社区居民表达诉求的渠道，建立公正合理的利益表达机制，搭建社区维权的组织平台，提供政策指引等。

四、当前社区社会组织建设存在的主要问题

目前，许多地方在社区社会组织建设方面进行了有益的探索，取得了宝贵经验。但是，由于多重因素的制约，加上社区社会组织整体发展时间并不长，总体来看，我国当前的社区社会组织建设仍存在着以下问题：

1．公益性社区社会组织数量较少，公共服务供给主体不足

根据社区社会组织所从事和服务的范围不同，可以将社区社会组织分为公益性社区社会组织和互益性社区社会组织。其中，公益性社区社会组织是指在法律允许的领域内，向本社区内不特定的多数人无偿或者以较优惠的条件提供服务，从而使服务对象受益。这类社会组

织主要是志愿服务类以及公共管理类社区社会组织中的一部分。互益性社区社会组织则面向和服务于组织成员，所提供的是“俱乐部产品”，所从事的工作紧紧地围绕着成员的利益来展开，如各类兴趣爱好类社区社会组织以及志愿服务类、公共管理类社区社会组织。目前，我国现有的各类社区社会组织多数还属于互益性质的，真正的公益性社区社会组织数量还较少，能够成为公共服务供给主体的则更少。

2．社区社会组织参与基层社会管理和服务的能力不足

由于出现和发展的时间均不长，我国当前各种社区社会组织的规模一般较小，从其构成来看，从事社会管理与服务的组织不仅数量少、规模小、发育不成熟、活动领域窄，且大多还带有明显的行政化色彩，在专业性、组织性和服务能力方面均有所欠缺。另外，社区社会组织的成员结构多以退休人员或者兼职人员等非专业人群为主，他们往往精力有限，为开展活动、提升服务质量所能筹集的资源相对较少，在组织运营管理方面经验不足，熟练程度不够，导致服务质量大打折扣。

3．政府购买社会管理服务项目推进缓慢，购买内容单一

长期以来，我国的政府部门都是借助行政权力将本部门工作分解下放到社区，而不是采取相对高效低成本的购买服务方式。由此导致的后果是，一方面增大了社区事务量，使得社区被行政化，另一方面则由于社区人员的非专业化导致社区管理或服务项目的运作效果不佳。而一些专业的社区社会组织却难以得到政府购买服务项目的机会，能够获得为数不多的社区社会事务项目，又多以文化类活动和社区服务类项目为主，内容相对单一，在社区管理、社区建设等相对深入的方面则较少涉及。

4．培育和发展社区社会组织的法律、机制仍待完善

社区社会组织是社会组织的重要部分，为了培育社区社会组织，我国各地都相应简化了社区社会组织的登记程序，降低了准入门槛，采取了“先发展、后规范、先备案、后登记”的管理办法，以促进社区社会组织的发展。但这些地方出台的管理办法目前还没有得到上位法律的支持。因此，尽快完善相关法律和制度就成为当务之急。在发展上，社区社会组织作为非营利性组织，其运作离不开可持续的资金支持，而资金的来源既包括社区社会组织的自我积累，还包括公民个人或组织的捐助，以及政府的扶持和帮助，而后者在一定程度上将直接影响和决定社区社会组织的发展前景。

五、创新社区社会组织管理机制，支持社区社会组织发展壮大

2016年8月，中共中央办公厅、国务院办公厅印发了《关于改革社会组织管理制度，促进社会组织健康有序发展的意见》，该文件专门指出要大力培育和发展社区社会组织。这充分表明社区社会组织正在迎来发展的春天。主要的扶持措施如下：

1．大力培育发展社区社会组织

（1）降低准入门槛。对在城乡社区开展为民服务、养老照护、公益慈善、文体娱乐和农村生产技术服务等活动的社区社会组织，采取降低准入门槛的办法，鼓励其发展。对符合登

记条件的社区社会组织，优化服务，加快审核办理程序，并简化登记程序。对达不到登记条件的社区社会组织，按照不同规模、业务范围、成员构成和服务对象，由街道办事处（乡镇政府）实施管理，加强分类指导和业务指导。鼓励在街道（乡镇）成立社区社会组织联合会，发挥管理服务协调作用。

（2）积极扶持发展。鼓励依托街道（乡镇）综合服务中心和城乡社区服务站等设施，建立社区社会组织综合服务平台，为社区社会组织提供组织运作、活动场地、活动经费、人才队伍等方面支持。采取政府购买服务、设立项目资金、补贴活动经费等措施，加大对社区社会组织扶持力度，重点培育为老年人、妇女、儿童、残疾人、失业人员、农民工、服刑人员未成年子女、困难家庭、严重精神障碍患者、有不良行为青少年、社区矫正人员等特定群体服务的社区社会组织。有条件的地方可探索建立社区社会组织孵化机制，设立孵化培育资金，建设孵化基地，鼓励社会力量支持社区社会组织发展。

（3）增强服务功能。发挥社区社会组织在创新基层社会治理中的积极作用，推动建立多元主体参与的社区治理格局。鼓励社区社会组织开展邻里互助、居民融入、纠纷调解、平安创建等社区活动，组织社区居民参与社区公共事务和公益事业，促进社区和谐稳定。支持社区社会组织承接社区公共服务和基层政府委托事项，开展社区志愿服务。建立社区社会组织与社区建设、社会工作联动机制，促进资源共享、优势互补，把社区社会组织建设成为增强社区自治和服务功能、吸纳社会工作人才的重要载体。

2. 完善扶持社会组织发展的政策措施

（1）支持社会组织提供公共服务。结合政府职能转变和行政审批改革，将政府部门不宜行使、适合市场和社会提供的事务性管理工作及公共服务，通过竞争性方式交由社会组织承担。逐步扩大政府向社会组织购买服务的范围和规模，对民生保障、社会治理、行业管理等公共服务项目，同等条件下优先向社会组织购买。

（2）完善财政税收支持政策。中央和地方安排专项资金，支持社会组织参与社会服务，加强社会组织能力建设，有计划、有重点地扶持一批品牌性社会组织。落实国家对社会组织各项税收优惠政策，改进和落实公益慈善事业捐赠税收优惠制度。鼓励银行业金融机构加大对符合条件社会组织的金融支持力度。

（3）完善人才政策。把社会组织人才工作纳入国家人才工作体系，对社会组织的专业技术人员执行与相关行业相同的职业资格、注册考核、职称评定政策，对符合条件的社会组织专门人才给予相关补贴，将社会组织人才纳入国家专业技术人才知识更新工程。建立社会组织负责人培训制度，引导其自觉践行社会主义核心价值观，增强社会责任意识和诚信意识。积极向国际组织推荐具备国际视野的社会组织人才。有关部门和群团组织要将社会组织及其从业人员纳入有关表彰奖励推荐范围。民政部、人力资源和社会保障部要会同有关部门研究制定加强社会组织人才工作的意见。

（4）发挥社会组织的积极作用。进一步发挥社会组织在促进经济发展、管理社会事务、提供公共服务中的作用。支持社会组织在创新社会治理、化解社会矛盾、维护社会秩序、促进社会和谐等方面发挥作用，使之成为社会建设的重要主体。支持社会组织在发展公益慈善事业、繁荣科学文化、扩大就业渠道等方面发挥作用，满足人民群众多样化需求。

案例 3-4

助力草根成长 社区社会组织孵化中心“孵”出 15 家社会组织

目前在成都晋阳社区服务的 17 家社会组织中，除了有两家是专门引进的专业化服务组织外，其余 15 家均为该社区社会组织孵化中心自主培育和发展起来的。

据该社区党总支书记李含荣介绍，以前在社区也有很多公益性的社会组织长年为社区老百姓提供服务，并受到居民的欢迎，但由于对政策的不熟悉，在注册过程中往往会遇到很多困难，并受到资金和场地的制约，同时也缺乏政府支持和引导。

对此，晋阳社区通过实地调研、了解社会组织的发展概况，掌握居民需求，于 2012 年 9 月在全市率先成立首家社会组织孵化中心。该中心通过“申请-评估-入驻-孵化-出壳-跟踪”6 个流程，为初创期的中小型社区民间公益性、服务类社会组织，特别是“草根”社会组织提供办公场地、设备、信息资源等方面的共享设施。除了提供办公场所等硬件，该社区还注重在孵化期提升社会组织的能力。为此，社区和成都理工大学社区研究中心建立了合作关系，成立了专门的社工孵化团队，并邀请学校教授定期给目前入驻的社会组织负责人设立辅导课程，提供专业指导。同时在持续的能力建设方面，社区还和成都市乐扶社会工作推广服务交流中心建立合作关系，充分吸收别的组织已有的成功经验……

通过一系列的专业指导，拓展社会组织的孵化、辐射、带动功能，吸引更多社会精英在公益领域创业就业，有效地促进公益事业的快速发展。自社区孵化中心成立以来，共有夕阳红爱心互助协会、“来吧帮帮”志愿者服务站、文体志愿者艺术团、青少年托管之家、老年人协会、育苗四点半学堂、阳公书法摄影协会、夕阳红小喇叭治保会、暖心驿站等 15 家社会组织参与其中，服务社区居民。

【问题】晋阳社区是如何帮助社区社会组织提升能力的？

【提示】与专业研究中心建立合作关系，成立了专门的社工孵化团队，邀请专家定期给入驻的社会组织负责人设立辅导课程，提供专业指导，充分吸收别的组织已有的成功经验等。

拓展训练 3-4

志愿者团队拓展训练

志愿者拓展活动是素质拓展的一种方法，旨在增强志愿者团队意识、团队精神、团队凝聚力，使志愿者在集体活动中进一步增加成员间的默契交流与合作。将全班同学分为两个组，每组有 20 位志愿者参与，每个小组自行设计准备 3 个以上的拓展训练游戏，并在老师的指导下在素质拓展训练中心组织实施上述训练。活动结束后：

（1）请同学谈谈社区社会组织在工作过程中可能遇到的困难有哪些？

（2）讨论运用什么样的方法可以让社区成员更愿意参与到社区活动中来，为什么？

练 习 题

一、名词解释

社区组织　社区党组织　社区党建　社区自治　社区居民委员会
社区社会组织

二、填空题

1．社区居民自治的主要目的在于__________，依法办理属于自己的事务，以促进基层社会民主和精神文明建设的发展。

2．社区居民自治必须具备3个基本要素，即______、______和______。

3．根据社区社会组织涉及的领域、功能、表现形式，社区社会组织大致可以划分为______、______、______、______和______等5种类型。

4．______是社区各类组织和各项工作的领导核心。

5．______是适应政府职能转变的承接平台。

三、单项选择题

1．根据中国共产党党章的规定，在各基层单位中，凡是有正式党员在（　　）人以上的，都应当成立党的基层组织。

A．5　　B．7　　C．3　　D．10

2．社区党委和党支部委员会的任期均为（　　）年。

A．1　　B．3　　C．4　　D．5

3．以下哪一条不是社区社会组织的共性特征（　　）。

A．民间性　　B．自主性　　C．自愿性　　D．营利性

4．对社区居委会的评估检查工作是由来（　　）负责。

A．社区工作者　　B．驻社区单位

C．居民　　D．政府（街道）

5．（　　）是社区建设的核心力量。

A．社区居民　　B．社区党组织　　C．政府　　D．街道办事处

四、思考题

1．社区组织的定义？

2．分析我国社区组织的组织体系构成？

3．社区组织建设的特点？

4．社区党组织建设面临的主要问题？

5．社区居民自治的三大原则？

6．社区社会组织建设存在的问题？

第四章

社区工作者队伍建设

学习目标

- 掌握社区工作者的基本含义及一名合格社区工作者应具备的基本素质和能力;
- 熟练掌握社区专职工作者的基本定义及特点;
- 熟练掌握社区兼职工作者的基本定义及特点;
- 熟练掌握社区志愿者的基本定义及特点;
- 熟练掌握三类社区工作者队伍建设的基本流程及重点环节。

社区工作者是社会建设不可或缺的中坚力量，建立和健全社区工作者队伍，已经成为各级政府加快和谐社会建设的一项重大而艰巨的政治任务，对于转变政府职能、创新社会管理体制、维护社会稳定、构建社会道德秩序具有十分重要的意义。本章使学习者通过学习、了解社区工作者的基本概念、社区工作者的特点、队伍建设的基本流程和技巧等。

第一节　社区工作者概述

案例导入

老人路上被狗咬伤　社区工作人员助索赔

2013 年 8 月 20 日傍晚，67 岁老人王某在回家的路上被家养大型犬咬伤腹部。在现场的犬主王某某当即携老人到医院救治，打狂犬疫苗花去医疗费 1704 元。王某某主动提出赔偿人民币 1000 元了事，王某的亲人不同意该赔偿金额，因此诉至法院，请求法院判令被告赔偿误工费 1000 元，护理费 500 元，精神抚慰金 1000 元。

汉沽审判区在受理案件后，承办法官多次走访原、被告所住社区了解案件真实情况。在办案过程中获悉原告王某家境贫困，家中同住成年女儿为精神病患者，生活不能自理，仍需要原告照顾。原告在回家途中无故被咬，不仅自身精神受到惊吓，日常生活也受到极大影响。其受伤后没有住院，自身生活也能自理，故护理费和误工费等请求难以得到支持。法官本着“调判结合、调解为先”的原则，积极营造调解氛围，多次联系被告了解案件情况，在同被告王某某的接触中得知被告意识到自身疏于管理的过失，有意赔偿老人损失。但碍于和老人女婿因为赔偿问题发生了矛盾，不好出面赔偿。法官发现案件突破口后，主动邀请社区居委会主任和调解主任共同参与庭审调查，并在庭审结束后一同做调解工作。社区工作人员利用自身和社区居民固有感情，对当事人晓之以理、动之以情。最终促使双方达成了赔偿 1500 元的调解协议。

【思考】

（1）作为一名社区工作者，在处理此事过程中扮演了怎样的角色？

（2）作为一名社区工作者，在处理社区事务的时候，应当具备哪些能力？

一、社区工作者的定义及构成

目前，我国社区建设的理论界和实践界对社区工作者的概念界定为广义和狭义两个层次。广义的社区工作者是指所有参与社区工作、以社区及居民群体为服务对象的专业或行政人员，包括社区党组织成员、社区居委会成员、社区志愿者、社区民间组织人员（业主委员会、老年协会、妇女协会、读书会等）、社区公共服务机构成员（如社区服务中心、文化站、卫生中心、治保会等）以及高校或科研所的社区理论者。狭义的社区工作者是指专职从事社区管理和提供社区服务，以社区工作为专门职业的专职社区工作者。

《中国社区工作》一书认为，中国社区服务业的工作者由 3 部分人组成：①义务服务（志愿者）队伍，如包户服务组、送暖小组等；②专职服务队伍，包括分工专管社区服务业的民政干部、从其他单位借调或聘用的服务人员；③兼职服务队伍，主要指居委会干部以及党政机关分管干部。

民政部《全国社区建设实验区工作实施方案》（1999 年）提到的“社区建设的工作队伍”中明确提出建立职业化的社区工作者队伍，并对社区工作者的内容作了具体的概括包括：①职业化的工作者队伍，即居委会干部队伍；②社区志愿者队伍；③社会中介组织；④专职、兼职相结合的理论工作者队伍。

以上界定的共同点是将民政部门主管或指导的社区建设工作（包括社区服务）作为社区工作的一个重要组成部分，社区工作者主要是指这些领域或部门的工作人员，即在社区内从事特定社会服务和管理，并以社区或居民群众为服务对象的工作人员，包括居委会成员、社区工作站工作的专职工作者和广大志愿者。一般而言，确定社区工作者身份的标准有三项，即工作内容或对象、职业身份、社会工作认证制度。

本书将社区工作者界定为三部分，即社区专职工作者、社区兼职工作者和社区志愿者。

二、社区工作者的角色

社区工作者的角色是指社区工作者作为现代社会职业的承担者所应扮演的角色，是他们在社会服务过程中所应有的行为模式。根据中外社区工作的发展历史和实践，社区工作者在工作中所需扮演的角色，是由其承担的工作职能和任务所决定的，主要可以包括以下几种：

1．服务者

为社区和社区居民提供服务是社区工作的基本目标，也是社区工作者的基本职能，因此一个社区工作者首先就应该是一个社会服务的提供者，为社区居民和家庭提供必要的辅导，帮助他们解决问题。社区工作者提供的服务可以是直接的，也可以是间接的。服务提供者角色是社会工作者的首要角色。

2．组织者

社区组织工作是社区工作的传统方法和内容，社区工作者按照一定的工作目标把社区居民组织起来，集中利用资源，在组织的活动中形成合力，更有效地解决社区问题，满足社区需要，促进社区发展。在这个过程中，社区工作者对群众进行宣传，倡导他们自觉组织起来，要和群众一起确定组织目标，建立和完善组织工作制度，开展各项有组织的社区发展和建设活动。

3．管理者

首先，社会工作者应对其工作内容进行有效的控制，同时还必须安排和管理相关资源和信息，以实现过程的高效率。其次，要做好社区工作，使政策切合实际，社区行政者的角色是不可或缺的，高级行政角色还应由经验丰富的实务工作者担任，他既有合格的专业教育背景和相当程度的管理技巧，又熟悉机构的功能与社会政策，这样才能更好地将社会福利政策转化为社区的服务目标。在我国的社会工作中，行政者、组织者和管理者的角色往往是融为一体的。

4．资源获取者

在许多情况下，社会工作者为了有效助人，常常需要求助于其他社会工作者、机构，甚至政府和广大社会，向他人争取受助者所需要的资源，并将它们传递到受助者手中。

5．调解者

社区工作者要本着公平的原则，为矛盾冲突的双方建立沟通的桥梁，为双方寻找彼此共同的基础，努力提出兼顾双方利益的解决方案，使双方认识到在社区中彼此的相互依存、相互促进的关系，在推动社区与自我发展的前提下消除分歧，使双方的权利能得到公平的实现。我国在社区中实行的“人民调解制度”，就要求社区工作者依据有关法规肩负起人民调解员的职责。

6．社区权益维护者

社区工作者应当是社区合法权益的维护者和社区利益的代言人，通过正当途径使社区和社区居民的合法权益得到维护。使社区居民得到他们应有的利益与服务是社区工作的重要内容，也是社区发展的必要条件。

7．治疗者

社区工作者作为治疗者有很长的历史。传统的治疗对象集中于问题中的个人，现在已经扩展到了团体和社区。治疗是站在“病理学”的角度，认为服务对象是出了问题，有行为的偏差，需要帮助和矫正。治疗的目的就是系统地对服务对象的问题进行控制或者减轻。在帮助边缘群体进行社区矫正、治疗戒毒和网瘾等工作中，社区工作者经常扮演治疗者的角色。

8. 教育者

社区工作者通过开展社区教育为社区居民提供相关机会、各种培训及进行能力建设，帮助社区居民学习如何更有效地完成生活与生命中一般性与特殊性的任务。社区工作者在社区发挥的教育功能是多层次的，这种教育活动可以服务于社区居民个人，但更多的则是要服务于社区和群体，如开办社区学校，开展社区公民道德教育、法制教育、科普教育，进行下岗职工的再就业培训，开展残疾人康复辅导、老年人保健知识讲座、青少年社区教育等。

9. 研究者

一个社区工作者，对于社区内的问题与社区的发展要做深入的研究，开展全面的调查，广泛地收集问题，促进社区的协调发展。

在实际工作中，上述这些角色往往是交叉、复合地体现在一个社区工作者的身上。

三、社区工作者的基本素养

1. 社区工作者的价值观

社会工作者的价值观是社会工作实践的灵魂，是社会工作者的精神动力。作为一种专业价值观，它的基础是社会主流价值和社会工作专业的独特追求。一般而言，社会工作价值观，是指一整套用以支撑社会工作者进行专业实践的哲学信念，以人道主义为基础，充分体现了热爱人类、服务人类、促进公平、维护正义和改善人与社会环境关系的理想追求，激励和指导着社会工作者的具体工作。主要包括以下一些方面：

（1）帮助社会弱者。由于个人生理、心理、机遇、自然环境和社会制度方面的原因，在社会生活中有顺利者和失意者、成功者和失败者。实际上，那些失意者、失败者、落难者常常并非个人原因造成的，而是因为条件不具备、制度有缺陷等因素造成的。这些不幸者的存在反映了社会的缺陷，也是社会的不幸。社区工作者应该站在社会公正的立场上帮助社会弱者。扶贫济弱是社区工作者的天职，也是社区工作者所应该具备的基本价值，社区工作者应该具有强烈的底层意识。

（2）追求社会公正。社会公正也叫社会公平正义，它反映的是人们从道义上、愿望上追求利益分配合理性的价值理念。人生来是平等的，后来社会问题落在哪些人头上，既有机遇的因素，也有社会制度的原因。凡是有人群且有利益分配的地方，就可能会产生公平正义的问题。社区工作者倡导机会平等、程序公正和结果公正，在社会不公正现象出现时要秉持公正之心呼吁社会公正，促进不公正制度的改变，在有些情况下则要推动实施对利益严重受损者的补偿。

（3）乐观看待变迁。在实践中，社区工作者对社会前途和远景始终持积极乐观的态度，他们相信社会发展的美好未来，并愿意付出持续不断的努力，通过专业实践和服务推动社会进步的进程。在面对复杂困难的社会问题时，社区工作者不是怨天尤人，也不是消极退缩，而是以乐观态度直面困难，用努力去克服困难，解决问题。

（4）强调主观能动性。社区工作者应将服务对象看作是一个与自己有平等价值的人，是有潜力改变且有能动性的个体，社区工作者充分相信服务对象自身所具有的优势，并在工作过程中注意倾听服务对象的声音，鼓励其在可能的情况下自立自强、克服困难，即“助人自助”，将他们视为合作伙伴，确立与服务对象的民主工作关系。

2. 社区工作者的知识素养

社区工作者要扮演好自己的角色，要具备一定的知识，主要包括以下几个方面：

（1）理论知识。理论知识是指马克思主义的基本理论、马列主义、毛泽东思想，特别是邓小平理论，是指导我们事业的理论基础，是各项工作的指南。在我国，社区工作是社会主义现代化事业的一部分，社区工作必须服从于社会主义现代化建设这个大局。

（2）学科知识。学科知识主要包括哲学、社会学、心理学、管理学知识。哲学是关于自然界和人类社会普遍联系及其本质的学问，对于正确认识问题和处理问题具有重要意义；社会学解决的基本问题是个人与社会的关系，社会学中的社会互动理论、社会分层理论及与社会问题相关的理论，对于社区工作实践有着直接的指导意义；心理学知识是社会工作理论和方法的重要来源，在实践中常常使用；管理学知识特别是行政管理学知识对于社会工作的贡献集中反映在社会工作行政中，通过计划、组织、指挥、协调、控制一整套方法对社会工作机构进行管理，以实现社会工作目标。

（3）法律知识。国家制定的社区工作法规是社会主义法律体系中的重要组成部分，是社区工作部门及其工作人员进行各项社区工作的法律依据，也是国家机关、社会团体及全国人民参与社区工作时必须遵循的行为规范和基本准则。社区工作是把社会财富的一部分用于帮助那些失调的社区和有缺陷的社会弱者进行基本的生产、交换和消费的一种特殊形式，是协调处理劳动力、社会产品和生产关系三者相互作用的社会事务。这些社会事务只有运用法律的手段调节和控制，才能解决得好。

（4）政策知识。社会政策或社会福利政策是针对困难群体的，其目的是通过向困难群体提供福利来解决他们的问题。社会政策或社会福利制度是社会工作得以开展的重要基础。在现代社会，几乎所有社会问题的解决都与政府的政策有关，社会工作基本上是在社会政策框架下开展活动的。对于社区工作者来说，了解和掌握社会政策就成为开展工作的前提。社会工作者要想有效地开展工作，特别是解决与政策相关的问题，就必须熟悉政策，包括理解社会政策的指导思想，熟悉某些政策规定，只有这样才能利用政策维护困难群体的利益。

（5）公共关系知识。公共关系是指社会组织以现代传播沟通为手段，以建立互利合作的公众关系为重点，以塑造良好的组织形象为目标的管理科学与经营艺术。为提高政府组织、社区在社区居民中的形象，社区工作者应掌握一些公共关系学理论，以有助于更好地开展工作。另外，社会工作需要通过公共关系来提高它的知名度，社区工作者与社区工作服务对象之间的联系需要通过公共关系来增强，提高社区工作的社会效益和经济效益需要通过公共关系取得有关方面的协作和合作。

3. 社区工作者应具备的基本素质

社区工作者的素质是指在先天禀赋的生理素质的基础上，通过后天的实践锻炼、学习而成的，在从事社区工作过程中经常起作用的那些内在要素的总和。社会工作者是推动社区建设的重要力量，与其他行业工作者的素质要求相比，社区工作者的素质有自己明显的特点，主要包括以下内容：

（1）政治素质。政治素质是指一个人所特有的世界观，以及建立在这个世界观基础之上的政治立场，代表一定阶级的思想观念，主要是指政治立场、政治信念、政治敏锐性和政治辨别力等。社区工作是为国家的政治制度服务的，政治素质是社区工作者必须具备的首要素质。

（2）思想素质。思想素质通常是指人的思维方式及其能力、思想境界和行为准则，主要包括：具有马克思主义的世界观、人生观和价值观；具有全心全意为人民服务的奉献精神和社会责任感；具有一切从实际出发、实事求是的思维方式或思想路线；具有创新思维和创新精神。

（3）职业道德素质。所谓职业道德，是指人们在从事其正当的社会职业中所应遵循的行为规范的总和。社区工作者的职业道德是社区工作者在实际工作中所应该遵循的社会规范，是指从事社区工作的人员在履行其本职工作中，从思想到行为所应遵循的与社会职业特点相适应的道德规范和准则，是调整社区工作者与各类服务对象之间、社区工作者之间以及社区工作者与社区之间相互关系的行业规范的总和。社区工作者的职业道德的最高境界是为人民服务，它主要包括爱岗敬业、诚实守信、办事公道、服务群众、奉献社会等方面。

（4）心理生理素质。健康的心理和健全的体魄，是社区工作者做好工作的最基本条件，主要包括稳定乐观的情绪、坚忍不拔的意志、健康的身体素质。

4. 社区工作者的能力要求

社区工作是事务性的工作，它以一系列的具体活动将社区工作者和服务对象联结起来，利用多种资源去实现助人目标，这就需要社会工作者具备较强的能力。能力是一个人顺利进行某种活动的一种个性心理特征。通俗地说，能力就是运用知识解决实际问题的本领。

（1）沟通与建立关系能力。社区工作是做人的工作，也是与人一起工作，所以良好的沟通能力，是社区工作者的业务基本功之一；其次，社会工作者要与服务对象、同事及其他机构建立工作关系，并维护和发展，推进社会服务。

（2）组织协调能力。社区工作者的任务就是善于发现、调动和发挥每个人的特点和积极性，把社区内不同要求的居民和单位恰当地组织起来，保证社区这个大系统内的各个要素都处于良好的配合状态，合理配置组织的资源，有效输送社会福利资源，监督此过程的合理性和有效性，有效实现社区建设的整体目标。

（3）应变创新能力。具有创新能力的社区工作者，能够从别人习以为常的事物中发现矛盾，提出问题，进而产生强烈的探索动机，经过联想、反思、推理，获得新颖而独特的认识，以这种知识指导社区工作，使工作突破常规、别开生面。

（4）专业技术能力。专业技术能力是指在掌握一定的专业技术知识的基础上运用这些知识去解决实践过程中遇到的专业技术难题的能力。社区工作者的专业技术能力，包括科学技术方面的硬技术和管理工作方面的软技术，两种技术同样重要，必须一起抓，切忌“一手硬、一手软”。

（5）运用现代信息技术能力。新技术革命的浪潮已将人类社会带入信息时代。作为信息时代支柱的计算机技术，已经成为现代办公的主要手段。掌握现代信息技术，具备使用计算机技术的能力，对社区工作者有特别重大的意义。

（6）发展社会工作专业能力。社会工作者不是一般的服务提供者，而是运用专业方法助人并促进社会和谐及社会公平正义的专业力量。除了直接的助人活动外，社会工作者有责任去宣传社会工作的价值观、总结服务经验、促进社会福利事业的发展。同时，要求社会工作者进行严格的专业自律、自我评估，这要求社会工作者要具有专业反思和提升自己专业素质的能力。

案例 4-1

社区工作者比拼服务技能

为民服务是社区的本职工作，可空有一颗为民服务的心也不行，熟练掌握服务技能才是硬道理。2015 年 7 月 15 日，环城西路街道就将 8 个社区的 50 多名社区工作者聚集一堂，拼实力、比技能，在答题和情景剧表演中一展工作人员为民服务的风采。

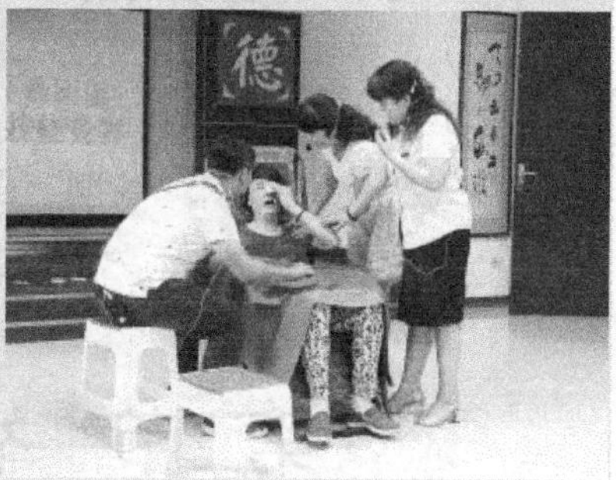

“为居民办理低保的流程是什么？三二一开始抢答!”主持人话音刚落，8 支社区代表队就争先恐后地拍下抢答按钮，抢答环节的每道题都保持着这样激烈的“战况”。代表队在必答题环节打成平局的情况下，在抢答题部分逐渐拉开差距，最终五一社区以 160 分的高分夺下答题环节的桂冠。在表演比赛中，8 个社区都将各自工作中遇到的真实事件编排成妙趣横生的情景剧，剧目中不仅囊括了各种为民服务小知识，更包含着社区和居民之间胜似亲人的浓浓情感。

一个多小时后，两个环节都落下帷幕，玉祥门社区用精彩的剧情、表演征服了大家，实至名归地成为第一名。环西街道主任王江宏说：“希望能通过这些为民服务知识，提升社区工作者的服务能力，同时也把这些惠民政策向到场的居民普及。”

【问题】该社区举办服务技能比拼有什么意义？

【提示】提升社区工作者的专业知识和能力，获得社区居民的支持和好感。

拓展训练 4-1

根据案例，结合某个具体社区，开展一次社区工作者能力、素质提升活动，并制定详细方案。方案内容包括活动主题、活动目的、活动时间、活动内容等方面。

社区工作者能力素质提升方案

海洲街道社区专职工作人员素质提升年活动方案（节选）

一、目标任务

（一）提升学习能力，建设学习型社工队伍

（二）提升服务能力，建设实干型社工队伍

（三）提升发展能力，建设创新型社工队伍

（四）提升工作能力，建设高效廉洁型社工队伍

二、时间安排

社工素质提升年活动从2010年8月开始，到2011年7月基本结束。

三、活动内容

（一）严格社工教育，提升社工素质

以素质能力提升为重点，以岗位要求和社工实际需求为导向，有计划地加强素质教育，提升能力。重点组织好“四个一”工作。

1. 办好一个“社工论坛”。
2. 组织好一个“社工课堂”。
3. 安排好一次挂职锻炼。
4. 开展好一场技能比武。

（二）严格社工管理，完善工作制度

（三）严格社工考核，建立激励机制

（四）严格社工监督，纠正不良风气

（五）重视关爱激励，强化工作保障

第二节　社区专职工作者队伍建设

案例导入

天津市民政局积极加强社会工作人才队伍建设，助力社区发展

近年来，天津市民政局注重社会工作专业人才队伍的培养，不断推进本市社会工作专业化和职业化的进程，采取多种方式，不断壮大社会工作专业人才队伍。目前，全市社会工作人才总量已达13000余人。

一、天津市广泛宣传动员社会工作者报名参加全国社会工作者职业水平考试，鼓励社会办学机构举办社会工作考前培训，鼓励各用人单位对通过考试的人员给予相应奖励，报名考试与通过人数均有显著增长。2015，本市有 8000 余人报名参加，与去年相比报考人数增加了60%。截至2014年底，全市有3370人取得了助理社会工作师、社会工作师职业水平证书。此外，本市积极组织现职社区工作者参加职业资格考试。截至今年，已有 9674 人取得了社区社会工作员资格。

二、积极组织社会工作者的培训工作。通过日常培训与重点培训、专业培训与综合培训、市级培训与区级培训相结合，组织全市 8000 多名社区工作者参加各级各类专业培训，不断提高社会工作者的业务水平和办事能力。天津市还利用专项活动，表彰先进，展示社工形象。2015 年，天津市首次召开社工年会，对社工领军人才进行表彰。在每年的“国际社工日”，市民政局都组织开展一系列内容丰富、形式多样的庆祝活动，通过社会工作者的专业服务和各类媒体对社会工作者的先进典型和事迹的广泛宣传，提升社工能力、展示社工形象，使社会工作及社会工作人才逐步得到社会各界的理解和认同。

【思考】

（1）目前我国专职社区工作者队伍建设现状如何？

（2）社区专职工作者如何提高专业能力？

中共十六届六次全会提出要建设一支宏大的社区工作人才队伍，构建社会主义和谐社会。社区是社会的细胞，构建社会主义和谐社会的基础在社区。在新时期、新形势下，社区在协调社会关系、化解社会矛盾、解决社会问题、维护社会稳定、促进社会和谐方面所承担的任务更重、难度更大，迫切需要一支政治素质好、专业能力强、结构合理、素质优良的社区专职工作者队伍，这对于推进社区建设和管理，具有十分重要的现实意义。

一、社区专职工作者的基本含义

关于社区专职工作者的界定，在学术界没有形成一致的看法。有学者从广义和狭义两个层面来界定，广义的概念是指从事社区建设和服务的专职和兼职人员。狭义的概念专指社区居民委员会人员。这种界定，广义的太过宽泛，狭义的又过于狭窄，都不利于社区工作者职业身份的确定以及将来工作者队伍的建设和发展。还有些政府部门在相关文件中也规定了社区专职工作者的范围，如所谓社区专职工作者是指专门从事社区居委会工作的主任、副主任和委员。这一定义排除了向社会公开招考取得社区工作者执业资格的人，也不符合社区建设和发展的需要。

职业的或者专业的社区工作者较之以前的社区居委会干部具有以下特点：①经社会公开招聘产生；②可以突破居住属地限制；③人数无法定限制，应根据工作需要确定；④有一定的专业知识或水平；⑤是一种职业，领取受聘工资。

广义的社区工作者应指所有参与社区工作的人员，包括社区党组织和社区居民自治组织成员、职业社区工作者、社区志愿者、社区中介组织人员以及高校或科研院所的社区理论工作者。狭义的社区工作者主要包括社区党组织、居民委员会干部和专职的社区工作者。本书所指的社区专职工作者专指狭义的社区工作者。

综上所述，所谓社区专职工作者，是指以社区居民为服务对象、以从事专门社区工作为职业的人。其由两类人员构成：一是原来城市居委会干部；二是通过向社会公开招考取得社区工作者执业资格、从事社区工作的人员。它不包括社区志愿者，也不包括公共服务机构（如社区服务中心、卫生站、文化站、治保会、老年公寓等）在社区内提供服务的工作人员。这样定义，使职业的社区工作者与专业的社区工作者两者相结合，既强调了社区工作是一门职业，有利于消除人们对社区工作的社会偏见，又强调了社区工作的专业性要求。

二、社区专职工作者的条件

关于社区专职工作者的条件，不同地区的具体要求是有区别的，但基本有以下几点：一是遵守国家的法律、法规，政治素质好，责任心强，热心为居民服务，具有一定的组织管理能力；二是具有社区专职工作者执业资格，高中、中专以上学历，身体健康，年龄一般在25～49周岁；三是离退休人员年龄一般不超过65周岁；四是具有本市常住城镇户口，原则上长期居住在本社区。

三、社区专职工作者队伍建设的相关政策

针对专职社区工作者队伍建设，国家尚未制定相关的职业标准，一般参照社会工作者的职业标准进行管理。早在2003年，上海市就率先制定并颁布了《上海市社会工作者职业资格认证暂行办法》，该办法十分明确地将社会工作者纳入专业技术人员职业资格制度管理范围，成为一个独立的专业类别。2004年6月，我国颁布的第9批国家职业标准中，正式认定社会工作者为我国的新职业，还制定下发了《社会工作者国家职业标准》。

2006年7月，国家的民政部和人事部联合制定和颁布了《社会工作者职业水平评价暂行规定》和《助理社会工作师、社会工作师职业水平考试实施办法》，首次从国家的高度和以制度的形式确定了将社会工作者纳入专业技术人员的范畴。2007年2月，民政部下发了《关于开展社会工作人才队伍建设试点工作的通知》，要求开展专业的教育培训，组织有关人员参加职业水平考试，推进民政服务类事业单位改革，大力开发社会工作岗位，健全社会工作服务的网络体系，壮大社会工作人才队伍。

各地关于社区专职工作者队伍建设的文件如《关于加强社会工作专业人才建设队伍意见》《社会工作专业人才队伍建设中长期规划（2011～2020年）》等总纲性文件精神，以及各级地方政府根据各地社区建设实际颁布的相关政策文件，如《杭州市社区专职工作者管理办法（试行）》（市委办发〔2005〕62号）、《广州市越秀区专职社区工作者管理办法》（越府〔2006〕24号）、《北京市社区工作者管理办法（试行）》。

作为社会工作者队伍中的重要组成部分，社区专职工作者在解决社会问题、维护社会稳定、促进社会和谐等方面发挥着独特作用，建立一支结构合理、素质优良的社工队伍是十分重要和必要的。上述政策、文件精神从工作职责、激励措施、教育培训、考核办法、待遇保障等方面对专职社工队伍进行了详细规定。

四、社区专职工作者队伍建设方案

1. 对某一社区专职工作者队伍建设现状进行调查

结合已有研究、调研成果来看，目前我国社区专职工作者队伍建设普遍存在队伍结构不合理、专业化程度不高、社会地位较低、工作前景不明朗、工作效率偏低等问题。在实际操作中，可以成立调研小组，利用问卷调查、深度访谈、座谈会等多种方法获得第一手资料，并对各种文献资料进行了综合分析，对某一个社区或者街道的专职社区工作者队伍进行调研，通过调研了解目前我国社区专职工作者队伍建设现状以及存在的问题，并提出相应的对策。

2. 建立健全社区专职工作者队伍建设的基本机制

社区专职工作者队伍建设的基本机制主要包括选拔任用机制、教育培训机制、考核约束

机制、待遇保障机制等。

（1）建立选拔任用机制。严格、规范社区专职工作者队伍的“入口”，即推行职业资质准入制度。采取面向社会公开招聘社区专职工作者，规范笔试、面试、考核、聘任等法定民主程序，优先录用相关专业的大中专院校毕业生，吸纳一批年富力强的高素质的社会人才充实到社区工作者队伍中去。

（2）建立教育培训机制。强化学习培训，加强社区专职工作者的培养教育，是建设高质量社区专职工作者队伍的主要途径。要根据社区工作实际需要，逐步建立和完善社区专职工作者培训制度，搞好经常化、系统化、规范化培训。

（3）建立考核约束机制。强化对社区专职工作者的考核评议，是强化社区专职工作者队伍建设的重要手段。通过考核可以有效地提高社区专职工作者的工作责任意识和效率意识，增强创造力、拓展思维空间，进而提升社区工作质量。

（4）落实待遇保障机制。健全完善的经济补贴保障制度，是加强社区专职工作者队伍建设的基础。近年来，随着社区建设的发展，社区专职工作者的社会地位不断提高，工资补贴也逐年增加。但是，相对社会其他行业来说，社区专职工作者的生活待遇仍处在低水平上，这与他们所从事的工作内容不匹配。因此，各级政府在政治和生活上给予社区专职工作者及时关心和照顾的同时要采取措施，认真研究生活补贴的办法，提高社区专职工作者的基本生活待遇，建立社区专职工作者生活补贴自然增长机制。

3．推进社区专职工作者队伍建设的知识化、职业化、专业化、年轻化

从近年社区建设的实践看，建立一支知识结构、年龄结构合理，综合素质能力较高的职业化、专业化社区专职工作者队伍，是推动社区建设不断深化创新和发展的关键。

（1）知识化。推进社区专职工作者的知识化建设主要有两个途径：一是公开招聘具有专业知识和执业资格的社区工作者，二是通过制定教育培训体系，全面提高社区专职工作者的基本素质、工作能力和专业水平。例如，2012 年 4 月发布的《社会工作专业人才队伍建设中长期规划（2010～2020 年）》，提出了十大重点工程，规定到 2020 年，依托现有资源，建立 500 家社会工作专业重点实训基地。加快推进社会工作硕士专业学位教育发展，到 2020 年培养和引进 3 万名社会工作硕士专业学位研究生，300 名社会工作专业博士，3000 名“双师型”专业教师。

（2）职业化和专业化。为了社区工作者队伍更好、更快、更健康地发展，也为了政府有关部门能够更规范地管理，使这支队伍可以在和谐社会建设中发挥更重要的作用，应对这支队伍实行职业化和专业化的管理。所谓职业化是指以其所从事的工作作为谋生的手段，领取工作报酬，靠工资为生，而不是领取补贴。专业化是指从事社区工作应具备的相关专业知识或技能。

（3）年轻化。长期以来，我国的社区专职工作者年龄普遍较高，随着社区工作任务日趋加重，在体力与精力等方面都表现出了力不从心，建设一支老、中、青结合的结构合理的社区专职工作者队伍是必然要求。选用大批年轻人进入专职的社区工作者队伍，是不断提高社会工作队伍专业化、职业化、年轻化水平的重要途径。例如，广东省广州市越秀区，截至 2015 年，222 个社区配备了 1632 名社区专职工作人员，其中 80 后、90 后的年轻人达 768 名，比例达到 47.1%。

案例 4-2

湖里区民政局着力推进社区专职工作者队伍建设

一是高标准选才。坚持“凡进必考”，打破区域界限，面向全市公开招聘有志于社区工作的高学历人才，拓宽发现和选拔社区可用人才范围。规范招考程序，2016 年湖里区社区专职工作者招聘工作中，聘请市人大代表作为监察，引入高考考场管理系统，招聘过程全程监控，确保招聘工作“公开、公平、公正”。

二是好制度引才。出台《湖里区社区专职工作者管理规定》和《湖里区社区专职工作者绩效考核办法》，并在全市率先建立社区专职工作者档案数据库，规范社区专职工作者队伍管理。大幅提高社区专职工作者的工资福利待遇，建立社区专职工作者薪资自然增长机制，完善一系列激励机制，大力营造拴心留人的良好工作环境。

三是多举措育才。坚持分级分类培训原则，统筹安排普及类、专业类和提高类培训，确保每年全体社区专职工作者都至少轮训一遍。定期邀请部门领导或社区建设专家进行专题讲座。今年以来，湖里区区、街围绕社会工作服务、社区民主协商、居民小组长建设等主题，开展了 10 余场培训，共培训了 500 多人次。同时选派社区骨干到外地学习考察，不断拓宽社区干部视野，提高工作水平。在全省率先组织 4 批 60 余名社区骨干赴台湾培训，派人员到台湾结对社区驻训。

四是科学化用才。通过轮岗交流挂职，历练提升社区干部的实际工作能力。每年定期选出社区骨干到典范社区去交流挂职，系统学习借鉴一些先进单位的品牌特色和社区工作成功案例，让挂职锻炼的社区骨干从中学到工作方法和经验。每年举办社区专职工作者文化节，全方位培养社区干部各方面才艺。

资料来源：http://www.fjsmzt.gov.cn/xxgk/gzdt/gjcxx/201608/t20160823_1210805.htm（湖里区民政局）

【问题】湖里区民政局着力推进社区专职工作者队伍建设的目的与意义？

【提示】目的与意义在于加强对专职社区工作者队伍建设和管理，稳定专职社区工作者队伍。

拓展训练 4-2

社区专职工作者队伍建设现状调查

对某一具体社区专职工作者队伍建设情况进行调研，调研内容包括拟调研社区专职工作者队伍的基本信息、社区专职工作者队伍已经取得的成绩、社区专职工作者队伍建设中存在的问题等，根据调研情况撰写社区专职工作者队伍建设现状调查报告，提出自己的思考及建设方案。

1. 具体实施

（1）做好人员分工，确定拟调查的社区。首先将学生分成 4～6 人的调查学习小组，确定负责人，选择拟调研社区，注意尽量选择不同的社区。

（2）查阅文献资料，设计调查问卷和访谈提纲。

（3）以小组为单位，深入社区开展调查或访谈，收集社区专职工作者队伍建设现状的资料，注意调查对象的选择。

（4）资料分析和整理，撰写调查报告。

2. 重点提醒

调查报告一般包括社区的基本情况、被调查人的基本情况、社区专职工作者队伍建设现状（含存在的问题及原因分析）、解决措施和方案内容等。老师在此过程中，对于学生疑难问题要进行指导，利用小组总结交流和点评提高实训效果。

第三节 社区兼职工作者队伍建设

案例导入

北京试点街道干部兼职社区岗位

近日，东城区永外街道松林里社区举行党员大会，选举新一届社区党委成员。鲁世荣是永外街道办事处妇联主席，作为街道干部进入社区兼职的“第一人”，正式当选松林里社区党委书记的鲁世荣从今天起就要在永外街道和松林里社区两处奔波上班了，一边负责街道妇联的工作，一边还要处理社区的事务。

虽然是两处兼职，鲁世荣却只能拿到在机关原岗位的一份工资，但这并不影响她对社区工作的热情。利用自己妇联主席的身份，鲁世荣计划引进区里的资源为社区群众服务。她牵头联系了绿主妇城市农园科普服务中心为社区居民讲解阳台种植技术，26 日还要组织居民去芽苗菜种植基地参观，针对家庭阳台菜园开展科普培训。“因为我本身就在街道工作，很多事情沟通起来更容易，给居民提供服务也更便捷。”鲁世荣说。

据永外街道办事处工委书记赵茂杰介绍，街道 20 个社区共有 279 名社工，但仍然存在缺口，主要原因是待遇不高，身份没有得到认同，“有的社工是书记、主任、站长一人兼，确实很辛苦。”而与机关干部相比，社工在信息掌握和视野方面等都要差一些，但社工又比机关干部接地气，更了解居民需要。此外，社区也需要有更多管理经验的干部来组织更好的活动。机关干部去社区兼职，两者就可以团队互补，“有时候街道办的活动社区不买账，我们还不知道症结在哪儿，有干部在社区任职，就能及时反馈和应对解决。”

【思考】

（1）社区兼职工作者与专职工作者的区别和联系是什么？

（2）社区兼职工作者对社区管理和建设的作用和意义？

一、社区兼职工作者的基本含义

兼职，区别于全职，是指职工在本职工作之外兼任其他工作职务。兼职者除可以领取本职工作的工资外，还可以按标准领取所兼任工作职务的工资。兼职在西方国家指有较高专业知识和实际经验的专家、学者、实业家同时兼任两个或两个以上的职业。兼职制度无论对个人、社会都有益。

社区兼职工作者是指有正当职业或正常收入来源的人员，经常或定期地利用完成本职工作任务以外的业余时间或节假日时间，以自己的智力或体力的支出为社区居民提供低偿或微利服务。兼职人员大多来自行政机关、企事业单位或社会团体中的工作人员，他们一般都有较高的政策水平和专业知识，是社区工作中的重要人力资源。

二、社区兼职工作者队伍的构成

社区工作的兼职队伍，一般由4部分人员构成：一是社区居民中有正当职业且愿意利用业余时间为社区提供低偿微利服务的人员；二是辖区内机关、企事业单位所属的利用业余时间为所在社区提供低偿微利服务的人员；三是社区聘请的定期到社区参加管理或各类专业技术咨询的社会知名人士、专家、学者等；四是社区内离退休的干部职工和专业技能人员等。离退休人员由于有正常稳定的收入来源，他们出来做社区服务工作并且取得适当补助的话，也应属于兼职队伍之列。

三、社区兼职工作者队伍建设的相关政策

目前我国关于社区兼职工作者队伍建设的相关规定不是很多，相对来讲理论较匮乏，但也为进一步的理论研究提供了空间。1995年，民政部出台的《全国社区服务示范城区标准》，就把社区服务人员分为专职与兼职两类。2009年6月，为充分发挥社区兼职工作者的积极性，阿勒泰市率先出台了《社区兼职工作者管理办法》（后文简称《办法》）。《办法》规定在社区党组织、社区居委会和社区服务站兼职从事社区管理和服务的工作人员都属于社区兼职工作者。《办法》也明确了社区兼职工作者的职责任务，制定了考核办法，完善了教育培训制度、档案管理制度、居民评议制度，尤其是表彰奖励机制明确规定，对在社区建设中成绩显著的优秀兼职工作者给予表彰奖励。

四、社区兼职工作者队伍建设要点

1. 了解社区兼职工作者发展现状与趋势

可以采用问卷调查、实地访谈、查阅文献资料等方法调研拟建设社区兼职工作者队伍建设情况，主要包括社区兼职工作者队伍的基本信息、社区兼职工作者队伍建设已经取得的成绩及建设中存在的问题。社区兼职工作者队伍的建设实践在很多城市的街道、社区都相继涌现，社区兼职工作者涉及了社区管理、社区教育、社区服务、社区消防治安等各个领域，这些都为社区兼职工作者队伍的进一步建设提供了宝贵的经验。

2. 社区兼职工作者队伍建设的举措

（1）构建社区兼职工作者队伍建设的指标体系

具体的指标体系应包括以下内容：兼职工作者队伍的类型，如社区服务队伍、社区治安队伍、社区环境保护队伍、社区兼职教师队伍等；兼职工作者的数量，这个要根据每个具体

社区的实际需要确定相应的人数；学历、年龄、健康状况等基本要求。

（2）多渠道吸纳社区兼职工作者

社区工作中需要的兼职工作者涉及方方面面，凡是具有社区工作热情，愿意为社区居民服务的人员，在条件允许的情况下都可以吸纳到社区兼职工作者队伍中来。

具体方法如下：社区服务机构（如服务中心、服务站等）根据自身的资源和居民的需求，有计划、有组织地进行人力资源储备；通过调查摸底，把驻在本辖区内愿意兼职从事社区服务人员的有关情况，如可提供的服务内容、服务方式、服务时间、服务地区进行登记，建立服务信息档案，使他们利用业余时间在群众有相应的服务需要时，就近上门开展对口服务。

（3）做好社区兼职工作者的档案记录及管理工作

社区或街道要做好社区兼职工作者的档案记录，一是为查找方便，二是为保证长效机制，三是作为褒奖的依据。

（4）重点要解决好兼职兼薪、多劳多得的政策问题

兼职兼薪是指专业技术人员和管理人员在完成本职工作，不侵犯本单位经济、技术利益的前提下，根据有关法律、法规，在与所在单位签订协议后，兼职从事技术创新、高新技术成果转化、技术开发、咨询、服务等工作，并获取报酬的业余活动。

对于社区兼职工作者目前需要解决的是为兼职的行为提供法律、法规的保护问题。例如，单位实行岗位 8 小时工作制，个人完全利用业余时间从事兼职活动，或单位不实行岗位 8 小时工作制，个人在保证全面完成本职工作任务情况下从事兼职活动，且又未使用本单位物质条件和技术资料的，其兼职收入依法纳税后，应归个人所有。

（5）制定相应的管理规范

社区管理相关部门可以根据本社区的基本情况制定相关的社区兼职工作者管理办法，明确社区兼职工作者的基本职责、监督约束机制，对社区兼职工作者的具体工作进行规范化管理。例如，可以每季度召开一次兼职工作者会议，及时通报社情民意和群众需求，研究社区工作和涉及社区民生的重大事项，整合社会资源为社区居民做好事、办实事。每年年底，社区兼职工作者要向社区工作者考评和监督委员会述职，接受群众评议，评议结果通过“社区兼职工作者工作情况反馈单”及时反馈到原单位，作为其年度考核和评先评优的主要依据。

五、社区兼职工作者队伍建设的评估

社区兼职工作者队伍建设的评估原则上应以建设指标体系为依据及主要内容，结合本地区的实际情况，客观、全面地进行评估工作。具体的评估程序和具体评估主体、标准、方法等可以参考社区专职工作者队伍建设的评估事项。

案例 4-3

阜宁司法局聘任 65 名社区矫正兼职职员

为切实提升社区矫正集中教育实效，近日，阜宁县社区矫正兼职教员聘书发放仪式在该县司法局举行。仪式上，汤乃松等 65 名同志被聘为社区矫正兼职教员，聘期为 2016 年 4 月

至2018年3月，为期两年。

65名社区矫正兼职教员中，有原县政协副主席、关工委副主任汤乃松，县法院审判委员会专职委员季益岭，苏一律师事务所主任周应青等业内专业人士，以及政法系统关工委的同志，公安局、检察院、法院的业务骨干，全县律师事务所全体律师，法律服务所业务骨干等。

他们中有的具有丰富的人生阅历和工作经验，有的从事审判、刑侦工作多年，有的有多年法律服务经验，是社区矫正工作不可或缺的力量。该县将65名社区矫正兼职教员安排到全县各司法所，并排好课程表，每月10日，利用社区服刑人员集中教育的时机，为社区服刑人员授课，讲解法律法规、公民道德、时事政策等，增强社区服刑人员的法制观念、道德素质和悔罪意识，同时在生活、工作方面给予社区服刑人员一定的指导关怀，在心理、思想方面亦能给予他们及时的疏导和关心，帮他们尽早走出心理阴影，树立阳光健康的心态，开启积极的人生。

该县社区矫正管理局制定了兼职教员职责和制度，组织开展帮教工作，并定期开展工作交流和业务培训，提升教员参与社区矫正工作的能力和水平，预防和减少社区矫正服刑人员重新违法犯罪可能性，为维护社会和谐稳定做出积极贡献。

【问题】大力发展社区兼职工作者队伍建设的意义何在？

【提示】有利于发挥社区兼职工作者在技术、专业方面的优势和特长，更好地为社区建设服务，共建和谐社会。

拓展训练 4-3

社区兼职工作者队伍建设现状调查

针对某一具体社区，就兼职社工队伍建设情况做实际调研，掌握社区兼职工作者队伍建设现状，如兼职人员数量、学历、年龄职业、专业背景、类型（社区服务队伍、社区治安队伍、社区环境保护队伍、社区兼职教师队伍等）。

具体步骤如下：

（1）学习相关文件精神，查阅文献资料。

（2）成立调研小组，确定负责人，制定调查问卷和访谈提纲。

（3）选定具体社区，开展调研。

（4）撰写调查报告，对目前兼职社工队伍取得的成绩、不足、改进措施等提出观点。

（5）各小组派一名代表上台进行成果汇报。

（6）学生团队与教师共同点评总结。

第四节　社区志愿者队伍建设

案例导入

云岩区延中社区志愿者走上街头开展为老服务送温暖活动

为弘扬和践行“尊老、敬老、爱老”的社会美德，近日，延中社区敬老志愿者纷纷走上街头开展“心手相牵·志愿服务”敬老月为老年人办实事、做好事、献爱心、送温暖志愿者服务活动。

活动中，志愿者们不仅为老人们免费法律咨询、免费义诊、免费理发外，还与老人聊天，宣传《老年优待证政策》《高龄补贴政策》《中华人民共和国老年人权益保障法》等政策法规，从孝敬老人谈到老年人的心理健康，从如何锻炼身体谈到如何科学合理进行饮食保养，同时还给老人发放了老人健康饮食、老年人健康保健知识和老年人如何预防诈骗等宣传资料。整个活动现场氛围其乐融融，老年人们喜笑颜开，纷纷对社区举办的此次尊老、敬老活动表示感谢，让他们感受到了政府、社区的关心和温暖，内心激动之情难以言表。

参与此次活动的敬老志愿者有 40 多名，共走访慰问高龄老人、特困老人 17 人次，发放各类宣传资料 300 多份，解答老年人优待方面的问题 30 多人次，免费义诊 100 余人次，免费理发 30 余人次，为老人们现场办理老年证 20 多本。

【思考】

（1）社区志愿者服务为什么受居民欢迎？

（2）社区志愿者与社区专职工作者、兼职工作者的区别和联系？

社区志愿者队伍是社会志愿服务体系的重要组成部分，是造就一支结构合理、素质优良的社会工作人才队伍的重要力量，社区志愿者队伍在解决居民困难、解决社区问题、促进社区整合方面发挥着积极的促进作用。

一、社区志愿者的相关含义

1. 志愿者

“志愿者”一词源于西方国家，英文是“volunteer”，有“希望、决心或渴望”之义。西方志愿者起源的重要概念建基于罗马时代的博爱精神和基督教的宗教责任及救赎观念，透过义务工作表现出人性的爱及弘扬宗教的善性。联合国将其定义为：不以利益、金钱、扬名为目的，而是为了近邻乃至世界进行贡献活动者。志愿服务起源于 19 世纪初西方国家宗教性的慈善服务，为解决各种社会乃至全球性问题，维护人类的共同利益做出了突出贡献。志愿服务（volunteer service）则是任何人自愿贡献时间和精力，在不为物质报酬的前提下为推动人类发展、社会进步和社会福利事业而提供的服务。

根据中国的具体情况来说，志愿者是这样定义的：“在自身条件许可的情况下，在不谋求任何物质、金钱及相关利益回报的前提下，合理运用社会现有的资源下，志愿奉献个人可以奉献的东西，为帮助有一定需要的人士，开展力所能及的、切合实际的，具一定专业性、技能性、爱心性服务活动的人。”

2. 社区志愿者

20 世纪 80 年代中期，民政部号召推进社区志愿服务，天津和平区新兴街道就是早期开展社区服务的典型，成立了全国第一家社区志愿者协会。经过近 20 年的发展，我国社区志愿者组织日益完善、队伍日渐壮大，已成为我国目前最大的两支志愿队伍之一。

所谓社区志愿者，是指以社区为范围，在不以获取任何物质报酬为目的的情况下，能主动承担社会责任，奉献个人时间和精力的人，社区志愿者服务范围包括助老扶弱、扶贫济困、课余辅导、环境保护、社区服务以及其他社会公益性活动。

3．社区志愿者队伍的特点

我国社区志愿者队伍的主要特点有：自觉自愿、主动参与；互帮互助、互利互惠；义务服务、不计报酬；自我组织、自我管理。当然，目前我国社区志愿者队伍还存在一些问题，具体有数量还不算多、年龄构成偏高、文化程度偏低。

二、我国社区志愿者队伍建设与管理

1．志愿者队伍建设相关政策

为了保障志愿服务与志愿者的个人权益，我国先后制定了一系列的法律法规，来规范约束志愿服务的同时，给予监督和扶持。在我国宪法中，就提出了志愿服务是社会主义精神文明建设的一个有效载体，宪法为开展志愿服务提供了一个根本依据，也是对志愿服务进行鼓励和保护的重要依据。

党和国家有关部门除了在法律文件中提及志愿服务的内容外，还发布了一系列专门的志愿服务的政策性文件。《中国 21 世纪议程》《中共中央关于加强社会主义精神文明建设若干重要问题的决议》《民办非企业单位登记管理暂行条例》《社会团体登记管理条例》《关于进一步做好新形势下社区志愿服务工作的意见》等都对社区志愿者服务的开展提供了指导作用，志愿服务在构建社会主义和谐社会中将日益发挥着重要作用。

2006 年，国务院下发《关于加强和改进社区服务工作的意见》，2008 年中央精神文明建设指导委员会印发《关于深入开展志愿服务活动的意见》等。党的十七大明确提出要“完善社会志愿服务体系”。2012 年为加快建立志愿服务记录制度，推动志愿服务健康有序发展，民政部颁布《志愿服务记录办法》，党的十八届三中全会审议通过的《中共中央关于全面深化改革若干重大问题的决定》明确指出，加快实施政社分开，支持和发展志愿服务组织。

我国社会团体也不断出台各种规范性的文件，共青团中央、中国红十字总会、中国社会工作协会、社区志愿者工作委员会、全国老龄工作委员会办公室、中国残疾人联合等相继出台了相关规范性文件，从志愿服务的招募、注册、培训、开展志愿服务管理、保障和激励等方面进行规范。我国各省市均出台了志愿服务地方性、规范性文件。

2．社区志愿者队伍建设现状分析

社区志愿者在我国出现时间较晚，社区志愿服务发展初期，它与社区服务密切结合，在大力推进社区建设的过程中，在解决居民困难、解决社区问题、促进社区整合方面发挥了积极的促进作用。目前我国许多城市已建立了多种形式的社区服务志愿者活动的组织，并制定了有关章程和管理办法。随着志愿服务的发展，我国志愿者组织逐渐完善了组织制度、活动章程，开始有了例会，逐步走向正轨。2009 年中国社区志愿者已超千万人，分布在千万个社区志愿服务的组织中，虽然数量较大，但当前我国的社区服务志愿者活动总体上还处于发展的初级阶段。在实践中，我国社区志愿服务存在的问题主要有以下几点：

（1）社区志愿者数量少，成员相对单一。

（2）社区志愿者技能水平较低，志愿服务项目领域狭窄。

（3）管理机制不健全，多头管理等问题突出。

实务操作方面，可以组织调研小组，采用问卷调查、实地访谈、查阅文献资料等方法调研某一特定社区的志愿者队伍建设情况，形成初步的调研成果。

3. 社区志愿者队伍建设的实施

（1）构建社区志愿者队伍建设指标体系，并策划建设方案。指标体系包括：志愿者队伍的类型，如消防志愿者、治安志愿者、环保志愿者、社区矫正志愿者、法律援助志愿者等；社区志愿者的数量和个人基本情况，如学历、年龄、职业等。

（2）重点解决好规范建设、组织和管理的问题。

一是要大力发展社区志愿者组织，提升宣传力度，把握形势选择，建立人才招募和开发制度。

二是要建立健全社区志愿者队伍的登记注册制度，积极推进登记注册制度的立法，成立专门的登记注册机关，规范执行注册登记程序，以此来促进社区志愿服务管理工作走向规范化、制度化和法制化。

三是要健全社区志愿者培训制度，将培训常态化、经常化，不断改进服务态度，提高服务水平，促进社区志愿服务队伍向正规化、专业化发展。

四是要建立社区志愿者激励机制，志愿者的激励是志愿者保持高度工作热情、保证志愿者提供志愿服务长效性和持久性的必要条件，主要从自我激励机制、表彰奖励机制、适当“享受”机制等方面来具体思考。

4. 完善评估体系

社区志愿者队伍建设情况的评估要以建设指标体系为依据，结合实际情况，对其进行客观、全面的评估，从而发现不足，总结经验。

案例 4-4

阿克齐镇开展2015年度优秀志愿者表彰大会

阿克齐镇自2015年12月份，启动了“优秀志愿者”推荐评选工作，通过社区工作人员、居民代表、基层党支部、志愿服务队代表评议推选出表现出色的9名优秀志愿者并进行了表彰。自2013年志愿者义工总部成立以来，社区志愿者开展的邻里守望、邻里相助、邻里相伴各类志愿服务活动，营造了“我为人人、人人为我”友爱互助的良好氛围，增加了社区居民幸福感，促进社区和谐稳定。

通过表彰活动，嘉许优秀志愿者，宣传优秀志愿者及志愿服务组织的感人事迹，不断扩大志愿服务活动的覆盖面和影响力，激励了更

多的人投入到志愿者的队伍中，更好地服务居民、服务社会，推动社区志愿服务工作再上新台阶。

【问题】如何更好地发挥社区志愿者队伍在社区建设和管理中的作用？

【提示】主要做到以下几点：一要完善招募制度，强化管理；二要健全培训制度，不断加强服务水平；三是建立激励机制，推动持久发展。

拓展训练 4-4

模拟社区志愿者服务站建设过程

社区志愿者服务站是组织志愿者从事社会公益与社会保障事业的组织，志愿者们以社区为阵地，以弱势群体为帮扶对象，积极开展各项志愿服务活动。目前我国的志愿者服务站按“六有”标准建设，有自己的基本工作流程。通过让学生模拟社区志愿者服务站建设的流程，了解其基本步骤和管理制度。

社区志愿者服务站建设基本流程包括：

① 确定社区。采取组织动员和自行报名两种方式。

② 确定服务站场地和硬件配备。

③ 确定服务站专、兼职管理工作者。

④ 服务站管理工作者培训。

⑤ 确定服务项目。

⑥ 搭建服务站组织机构，明确权责分工，确定管理制度。

⑦ 招募志愿者，建立志愿者档案，对志愿者进行培训。

⑧ 制定服务站工作计划，常年开展活动，并长期招募志愿者。

实训过程如下：

① 在教师的指导下，有学生自行组合成6～8人的小组，并确定负责人。

② 查阅文献资料、新闻素材，了解具体的社区服务站的建设流程。

③ 根据资料模拟流程建设虚拟社区志愿者服务站，并形成书面汇报材料。

④ 各小组上台汇报建设经验和成果。

⑤ 教师和学生团队点评。

练 习 题

一、名词解释

社区工作者　社区专职工作者　社区兼职工作者　志愿者　社区志愿者

社区志愿者服务站　社会工作师资格考试

二、填空题

1. 社区志愿者队伍的特点有：自觉自愿、主动参与；________；义务服务、不计报酬；________。

2．社区工作者应当具备的基本素质有政治素质、_______、_______、心理生理素质。

3．社区工作者应当具备的专业能力有沟通与建立关系能力、组织能力、______、______、组织协调能力和发展社会工作专业能力。

4．社区工作者在社区工作中承担的社会角色有服务者、组织者、管理者、_______、社区权益维护者、_____、_____、_____和研究者。

5．社区兼职工作者的构成主要有社区居民中有正当职业且愿意利用业余时间为社区提供低偿微利服务的人员、____________、__________、社区内离退休的干部职工和专业技能人员等。

三、单项选择题

1．社区工作者职业道德的核心是（　　）。

A．诚实守信　　B．全心全意为人民服务

C．爱岗敬业

2．社区工作者要提高群众工作能力，首先要树立（　　）意识。

A．专业知识　　B．群众第一　　C．效率第一

3．社区要加强志愿者队伍建设，应引导社区成员树立（　　）的意识。

A．“人人为我，我为人人”　　B．“我为人人，人人为我”

C．“社区是我家”

4．（　　）是社区文明程度的重要标志，是邻里互助、自我服务的重要体现。

A．社区党组织建设　　B．社区干部队伍建设

C．社区志愿者队伍建设

5．身心健康的人是指（　　）。

A．不经常生病的人　　B．身心健康、社会适应良好的人

C．五官端正漂亮的人

四、思考题

1．社区专职工作者、社区兼职工作者、社区志愿者三者之间的区别？

2．结合实际，讨论应该如何提高社区工作者队伍的整体素质？

3．试思考如何进一步完善社区队伍建设？

4．加强社区工作者队伍建设的重要性有哪些？

5．如何稳定、壮大社区兼职工作者队伍？

6．如何充分发挥社区志愿者队伍的作用？

7．结合自己所在社区的实际志愿者服务情况，分析社区志愿服务工作的经验和不足之处有哪些？

8．结合某一实际社区，总结目前我国专职社区工作者队伍建设现状有哪些？

第五章 社区环境建设

学习目标

- 熟悉社区环境的含义以及社区环境建设的内容;
- 熟练掌握社区环境现状调查方法;
- 掌握社区环境保护的措施;
- 掌握社区环境污染防治的途径;

社区环境是社区的重要构成因素，是社区居民赖以生存的基础，是社区发展的条件。因此，社区环境建设对于美化社区居民的生活环境，提高社区居民的环境保护意识，促进社区建设事业的进步与发展具有十分重要的意义。本章使学习者通过查找文献和社区环境状况调查，了解环境及社区环境的概念、社区环境建设的内容，掌握社区环境建设的方法等，重点培养学习者进行社区环境保护和社区环境污染防治的能力。

第一节 社区环境概述

案例导入

创卫整治得民心　居民自发送锦旗

“以前咱连窗户都不敢开，总能闻到一股臭味，现在每天都能开窗呼吸新鲜空气了。”近日，居住在长安东区3号楼的居民代表们，将一面写着“尽职责心系百姓，共兴建和谐社区”的锦旗送到了鼓楼街道文西社区居委会。

据悉，长安东区位于文西社区的老旧小区片区，是兖州开发较早的住宅片区，建于20世纪八九十年代。长安东区3号楼由于楼基下沉，排水设施不合理，造成雨水倒灌，化粪池溢出，渗涌而出的污水又脏又臭，严重影响了周边居民的日常生活，属于历史遗留的棘手问题。从2015年8月份开始，文西社区居委会借全区创建“全国卫生城市”的东风，一步步解决了这一长期困扰着片区居民的难题。社区居委会在改建了片区污水管网的基础上，又硬化了小区地面，粉刷了住宅楼墙面，新增了小区绿化植被，实现了辖区卫生管理全覆盖，为全体居民打造了一个“新、亮、净、齐”的社区环境新貌。

长安东区 3 号楼 46 户居民联名送来的这面锦旗，不仅表达了他们对社区居委会在创卫过程中所付出心血的认可，同时也是成百上千名社区基层工作者默默无闻辛勤奉献的缩影。

【思考】

（1）社区创卫为什么受居民拥护？

（2）作为社区工作者，我们从这些活动中学到什么？

一、环境的含义

环境为人类社会生产和生活提供了广泛的空间、丰富的资源和必要的条件。环境问题是当今国际社会的普遍问题，这一问题在我国尤为突出。人生活在一定的环境中，环境与人之间存在相互作用，环境污染越来越严重现状，导致环境也越来越引起人们的重视。良好的生存空间和舒适的环境成为社区居民的必然要求。

环境总是相对于某一中心事物、某一地域周围的境况而言。环境因中心事物的不同而不同，随中心事物的变化而变化。人们通常所称的环境是指人类的环境。人类环境分为自然环境和社会环境。

自然环境也称为地理环境，是指环绕于人类周围的自然界。它包括大气、水、土壤、生物和各种矿物资源等。自然环境是人类赖以生存和发展的物质基础。在自然地理学上，通常把这些构成自然环境总体的因素分别划分为大气圈、水圈、生物圈、土圈和岩石圈 5 个自然圈。

社会环境是指人类在自然环境的基础上，为不断提高物质和精神生活水平，通过长期有计划、有目的的发展，逐步创造和建立起来的人工环境，如城市、乡村、工业区等。社会环境的发展和演变，受自然规律、经济规律及社会规律的支配和制约，其质量是人类物质文明和精神文明建设的标志之一。

根据《中华人民共和国环境保护法》规定，“环境是指影响人类生存和发展的各种天然和经过人工改造的自然因素的总体，包括大气、水、海洋、土地、矿藏、森林、草原、野生动物、自然遗迹、人文遗迹、风景名胜区、自然保护区、城市和乡村等。”

二、社区环境的含义

所谓社区环境指环绕某一社区所辖的地域周围的境况，包括某一社区所辖地域的自然环境、经济环境、社会环境、人文环境等状况。

从自然和社会的不同角度来看，社区环境可以分为社区硬环境和社区软环境。社区硬环境是指居住范围内的道路、场地、绿化等与房屋建筑相匹配的区域容貌和周边地区的大市政条件及繁华程度。社区软环境是指居住区域内的治安状况、社会风气、文明程度、人口素质等社会状况。社区硬环境是居住环境的基础和先决条件，社区软环境是保持良好硬件环境的指标和形象标准。

对社区环境的内容，因为研究角度和范围的不同被划分为广义的社区环境和狭义的社区环境。

广义的社区环境，是把社区作为主体，研究社区界限以外与社区发展密切相关的各种环境因素对社区的影响，即社区外部环境对社区的影响。

狭义的社区环境，是指把某一特定社区内的居住居民作为主体，研究居住区范围内一切与居民生活密切相关的各种环境因素对社区的影响。本章节内容只涉及狭义的社区环境中的自然环境的建设。

三、社区环境的特点

社区有聚居在一起的一群人，有一定的地域，有一定的生活服务设施，因此我国的社区环境既有客观性和整体性，也有特殊性和多样性。

1. 客观性

社区环境是客观存在的，它独立于社区居民主体活动之外并制约着社区居民主体活动。社区环境中的基本部分是自然条件和社会条件，它们是物质实体或物质关系，不但客观存在，而且是第一性的存在物。

2. 整体性

社区环境的各个要素不是孤立存在的，而是相互联系、相互影响、相互制约的有机整体。构成社区环境的各个要素彼此不断地进行物质、能量和信息的交换，使得它们相互关联、相互作用，从而表现出社区环境的整体性和整体功能。

3. 特殊性和多样性

社区环境是环境的具体化，它既有普遍性和统一性，又有特殊性和多样性，即它既要反映一般环境的共同内容，又要反应社区环境的自身特点。

四、社区环境建设的原则

1. 重新认识环境的价值属性

环境是资源，环境以各种形式直接向生产者和消费者提供服务。例如，我们所呼吸的新鲜空气，我们观赏自然景色所得到的享受等。因此，环境管理属于资源管理，这就表明了环境管理具有经济属性，环境管理所涉及的问题主要是生产方面的问题。经济学家说过，天上不会掉馅饼，没有免费的午餐，保护环境必须付出代价，这条准则表明环境资源有限，要求环境管理者实施“谁开发谁保护，谁损害谁负担，受益与使用者付费，保护与建设者得到”的原则。这条原则指出了环境应当遵循价值规律，利用经济手段把环境管理起来，促使人们在开发和利用资源时，要充分考虑资源环境的持续利用问题，自觉地制止资源浪费，防止环境的污染与破坏。

在市场经济条件下，市场并不能总是生产有利的社会与环境效果，其主要原因是：市场价格体系没有考虑到环境问题，价格严重背离价值，环境资源和自然资源无偿使用，特别是不加调控的市场，更不能产生正确的信息和信息量。他们不仅对有害健康的生产环境不予重视，而且常常采取欺骗手法，生产有害于环境、有害于公众安全和利益的商品。他们常常在表面上治理污染，暗地里却进行排污或制造假的监测数据，特别是“为公论”，声称造成环境污染并不是为了谋私利，而是为了完成国家生产任务或维护集体利益，在这种论调的掩盖下，再加上地方保护主义，致使许多环保政策难以落实，污染事故难以得到处理。因此，在社区环境建设过程中，应该利用价值规律来搞好社区环境建设，通过加强经济核算等方法，来调节生产效益与环境效益。从经济利益上使人们珍惜资源，保护环境。环境具有价值这一原则，有助于建立各种指标体系，把环境管理工作定量化、科学化，有助于把环境建设通过社区环境建设真正落实到各项工作中去，否则环境保护只能停留在口头上，只能是一种愿望而已。总之，环境具有价值原则是社区环境建设的基础和前提。

2．政府干预和公众参与相结合的原则

政府是环境建设的主体，社区环境建设要依据政府制定的环境保护的相关法律、政策和方针进行。但是，环境建设完全依靠政府干预也是行不通的，由于环境建设也存在“政府失灵”的情况，即政府干预往往不能改正市场失灵的情况，反而会把市场进一步扭曲。因此，在环境建设中，把政府干预和公众参与结合起来，通过环境教育，增强公众对环境价值的认识和对开展环境保护的紧迫感，激发人们自发保护环境的热情，才能有效地监督政府避免决策失误。可见，政府干预与公众参与原则对社区环境建设的实施有着十分重要的意义。

3．全局和整体效益最优的原则

社区环境建设要遵循全局和整体效益最优的原则，既要把社区环境问题作为城市和社会经济建设中的一个有机组成部分，又要把环境问题作为一个有机联系的整体，从社区环境本身固有的各个方面、各种联系上去认识和研究，进而揭示环境总体发展趋势和运动规律，正确处理全局与局部之间的关系，取得最大的全局和整体效益。加强社区环境规划和社区内的综合治理工作，要综合研究区域内的人口、资源、经济结构、自然条件、环境污染和破坏程度等因素。合理安排区域内的生产、建设、商业、生活等活动，制定社区内的环境规划，统筹解决环境问题，运用多种管理手段来加强对环境的建设，实现社区环境建设的最佳整体效益。

4．综合平衡的原则

环境问题始终是关于保护生态与发展经济的协调性问题。环境建设具有生态经济属性，环境建设必须遵循生态经济规律，力求生态与经济的协调和平衡。在社区环境建设中，遵循综合平衡原则的具体表现为：一是保持生态环境的良性循环和控制污染是整个城市乃至整个社会大系统中的一个有机组成部分，应该把社区的生态保护和环境建设纳入城市经济和社会发展计划，来协调和综合平衡城市社会经济发展与环境保护的关系。在整个城市乃至整个社会发展的基础上搞好社区环境建设。二是社区环境建设要有预见性和长远性，要密切注视社区管理区域的生产、经营、消费等，以及整个城市和社会经济发展动向可能对社区的环境保护带来的影响，及时提出环境保护对策，防患于未然；同时，还要开展社区环境评价和环境预测工作，尤其要开展经济建设中的环境影响评价工作，并使之制度化和规范化。

5．可持续发展的原则

1987 年 4 月，联合国环境与发展委员会发表了研究报告《我们的未来》，正式提出了可持续发展战略，其含义是“既满足当代人的需求，又不对后代人满足其需求的能力构成危害的发展”。可持续发展战略包含两个方面的内容：一是发展目标是为满足人类的基本需求，特别是贫困人口的需求；二是发展要以生物圈的承受能力为限度，如果超过这种限度，必将影响自然环境支持当代人和后代人生存的能力，只有通过技术进步和管理，对发展进行协调、制约，才能达到经济、社会和环境的协调发展。

可持续发展要以自然资源、环境为基础，同环境承载能力相协调。通过适当的经济、技术手段和政府干预，就可以减少单位经济活动所产生的废物量，既减少资源的耗竭速率，使之低于资源再生速率，从而实现不损害环境的可持续增长。要改变过去各个部门独立地、单一地制定社会、经济、环境政策的做法，提倡根据社会、经济、环境的全面信息和综合要求来制定相关政策和措施，并有效地予以实施。

五、社区环境建设的意义

（1）社区环境是社区的重要构成因素，是居民生活的基础。随着社会的发展，人们生活水平的提高，人们对居住环境要求越来越高，人们要求生活环境舒适、优雅，具有一定的品位，这些都构成了社区环境的一部分。

（2）社区环境建设是改善居民生活质量的重要手段。社区环境是社区居民赖以生存的基础，而社区建设才能不断地丰富社区环境内容，形成绿、静、美、安的社区环境，才能真正改善居民生活质量。

（3）社区环境建设对社区的发展具有促进和制约作用。良好的社区环境能促进社区的进步和发展，恶劣的社区环境则会阻碍社区的进步和发展。

案例 5-1

新桥社区开展世界环境日宣传活动

2016 年 6 月 5 日，是第 45 个世界环境日。为引导居民更好地实行绿色环保，倡导绿色生态、健康环保的生活方式。6 月 3 日，马桥子街道新桥社区开展了世界环境日宣传活动。

社区工作人员积极开展宣传环境环保活动，通过设立展板和开讲座的方式向居民宣传环保，倡导居民低碳生活。强调关于资源的节约再利用的意义，主张通过我们的点滴努力来为节约资源的伟大事业做出一份力所能及的行动。

此次环保宣传活动，增强了辖区居民的环境保护知识，开阔了视野，提高了环保意识。倡导大家都积极行动起来，爱护环境、保护环境，保护好我们赖以生存的家园，为环保社区的建设提供强有力的生态支撑。

【问题】社区开展宣传环境环保活动有什么意义？

拓展训练 5-1

社区环境建设现状调查

调查社区环境建设现状是最直观地认识社区环境的有效方法，一方面可以增强学生与社区居民及社区组织的沟通能力；另一方面可以帮助学生对社区环境有个感性的认识，引发学生的思考。调查社区环境建设现状主要包括：一是了解社区已开展的社区环境建设项目情况；二是了解社区居民参与社区环境建设的情况；三是了解社区居民对社区环境建设的看法与评价；最后撰写社区环境建设现状调查报告。

1. **具体实施**

（1）做好人员分工，确定拟调查的社区

首先将学生分成 5～7 人的调查学习小组，每个小组自愿或选举产生一名小组长，然后以小组为单位在学校附近选择一个社区作为调查对象，尽量让每个小组选择不同的社区。

（2）查阅文献资料，设计调查问卷或访谈提纲

通过查阅文献资料，一方面了解社区环境建设的内涵；另一方面了解前人在这方面所做的研究。然后，在此基础上共同探讨和设计社区环境建设现状调查问卷或访谈提纲。

（3）深入社区，开展调查或访谈

以小组为单位，深入社区，通过问卷调查或者访谈法，收集有关社区环境建设现状的资料。调查时，注意调查对象的选择，比如考虑不同年龄的人群、不同的社区组织等因素。

（4）资料分析，撰写调查报告

将收集的资料进行整理和分析，然后撰写社区环境建设现状调查报告。

2. **重点提醒**

（1）设计调查问卷或访谈提纲。一是有利于大家了解社区环境建设现状方面的研究（因为要设计问卷或访谈提纲，大家需要查阅文献和讨论）；二是为大家进入社区调查或访谈前做好准备，包括调查材料的准备、衣着打扮的准备等。

（2）撰写社区环境建设现状调查报告。调查报告一般包括：社区的基本情况；被调查人的基本情况；社区环境建设现状（含存在的问题及原因分析）；社区居民对社区环境建设的期望或建议。

第二节 社区环境保护

案例导入

社区环境保护倡议书

各位居民：

社区是我们居住、生活的场所，是我们共同的家园，创建整洁、有序、优美的社区环境是我们共同的心愿，社区环境直接关系着居民的起居生活，直接体现着社区自治的能力和社

区文明程度。在此向全体居民发出如下倡议：

一、爱护环境卫生，人人有责。

二、自觉维护社区卫生的整洁，不乱倒垃圾、污物，不高空抛物。

三、培养良好的卫生行为，不随地吐痰、便溺、乱扔果皮纸屑、烟头等废弃物。

四、不擅自在楼道内堆放杂物。

五、养宠物的居民要及时清理宠物粪便，拴好犬链。

六、爱护社区内的一草一木，不在绿化带内种菜等，不摘取枝叶花木或在公共绿地内抛洒废物。不乱摇乱晃树木，不在树木和健身器材上挂衣服、被子等。

七、社区车辆停靠整齐，维护社区良好秩序。

社区广大居民们！相信我们的倡议一定会得到大家的支持和响应。人人都喜欢美好的环境，人人都有享受整洁清新环境生活的权利。然而，人人也都有保护环境，维持环境整洁的责任和义务。愿大家身体力行，为搞好并保持环境卫生和各自楼道的清洁卫生，贡献出自己的一份力量，做文明的社区居民。我们相信，在全体居民的共同努力下，清新优美、干净整洁的怡人家园将呈现在我们面前。

【思考】

（1）社区环境保护倡议书有什么意义？

（2）作为社区工作者，我们从这些活动中学到什么？

一、环境保护的含义

环境保护是指国家和政府通过运用行政、法律、经济、教育和科学技术等方面的手段，防治环境污染和生态破坏，以保护和改善人们生活环境和生态环境，使之有利于可持续发展而开展的各项活动。这些活动包括环境保护理论和技术研究、环境保护管理制度的制定和实施、环境保护的立法、环境保护知识的教育、环境污染的防治等。

保护环境是国家的基本国策。国家采取有利于节约和循环利用资源，保护和改善环境，促进人与自然和谐的经济、技术政策和措施，使经济社会发展与环境保护相协调。

二、环境保护的内容

环境保护的内容十分广泛，不同的国家由于自然条件、经济条件和国情不同，环境保护的内容也不尽相同，但概括起来主要包括以下两大方面的内容：

（1）保护自然环境和自然资源。合理地开发利用、保护自然资源，包括对土地资源、水资源、矿产资源、森林资源、牧草资源、野生动植物资源、海洋资源的合理开发利用和保护，并采取各种办法和措施减少和消除各种有害物质进入自然环境，保护生态环境的平衡，促使自然资源能为人类充分利用和永续利用。

（2）防治环境污染和公害。采取各种防治办法和措施，减少和消除人类在生产和生活活动中产生的废气、废水、废渣、粉尘、垃圾、放射性物质、有毒有害物质、噪声等对环境的污染和危害，维护人们良好的生产、生活环境，保障人们的身体健康，促进社区经济的发展。

三、社区环境保护的意义

社区环境保护有利于改善居民的生活环境，提高人的健康水平。严重的环境污染会破坏居民的生活环境，损害人的身体健康。据统计，在20世纪因环境污染发生的世界著名的八大公害共造成近 2 万公民死亡。在我国，由于大气污染导致呼吸道系统疾病发病率的归因百分比为 30%以上，城市居民每年因大气污染导致慢性支气管炎和肺心病患者达500万人。严重的水污染、固体废弃物污染和噪声污染也在一些地区引发了各种“公害病”。这些都破坏了居民的生活环境，损害了人们的身体健康。因此，只有加强环境保护工作，采取措施防治环境污染，才能为居民创造一个安全且清洁的生活环境，才能保证人的身体不受侵害，才能提高居民的健康水平，从而为促进社会主义现代化建设创造良好的社会基础。

社区环境保护是现代化社区精神的催化剂，有利于培育社区公共意识和社区公共空间的广泛认同。

四、我国环境保护的基本原则

根据2015年1月1日起施行的《中华人民共和国环境保护法》，我国环境保护要贯彻以下五大原则：

1．环境保护坚持保护优先的原则

环境问题是近代工业化的产物，环境污染引起的严重后果已经严重地制约着经济和社会的发展。新环保法规定的五项原则里，环境保护优先原则排列第一。环境保护优先原则是指在环境保护管理活动中应当把环境保护放在优先的位置加以考虑，在社会的环境利益和经济利益发生冲突的情况时，应当优先考虑社会的环境利益，满足环境安全的需要，做出有利于环境保护的管理规定。在经济建设的过程中，先考虑环境安全，满足环境保护的要求，再进行经济建设，让环境保护优化经济增长，使经济建设与环境保护协调发展。

2．环境保护坚持预防为主的原则

预防为主就是采取各种预防手段和措施，防患于未然，把环境污染和危害控制在尽量低的水平。这是解决环境污染问题产生所遵循的普遍原则。

3．环境保护坚持综合治理的原则

综合治理就是把环境系统看成一个有机的整体，把单次处理、治理技术措施综合到全面规划、统筹安排中去。

4．环境保护坚持公众参与的原则

环境保护是一项全民的事业，环境保护工作仅靠政府和环保部门，而没有动员公众参与将难以开展。只有坚持依靠公众参与环保事业，树立“环境保护，人人有责”的意识，开展公众性的监督和管理，环境保护事业才能顺利开展，才会有坚实的基础。

新环境保护法明确公众的知情权、参与权和监督权，规定公民、法人和其他组织依法享有获取环境信息、参与和监督环境保护的权利。各级人民政府环境保护主管部门和其他负有环境保护监督管理职责的部门应当依法公开环境信息、完善公众参与程序，为公民、法人和其他组织参与和监督环境保护提供便利。

5. 环境保护坚持损害担责的原则

这是指凡是造成环境污染危害的单位和个人，根据污染严重情况必须承担相应的法律责任。

新环境保护法规定：企业事业单位和其他生产经营者违法排放污染物，须受到罚款处罚，被责令改正，拒不改正的，依法做出处罚决定的行政机关可以自责令改正之日的次日起，按照原处罚数额按日连续处罚。规定的罚款处罚，依照有关法律法规按照防治污染设施的运行成本、违法行为造成的直接损失或者违法所得等因素确定的规定执行。企业事业单位和其他生产经营者超过污染物排放标准或者超过重点污染物排放总量控制指标排放污染物的，县级以上人民政府环境保护主管部门可以责令其采取限制生产、停产整治等措施；情节严重的，报经有批准权的人民政府批准，责令停业、关闭。

建设单位未依法提交建设项目环境影响评价文件或者环境影响评价文件未经批准，擅自开工建设的，由负有环境保护监督管理职责的部门责令停止建设，处以罚款，并可以责令恢复原状。

重点排污单位不公开或者不如实公开环境信息的，由县级以上地方人民政府环境保护主管部门责令公开，处以罚款，并予以公告。

企业事业单位和其他生产经营者有下列行为之一，尚不构成犯罪的，除依照有关法律法规规定予以处罚外，由县级以上人民政府环境保护主管部门或者其他有关部门将案件移送公安机关，对其直接负责的主管人员和其他直接责任人员，处10日以上15日以下拘留；情节较轻的，处2日以上10日以下拘留：建设项目未依法进行环境影响评价，被责令停止建设，拒不执行的；违反法律规定，未取得排污许可证排放污染物，被责令停止排污，拒不执行的；通过暗管、渗井、渗坑、灌注或者篡改、伪造监测数据，或者不正常运行防治污染设施等逃避监管的方式违法排放污染物的；生产、使用国家明令禁止生产、使用的农药，被责令改正，拒不改正的。

因污染环境和破坏生态造成损害的，应当依照《中华人民共和国侵权责任法》的有关规定承担侵权责任。

环境影响评价机构、环境监测机构以及从事环境监测设备和防治污染设施维护、运营的机构，在有关环境服务活动中弄虚作假，对造成的环境污染和生态破坏负有责任的，除依照有关法律法规规定予以处罚外，还应当与造成环境污染和生态破坏的其他责任者承担连带责任。

五、社区环境保护建设的具体方式

以社区为基础的环境保护，聚合了人、空间和行动3个基本要素，是共同构筑环境保护的社会基础。环境的保护最终要落实到具体社区，社区发展通过组织化的过程促进社会环保力量的形成，并借助社区教育和社区资源的共享来巩固社区环保空间。环境的保护需要现代文明的建立，需要改变对公共环境漠不关心的态度，构建环境与人类的良好互动关系。通过社区成员的共同参与，提升环境质量，建立社区环保有效机制，是环境保护的长治久安之路。

1. 社区环境保护宣传

社区环境保护宣传实质上是社区软环境建设的一种重要措施，主要是普及环境保护意识，宣传国家政策、法律、法规，引导社区居民自觉地遵守公民行为准则和道德规范，倡导社区居民爱护身边的环境，维护各种措施，共同建设美好的家园。

在社区环境保护工作中，要充分发挥家庭作为社区细胞的特殊作用。家庭作为社区的细胞，不仅是社区环境保护的主体，更是社区环境保护的最终受益者。社区环境保护离不开每一个家庭的积极参与。一个行之有效的方式就是发布社区环境保护的倡议书，在学生群体和老年人群体中先传播，引导家庭改变他们的生活和消费习惯，具体内容包括节约用水、保护水源、节约用电、乘坐公交车或骑自行车、使用再生纸、使用绿色产品、少用一次性用品、做好垃圾分类回收、爱护动物、保护自然、参加植树护林活动等。

2. 社区环保活动

社区居民的环保观念通过社区环保活动来巩固，社区居民的环保习惯通过社区环保活动来养成。社区环境保护工作的有效推进需要积极开展全体社区居民参与的环保活动。具体的环保活动的开展主要从以下几个方面进行：

（1）推荐绿色食品活动

在社区倡导消费绿色食品，让全体居民和家庭认识绿色食品的标志，了解绿色食品的种类，明白公害食品是怎样制成的，对食用绿色食品的家庭进行指导，统计造册。

（2）推荐环保用品活动

指导居民和家庭学会识别各类环保用品，并积极使用环保用品，包括环保家具、电器、装修材料、隔声门窗、办公用品、餐具及服装等。

（3）开展节省资源活动

评选不用一次性制品的家庭、用篮子和布袋买菜的家庭、运用节水技术的家庭、用再生纸的家庭、节电节水家庭和垃圾分类家庭。

（4）开展环保消费活动

常年宣传吸烟和酗酒的危害，每年开展一次禁烟限酒教育活动，登记参与戒烟限酒比赛的居民，评比戒烟限酒模范人物；每年开展两次禁养禁放活动，宣传养宠物对健康的不利，以及依法、科学、卫生养狗的知识；每年定期开展拒绝不卫生消费活动，包括公害食品、不洁餐馆、不洁医疗器械、不洁诊所等。

（5）开展环境卫生活动

每年春季和秋季开展两次大规模的环境卫生活动，主体是环保志愿者，彻底消灭卫生死角；每季开展一次助老助残的卫生活动，上门为无依靠的老人和残疾人搞卫生。

（6）开展社区环境检查活动

每季由居委会和物业及其他有关部门一起开展一次环境卫生大检查，包括对驻区单位和地下室卫生大检查，公布检查结果，评比先进楼宇、楼层和单位，限期改善。

（7）开展社区环保创优活动

每年召开社区居民对环境的评议会议，物业和各单位代表听取居民意见和建议，评选绿色家庭、绿色单位和绿色先进个人。

3．社区环境保护法律、法规及政策

《中华人民共和国环境保护法》于 1989 年 12 月 26 日颁布和施行，全文共 6 章 47 条，是为保护和改善生活环境与生态环境，防治污染和其他公害，保障人体健康，促进社会主义现代化建设的发展而制定的法律，对我国的社区环境保护工作具有很强的指导作用。多年来，环保法修法呼声不断，从 1995 年到 2011 年，全国人大代表共有 2400 多人次提出修改环保法的议案 78 件。2013 年 10 月 21 日，环境保护法修正案草案第三次提交全国人大常委会会议审议；三审稿再次调整了诉讼主体范围，拟扩大至从事环保公益活动连续 5 年以上且信誉良好的全国性社会组织。2014 年 4 月 24 日，十二届全国人大常委会第八次会议审议通过了环保法修订案，定于 2015 年 1 月 1 日起施行。这部法律增加了政府、企业各方面责任和处罚力度，被专家称为“史上最严的环保法”。

有关环境保护的法律、法规和政策同样适用于社区环境保护，也是社区环境保护的重要指导思想和行动指南。

新法将环境保护工作中一些行之有效的措施和做法上升为法律，完善环境保护基本制度。增加规定，未依法进行环境影响评价的建设项目，不得开工建设，并规定相应的法律责任。建设单位未依法提交建设项目环境影响评价文件或者环境影响评价文件未经批准，擅自开工建设的，由负责审批建设项目环境影响评价文件的部门责令停止建设，处以罚款，并可以责令恢复原状。同时，增加环境经济激励措施，规定企业事业单位和其他生产经营者，在污染物排放符合法定要求的基础上，进一步减少污染物排放的，人民政府应当依法采取财政、税收、价格、政府采购等方面的政策和措施予以鼓励和支持。企业事业单位和其他生产经营者，为改善环境，按照有关规定转产、搬迁、关闭的，人民政府应当予以支持。

案例 5-2

红桥区建设里社区开展“世界环境日”宣传活动

为进一步提升社区居民的环保意识，共创共享绿色美丽的生活环境，日前，红桥区邵公庄街新春街建设里社区开展以“践行绿色生活，共享碧水蓝天”为主题的宣传活动。

一是通过环保知识交流，提升环保意识。召开由楼门院长和社区志愿者参加的专门会议，向大家宣传环保方面的知识，介绍环保节能技巧、绿色消费理念以及室内空气污染物的危害来源，有针对性地提升有效防治空气污染的措施。

二是通过讲解环保政策，提升法律认识。宣传《天津市绿化条例》等知识，倡导从点滴着手，从我做起，从现在做起，倡导绿色消费，共建生态文明，并建议社区居民多选择绿色环保的出行方式，倡导节能减排。

三是通过多种宣传手段，提升宣传效果。在社区宣传栏张贴“倡导绿色文明，保护生态环境”等标语，利用小区宣传大屏幕滚动播放“纪念 2015 年六·五世界环境日，践行绿色生活，共享碧水蓝天”的字样，使宣传活动更加深入人心。

拓展训练 5-2

针对某一社区环境保护的具体情况，写一份社区环保倡议书。

第三节 社区环境污染防治

案例导入

“环境圆桌对话会议”协商治理小区环境污染

河涧里社区和红旗里社区分别举行“环境圆桌对话会议”，利益相关方以居民代表和楼栋长为代表，责任相关方包括了餐饮业老板、原房主代表、房管局、工商局、环保局以及街道办事处负责人，经过激烈的答辩，最终双方达成协议，用协商方式圆满解决小区内餐饮环境污染治理问题。

中国环保部、河北省环保厅、秦皇岛市环保局以及秦皇岛市各街道办事处的相关负责人旁听了昨日的圆桌对话会议。中国环保部宣传教育中心教育室副主任曾红鹰表示，“圆桌对话”主要用于居民自治解决社区内的一些小而普遍的环境污染问题，给大家提供一个交流、表达的平台，让居民参与社区环境管理，既维护了百姓利益，也表达了居民对社区环保的参与性。

【思考】作为社区工作者，我们从这些会议中学到什么？

一、社区环境污染防治

社区环境污染是指由于人为的或自然的原因，使环境中本来的组成部分、状态以及环境质量发生了不良变化，扰乱并破坏了生态平衡，给人体健康带来直接、间接或潜在的影响。

环境污染是我国一个比较严重的社会问题，环境问题已经影响了千家万户的生活，为了减少和避免环境污染对生态环境和居民身体健康的危害，创造一个清洁、舒适的工作、学习和生活环境，社区组织应积极参与到环境污染防治工作中去，积极协调各方资源，采取各种有效措施和方法预防和治理环境污染。

二、社区环境污染防治的手段

社区环境污染防治的主要方式有行政手段、法律手段、经济手段、教育手段和技术手段。

1. 行政手段是环境管理的常用手段

通过研究制定环境政策，组织和实施环境计划；运用行政权力，对某些危害环境的工业、交通业，提出要求限期治理、停产、转产或搬迁；采取行政制约手段，如审批环境影响报告书，发放与环境有关的各种许可证件，对重点社区的环境防治工作提供资金和技术等。

2．法律手段是社区环境管理的强制措施

按照环境法规、环境标准来处理破坏社区环境的各种问题。对违反环境法规，污染和破坏环境，危害社区成员共同生活的行为给予批评、警告、罚款或责令赔偿等，以保护社区环境。

3．经济手段是社区环境管理的重要措施

对积极防治环境污染而在经济上有困难的企业、事业单位给予资金援助；对排放污染物超过国家规定标准的单位，按照污染物的种类数量和浓度征收排污费：对违反规定造成严重污染的单位或个人处以罚款。此外，还有推行开发和利用自然资源的征税制度等。

4．教育手段是环境管理不可缺少的手段

教育手段主要是利用书报、期刊、电影、广播、电视、展览会、报告会、专题讲座等多种形式，向公众传播环境科学知识，宣传环境保护的意识以及国家有关环境保护和防治污染的方针、政策、法令等。

5．技术手段种类众多

可通过多种技术手段来加强对环境污染的防治，如：推广采用无污染工艺和少污染工艺；因地制宜地采取综合治理和区域治理技术；登记、评价、控制有毒化学品的生产、进口和使用；交流国内外有关环境保护的科学技术情报；总结卓有成效的管理经验和环境科学技术成果；开展国际环境科学技术合作等。

三、社区环境污染防治的类型

社区环境污染防治包括水污染防治、大气污染防治、固体废弃物污染防治和噪声污染防治等。

1．水污染防治

造成社区环境水污染的原因包括过量排放造成水的物理、生物污染和致病微生物污染。

水污染防治应当坚持预防为主、防治结合、综合治理的原则，优先保护饮用水水源，严格控制工业污染、城镇生活污染，防治农业面源污染，积极推进生态治理工程建设，预防、控制和减少水环境污染和生态破坏。根据2008年2月28日修订通过的《中华人民共和国水污染防治法》有关规定，对水污染的防治主要采取如下措施：

（1）合理规划工业布局，要求造成水污染的企业进行技术改造，采取综合防治措施，提高水的重复利用率，减少废水和污染物排放量。对严重污染水环境的落后工艺和设备实行淘汰制度。禁止新建不符合国家产业政策的小型造纸、制革、印染、染料、炼焦、炼硫、炼砷、炼汞、炼油、电镀、农药、石棉、水泥、玻璃、钢铁、火电以及其他严重污染水环境的生产项目。企业应当采用原材料利用效率高、污染物排放量少的清洁工艺，并加强管理，减少水污染物的产生。

（2）城镇污水应当集中处理。城镇污水集中处理设施排放水污染物，应当符合国家或者地方规定的水污染物排放标准。建设生活垃圾填埋场，应当采取防渗漏等措施，防止造成水污染。

（3）船舶排放含油污水、生活污水，应当符合船舶污染物排放标准。从事海洋航运的船舶进入内河和港口的，应当遵守内河的船舶污染物排放标准。

（4）建立饮用水水源保护区制度。饮用水水源保护区分为一级保护区和二级保护区；必要时，可以在饮用水水源保护区外围划定一定的区域作为准保护区。

对于违反《中华人民共和国水污染防治法》规定的个人或单位，依法追究相应的法律责任。

2. 大气污染防治

造成社区大气污染的主要原因包括烧煤、机动车尾气、基建扬尘、不当燃烧以及燃放烟花爆竹等。

根据2015年8月29日修订通过的《中华人民共和国大气污染防治法》有关规定，对大气污染的防治主要采取如下措施：

（1）城市建设应当统筹规划，在燃煤供热地区，推进热电联产和集中供热。在集中供热管网覆盖地区，禁止新建、扩建分散燃煤供热锅炉；已建成的不能达标排放的燃煤供热锅炉，应当在城市人民政府规定的期限内拆除。禁止进口、销售和燃用不符合质量标准的煤炭，鼓励燃用优质煤炭。

（2）工业生产企业应当采取密闭、围挡、遮盖、清扫、洒水等措施，减少内部物料的堆存、传输、装卸等环节产生的粉尘和气态污染物的排放。工业生产、垃圾填埋或者其他活动产生的可燃性气体应当回收利用，不具备回收利用条件的，应当进行污染防治处理。

（3）倡导低碳、环保出行，根据城市规划合理控制燃油机动车保有量，大力发展城市公共交通，提高公共交通出行比例。城市人民政府应当加强并改善城市交通管理，优化道路设置，保障人行道和非机动车道的连续、畅通。机动车维修单位应当按照防治大气污染的要求和国家有关技术规范对在用机动车进行维修，使其达到规定的排放标准。交通运输、环境保护主管部门应当依法加强监督管理。倡导环保驾驶，鼓励燃油机动车驾驶人在不影响道路通行且需停车3分钟以上的情况下熄灭发动机，减少大气污染物的排放。

（4）加强对建设施工和运输的管理，保持道路清洁，控制料堆和渣土堆放，扩大绿地、水面、湿地和地面铺装面积，防治扬尘污染。施工单位应当在施工工地设置硬质围挡，并采取覆盖、分段作业、择时施工、洒水抑尘、冲洗地面和车辆等有效防尘降尘措施。建筑土方、工程渣土、建筑垃圾应当及时清运；在场地内堆存的，应当采用密闭式防尘网遮盖。工程渣土、建筑垃圾应当进行资源化处理。装卸物料应当采取密闭或者喷淋等方式防治扬尘污染。

（5）禁止在人口集中地区对树木、花草喷洒剧毒、高毒农药。

（6）排放油烟的餐饮服务业经营者应当安装油烟净化设施并保持正常使用，或者采取其他油烟净化措施，使油烟达标排放，并防止对附近居民的正常生活环境造成污染。禁止在居民住宅楼、未配套设立专用烟道的商住综合楼以及商住综合楼内与居住层相邻的商业楼层内新建、改建、扩建产生油烟、异味、废气的餐饮服务项目。任何单位和个人不得在当地人民政府禁止的区域内露天烧烤食品或者为露天烧烤食品提供场地。

（7）禁止在人口集中地区和其他依法需要特殊保护的区域内焚烧沥青、油毡、橡胶、塑料、皮革、垃圾以及其他产生有毒有害烟尘和恶臭气体的物质。禁止生产、销售和燃放不符合质量标准的烟花爆竹。任何单位和个人不得在城市人民政府禁止的时段和区域内燃放烟花爆竹。

对于违反《中华人民共和国大气污染防治法》规定的个人或单位，依法追究相应的法律责任。

3．固体废弃物污染防治

固体废弃物是指人们在生产和生活中扔弃的固体废弃物。固体废弃物主要包括生产和生活垃圾、粪便、污泥等。

对固体废物污染环境的防治，实行减少固体废物的产生量和危害性、充分合理利用固体废物和无害化处置固体废物的原则，促进清洁生产和循环经济发展。根据 2004 年 12 月 29 日修订通过的《中华人民共和国固体废弃物污染环境防治法》有关规定，对固体废弃物污染的防治主要采取如下措施：

（1）收集、贮存、运输、利用、处置固体废物的单位和个人，必须采取防扬散、防流失、防渗漏或者其他防止污染环境的措施；不得擅自倾倒、堆放、丢弃、遗撒固体废物；禁止任何单位或者个人向江河、湖泊、运河、渠道、水库及其最高水位线以下的滩地和岸坡等法律、法规规定禁止倾倒、堆放废弃物的地点倾倒、堆放固体废物。

（2）工业固体废物污染环境的防治。国务院经济综合宏观调控部门应当会同国务院有关部门组织研究、开发和推广减少工业固体废物产生量和危害性的生产工艺和设备，公布限期淘汰产生严重污染环境的工业固体废物的落后生产工艺、落后设备的名录；列入限期淘汰名录被淘汰的设备，不得转让给他人使用；建设工业固体废物贮存、处置的设施、场所，必须符合国家环境保护标准。

（3）生活垃圾污染环境的防治。对城市生活垃圾应当按照环境卫生行政主管部门的规定，在指定的地点放置，不得随意倾倒、抛撒或者堆放。清扫、收集、运输、处置城市生活垃圾，应当遵守国家有关环境保护和环境卫生管理的规定，防止污染环境。对城市生活垃圾应当及时清运，逐步做到分类收集和运输，并积极开展合理利用和实施无害化处置。组织净菜进城，减少城市生活垃圾。统筹规划，合理安排收购网点，促进生活垃圾的回收利用工作。

（4）危险废物污染环境防治的特别规定。制定国家危险废物名录，规定统一的危险废物鉴别标准、鉴别方法和识别标志。对危险废物的容器和包装物以及收集、贮存、运输、处置危险废物的设施、场所，必须设置危险废物识别标志。

对于违反《中华人民共和国固体废弃物污染环境防治法》规定的个人或单位，依法追究相应的法律责任。

4．噪声污染防治

噪声是指对人类的生活或者生产活动产生不良影响的声音，声音的来源可以分为两部分：一是来源于自然界的，即与人类的生活、生产活动无关的；二是来源于人类的、生产活动的，即人为活动所产生的。噪声污染是指生产的环境噪声超过国家规定的环境噪声排放标准，并且干扰其他人正常的工作、学习、生活的现象。噪声污染防治可以分为工业噪声污染防治、建筑施工噪声污染防治、交通运输噪声污染防治、社会生活噪声污染防治。

根据 1996 年 10 月 29 日修订通过的《中华人民共和国环境噪声污染防治法》有关规定，对噪声污染的防治主要采取如下措施：

（1）在城市范围内向周围生活环境排放工业噪声的，应当符合国家规定的工业企业厂界环境噪声排放标准。产生环境噪声污染的工业企业，应当采取有效措施，减轻噪声对周围生活环境的影响。

（2）在城市市区噪声敏感建筑物集中区域内，禁止夜间进行产生环境噪声污染的建筑施工作业，但抢修、抢险作业和因生产工艺上要求或者特殊需要必须连续作业的除外。

（3）禁止制造、销售或者进口超过规定的噪声限值的汽车。在城市市区范围内行使的机动车辆的消声器和喇叭必须符合国家规定的要求。机动车辆必须加强维修和保养，保持技术性能良好，防治环境噪声污染。城市人民政府公安机关可以根据本地城市市区区域声环境保护的需要，划定禁止机动车辆行驶和禁止其使用声响装置的路段和时间，并向社会公告。

（4）新建营业性文化娱乐场所的边界噪声必须符合国家规定的环境噪声排放标准；不符合国家规定的环境噪声排放标准的，文化行政主管部门不得核发文化经营许可证，工商行政管理部门不得核发营业执照。禁止在商业经营活动中使用高音广播喇叭或者采用其他发出高噪声的方法招揽顾客。禁止任何单位、个人在城市市区噪声敏感建设物集中区域内使用高音广播喇叭。使用家用电器、乐器或者进行其他家庭室内娱乐活动时，应当控制音量或者采取其他有效措施，避免对周围居民造成环境噪声污染。

对于违反《中华人民共和国环境噪声污染防治法》规定的个人或单位，依法追究相应的法律责任。

城市 5 类环境噪声标准值及适用范围表见表 5-1。

表 5-1 城市 5 类环境噪声标准值及适用范围表

类别	昼间	夜间	适用区域
0 类	50 分贝	40 分贝	疗养区、高级别墅区、高级宾馆区等特别需要安静的区域。位于城郊和乡村的这一类区域分别按严于 0 类标准 5 分贝执行。
1 类	55 分贝	45 分贝	以居住、文教机关为主的区域。乡村居住环境可参照执行该类标准。
2 类	60 分贝	50 分贝	居住、商业、工业混杂区。
3 类	65 分贝	55 分贝	工业区。
4 类	70 分贝	55 分贝	城市中的道路交通干线两侧区域，穿越城区的内河航道两侧区域。穿越城区的铁路主、次干线两侧区域的背景噪声（指不通过列车时的噪声水平）限值也执行该类标准。

案例 5-3

住宅小区环境污染不堪入目

日前，记者在某市基层环保情况的新闻调查中，发现涟水县城的一些住宅小区环境管理令人担忧。尤其在金轮世家小区里，生活垃圾随处可见，建筑垃圾乱堆滥放，各类广告到处张贴……环境管理十分混乱。

特别是在金轮世家小区内，一号楼一楼开的一家“胖子家常菜馆”，从后墙排出的油烟将墙面熏得黑乎乎一大片。据了解，这家菜馆已经营了两年之久，排出的油烟刺鼻、呛眼，害得楼上的几十户人家每天咳嗽不止，苦不堪言。有老人、孩子的家庭，在这家菜馆中午、晚上营业时更不敢开窗，无法呼吸外面的新鲜空气，身体健康受到了极大伤害。一位男业主告诉记者，他有一次将小车停在这家菜馆的后面一天一夜，第二天去洗车店洗车时，洗车工问他：“你的车上哪来的这么多油污，是不是把车停在了厨房里了？”小区的物管人员发现这些情况后，多次与这家菜馆协商，希望他们采取切实措施解决排污问题。菜馆出于压力，就掩人耳目地向地下安装了排污管，但同时又在排污管的出口旁挖了一口与之相连的方形坑，浓烈的油烟依然顺着这个坑直往上冒，丝毫没有解决排污问题。楼上的居民敢怒而不敢言，谁说了这事让菜馆听见了，菜馆的人就出来骂街。物业公司不是执法部门，没有监管和处罚污染者的权力。物管人员说，他们已向县环保局反映这事，环保局的人也说抽时间过来查一下，但至今也没人见过环保局的一个人影。油烟污染的问题还存在那里，可怜的居民们还在遭受污染的侵害，污染依然在天天冲击着他们的生存底线。

【问题】针对以上案例中的环境污染问题，提出解决对策和建议？

拓展训练 5-3

装修污染防治环保讲座情景模拟

从9月下旬开始，为广泛开展科普知识教育，使更多的郑州市民了解装修污染常识，郑州市环保健康居室宣传活动领导小组将对郑州市区近百个小区利用周六、周日时间开展科普知识讲座教育。

近年来装修污染成为居民关注的焦点问题，直接影响人们健康。根据郑州市多年对居民家庭即公共场所室内空气抽样调查显示，超标率一直维持在90%以上。由于市民对装饰装修污染防治知识和政策法规了解的渠道不畅通，由郑州市环保局、中原网、河南省环保产业协会、郑州市环保产业协会室内环境检测治理中心等部门组成郑州市环保健康居室宣传活动领导小组，联合开展宣传装饰装修室内环境质量污染防治科普知识讲座教育活动。

9月24日，郑州市环保产业协会室内环境检测治理中心主任刘金中在为某小区业主授课，宣传教育讲解的内容主要将围绕装修污染的来源、危害、现状、装修及签订合同注意事项、如何选择和鉴别装饰材料、绿色环保装饰公司的标准和控制污染工艺、如何购置环保家具、检测与污染防治对策等科普知识。

在场学习的杨女士告诉记者："刚交工新房，正准备装修可不知道怎样选材，哪家装饰公司可靠，谁都说自己是环保装修，但经常听到新闻报道室内装修空气超标率很高。通过听专家讲座，从中学到了很多装修污染防治知识，指导我们准确地对装修行为定位。少费脑筋，少走弯路。"

装修污染防治环保讲座情景模拟具体实施如下：

（1）分小组进行环保知识竞赛。

（2）各组相互交流心得体会。

练 习 题

一、名词解释

环境　社区环境　环境保护　社区环境保护　环境污染　社区环境污染防治

二、填空题

1. 环境总是相对于某一中心事物、某一地域周围的境况而言。环境因中心事物的不同而不同，随中心事物的变化而变化。人们通常所称的环境是指人类的环境。人类环境分为

______和______。

2．环境保护活动包括环境保护理论和技术研究、环境保护管理制度的制定和实施、____________、____________、环境污染的防治等。

3．______主要是利用书报、期刊、电影、广播、电视、展览会、报告会、专题讲座等多种形式，向公众传播环境科学知识，宣传环境保护的意识以及国家有关环境保护和防治污染的方针、政策、法令等。

4．社区环境污染防治包括水污染防治、______、______和噪声污染防治等。

5．______是指生产的环境噪声超过国家规定的环境噪声排放标准，并且干扰其他人正常的工作、学习、生活的现象。

三、单项选择题

1．每年的世界环境日是（　　）。

A．2月15日　　B．5月5日　　C．6月5日　　D．9月5日

2．（　　）是指采取各种防治办法和措施，减少和消除人类在生产和生活活动中产生的废气、废水、废渣、粉尘、垃圾、放射性物质、有毒有害物质、噪声等对环境的污染和危害，维护人们良好的生产、生活环境，保障人们的身体健康，促进社区经济的发展。

A．保护自然环境　　B．防治环境污染和公害

C．保护自然资源　　D．保护生活环境

3．社区环境保护建设的具体方式不包括（　　）。

A．社区环境污染防治　　B．社区环境保护法律、法规及政策

C．社区环保活动　　D．社区环境保护宣传

4．新环保法规定的五项原则里，（　　）排列第一。

A．环境保护优先原则　　B．环境保护坚持预防为主的原则

C．环境保护坚持损害担责的原则　　D．环境保护坚持公众参与的原则

5．（　　）是社区环境管理的强制措施。

A．行政手段　　B．经济手段　　C．技术手段　　D．法律手段

四、简答题

1．社区环境是什么？

2．社区环境的特点是什么？

3．社区环境建设的意义有哪些？

4．社区环境保护的意义有哪些？

5．我国社区环境保护的基本原则是什么？

6．社区环境保护建设的具体方式有哪些？

7．社区环境污染及污染防治有哪些？

8．结合社区实际情况，谈谈某一社区环境污染现状及建议。

第六章 社区卫生建设

学习目标

- 熟悉社区卫生的含义以及社区卫生建设的内容；
- 熟练掌握社区卫生运行机制；
- 掌握社区卫生工作技巧与方法。

第一节 社区卫生概述

案例导入

义诊来到社区 服务方便居民

“我们这次义诊，主要是听诊、测量血压，向居民宣传疾病防治、健康养生的相关知识。”10月25日，文峰区南关街道办事处相州路社区联合西关卫生服务中心医院在辖区开展义诊活动，向社区居民进行健康保健知识的宣传，同时义务为居民进行健康体检和中医咨询。

为了使本次义诊活动能够顺利进行，社区事先做了大量的宣传工作，提前张贴了义诊通知。活动刚一开始，现场就聚集了大量的居民，大家排着队等待着医生听诊、护士测量血压等。医护人员耐心地给社区居民进行健康咨询解答，对前来咨询的居民进行了免费检查。同时，医护人员还派发了平衡膳食、减盐控油所用的标准限油壶，还向居民讲解了一些日常的健康知识和自我保健的方法。在热闹的气氛中，义诊活动持续了3个多小时。

“这次义诊惠民活动，为社区居民看病提供了便利，特别是年纪大、行动不便的老人，让居民在家门口就能感受到温暖。”社区居民纷纷对所有工作人员和医护人员表示感谢，觉得这次义诊公益活动非常接地气、暖人心。

【思考】

（1）义诊为什么会来到社区？

（2）作为社区工作者，我们从这些活动中能学到什么？

一、社区卫生服务的含义

社区卫生服务是社区建设的重要组成部分，是在政府领导、社区参与、上级卫生机构指导下，以基层卫生机构为主体，全科医师为骨干，合理使用社区资源和适宜技术，以人的健康为中心、家庭为单位、社区为范围、需求为导向，以妇女、儿童、老年人、慢性病人、残疾人、贫困居民等为服务重点，以解决社区主要卫生问题、满足基本卫生服务需求为目的，融预防、医疗、保健、康复、健康教育、计划生育技术服务功能等为一体的，有效、经济、方便、综合、连续的基层卫生服务。

社区卫生服务是一种能适应生物—心理—社会医学模式发展的新型服务模式，在提供第一级接触的服务项目中具有无可替代的优势地位，被国际社会公认为实施初级卫生保健的基本战略。它不仅是满足居民基本卫生保健需求最方便、最有效的一种方式，还是实现“人人享有卫生保健”、获得基本健康保障、实现卫生服务可及性与公平性的迫切要求和有效手段，同时也是增强卫生服务功能、提高卫生服务效率、改善卫生服务质量、优化卫生服务体系、有效控制医疗费用不合理增长的根本途径。

二、社区卫生服务的特点

1．以健康为中心

健康是指整个身体、精神和社会生活的完好状态，而不仅仅是没有疾病或不虚弱。在社会经济快速发展的今天，如何确保每个人的身心健康是政府、社会、家庭以及卫生部门所面对的新问题。因为许多互相关联的因素影响着人们的健康，如环境污染、不良的生活方式和行为、社会文化因素、医疗保健制度、疾病等。如何鼓励和帮助人们自己预防疾病和残疾，建立有助于健康的生活方式，维护最佳的生活环境，是对政府、社会以及卫生部门的新挑战。卫生部门必须将工作的重点从治疗疾病转移到预防和控制导致疾病的各种危险因素上来，从治疗疾病转移到保护和促进健康上来。

社区卫生服务必须是以人为中心，以健康为中心，而不是以病人为中心，更不是以疾病为中心。这种变化需要大幅度地改变我们的工作方式，仅仅靠治疗个体疾病的医疗工作是远远不够的，要求社区卫生服务走进社区和家庭，动员每个人主动地改变社会环境，建立健康的生活方式，预防疾病和残疾，促进健康。

2．以人群为对象

医院的服务是以就诊的每个患者作为服务对象的，而社区卫生服务是维护社区内的所有人群的健康，如改善社区的卫生环境、居住条件，消除不安全因素和不健康的生活方式等，是从社区的所有人群的利益和健康为出发点的。对每个儿童进行预防接种和系统保健，不只限于这个孩子的健康问题，而是通过每个个体的预防接种发现整个社区的儿童预防接种的覆盖率和营养状况、健康状况，制订个体和整体的干预计划。如发现社区儿童营养不良的发病率高，要考虑是否需要在社区内开展婴儿合理喂养的健康教育，这就是以人群为服务对象的特点。当然，在改进群体工作的同时，也须重视对个体的干预和指导。

3. 以家庭为单位

家庭是社区组成的最基本单元。一个家庭内的每个成员之间有着密切的血缘和经济关系，以及相似的行为、生活方式、居住环境、卫生习惯等，因此在健康问题上存在着相同的危险因素。如婴儿的喂养，必须考虑父母的社会、文化背景，并且从他们的文化角度考虑如何对父母进行母乳喂养等内容的健康教育；如照顾老人的健康，必须动员家庭子女承担起责任和义务。

4. 提供综合服务

健康已经被赋予了新的内涵，因此社区卫生服务必须是综合的、全方位的，并且是多部门参与的。例如：要保证儿童健康，首先要给母亲提供孕产期保健和产后保健、新生儿访视及儿童系统管理；指导父母如何喂养孩子，帮助父母对儿童进行早期教育；改善社区内卫生环境，减少污染等。只有提供这一系列服务，才可能保证儿童的身心健康。

三、社区卫生服务的意义

1. 社区卫生服务是实现“人人享有卫生保健”的重要基础

世界卫生组织已明确21世纪人人享有卫生保健的总目的是提高卫生的公平性，确保所有人群利用可持续性的卫生系统和服务，使所有人获得更长的期望寿命和提高生活质量。社区卫生服务是第一线的保健，80%以上的常见病、多发病可在社区内解决，社区卫生服务体现社会公平、经济实惠、人民需求、求助互助、因地制宜、优质低耗，实现社会大卫生的精神。

2. 社区卫生服务体现“医乃仁术”的医德医风

“医乃仁术”是我国传统对医生的道德要求，医者父母心、仁者爱人，都体现了高尚的医德医风。医生深入社区，进入家庭，正是这种人文精神的回归。社区卫生服务要求医生全面了解社区情况，熟悉人们的家庭背景和工作环境，对群体和个体健康进行全面的诊断和呵护，是关心、尊重和热爱人民的表现。

3. 社区卫生服务是适应市场经济、大力发展健康产业的重要措施

社区卫生服务必须以市场为导向，满足广大群众的健康需求。我国已基本达到小康生活水平，卫生服务必须与此水平相适应。人们在贫困时缺少医药，温饱时要求有医有药，小康时要求好医好药，宽裕时要求择优就医，富豪时要求健身长寿。

4. 社区卫生服务是国家卫生服务的大趋势

（1）生命准备期的目的是确保婴幼儿和青少年在生命最初年代得到存活和身心健康，以便在毕生中发挥其潜能，即做到优生、优育和优教（“三优”工程）。这些工作只有深入到社区才能有效地实现。

（2）生命保护期的目的是支持建立健康的生活方式以利身心发展，创造良好的环境以免于病、伤，充分发挥创造力和耐久力。这些卫生措施主要靠社区卫生服务去落实。

（3）生命质量期的目的是使人不仅长寿而且具有良好的生命质量，虽年老但活得潇洒、愉快，不致被病、伤困扰而久卧病榻。只有通过开展社区卫生服务，才能做到安享天年，在恬静温馨中告别人世。

5. 社区卫生服务是精神文明建设的重要组成部分

社区精神文明建设的目标是使社区各项活动文明化。社区卫生服务通过健康教育和健康促进，提高人们自我保健能力，养成文明、科学、健康的生活方式，是防病强身的法宝，是防止现代文明病、生活方式病的诀窍。小康生活水平的卫生服务要求社区医生通过建立健康档案，早期发现各种疾病，送医送药入家庭，与居民建立新型的医患关系。社区居民和社区医生树立新风尚，正是精神文明建设的需要。

6. 社区卫生服务是实现医学模式转变的最佳途径

社区卫生服务为医学教育改革提供了良好的土壤。社区卫生服务的模式应是以人的健康为中心，社区卫生服务对象和内容的扩大正好顺应了这种模式的转变。

7. 社区卫生服务是优化卫生资源配置的可靠保证

深入社区开展卫生服务是改变卫生资源配置无序状态的必由之路。医院与社区建立双向转诊制度，可缩短病人的住院日，节省费用。

案例 6-1

“控制高血压，你我共行动” 塘下社区卫生服务站健康卫生知识宣传活动

4 月 7 日是世界卫生日。为做好居民健康素养的倡导、宣传和普及工作，进一步提高社区公共卫生服务质量，郭溪街道塘下社区卫生服务站于 7 日上午在社区爱心亭前开展了主题为“控制高血压，你我共行动”的健康卫生知识宣传活动。

针对今年世界卫生日“控制高血压”的主题，社区卫生服务站的医务人员分别为社区居民进行了免费血压测量、健康知识咨询等服务，现场展示了高血压防治知识宣传板报，并发放了高血压、糖尿病、慢性病等疾病的预防方法以及生活中饮食健康所要注意方面的有关宣传资料。现场气氛热烈，居民参与的积极性很高，通过健康咨询和阅读宣传资料，加深了对健康的认识和理解。

今后，塘下社区还将根据居民需求定期开展基本医疗服务、健康教育和老年保健等方面的服务。

【问题】塘下社区卫生服务站开展健康卫生知识宣传活动有什么意义？

【提示】社区开展健康卫生知识宣传活动不仅可以使人们加深了对健康的认识和理解，最重要的是加强了彼此之间的交流，促进了社区的内部团结。

拓展训练 6-1

社区卫生建设现状调查

调查社区卫生建设现状是最直观地认识社区卫生的有效方法，一方面可以增强学生与社区居民及社区组织的沟通能力，另一方面可以帮助学生对社区卫生服务有个感性的认识，引发学生的思考。调查社区卫生建设现状主要包括：一是了解社区的卫生服务设施情况；二是了解社区已开展的社区卫生服务活动情况；三是了解社区居民参与社区卫生建设活动的情况；四是了解社区居民对社区卫生建设的看法与评价；最后撰写社区卫生建设现状调查报告。

1．具体实施

（1）做好人员分工，确定拟调查的社区

首先将学生分成由 4～6 人组成的调查学习小组，每个小组自愿或选举产生一名小组长，然后以小组为单位在学校附近选择一个社区作为调查对象，尽量让每个小组选择不同的社区。

（2）查阅文献资料，设计调查问卷或访谈提纲

通过查阅文献资料，一方面了解社区卫生建设的内涵；另一方面了解前人在这方面所做的研究。然后，在此基础上共同探讨和设计社区卫生建设现状调查问卷或访谈提纲。

（3）深入社区，开展调查或访谈

以小组为单位，深入社区，通过问卷调查或者访谈法，收集有关社区卫生建设现状的资料。调查时，注意调查对象的选择，比如考虑不同年龄的人群、不同的社区组织等因素。

（4）资料分析，撰写调查报告

将收集的资料进行整理和分析，然后撰写社区卫生服务建设现状调查报告。

2．重点提醒

（1）设计调查问卷或访谈提纲。一是有利于大家了解社区卫生建设现状方面的研究（因为要设计问卷或访谈提纲，大家需要查阅文献和讨论）；二是为大家进入社区调查或访谈前做好准备，包括调查材料的准备、衣着打扮的准备等。

（2）撰写社区文化建设现状调查报告。调查报告一般包括社区的基本情况、被调查人的基本情况、社区卫生建设现状（含存在的问题及原因分析）、社区居民对社区卫生建设的期望或建议。

第二节　社区卫生运行机制

案例导入

心理健康，社会和谐——中心开展世界精神卫生日主题宣传活动

2016 年 10 月 10 日是第 25 个世界精神卫生日，主题为“心理健康，社会和谐”。为普及心理健康知识，提高公众心理健康水平，10 日上午，东莞市社区卫生服务管理中心开展世界精神卫生日主题宣传活动，中心主任余祖卫亲临现场指导工作。

活动现场，通过免费测量血压、进行心理健康小测试吸引各个年龄段的群众参与。在参与过程中，医务人员认真讲解心理健康知识，免费提供心理健康咨询服务。通过耐心倾听，主动疏导，使一般的心理问题得到及时疏解。活动中共发放宣传资料 240 多份，接受群众咨询 40 余次，活动达到了预期效果。

除此之外，中心还通过电子屏幕播放宣传标语，在中医馆宣教区播放“回家之路”“打开心灵之窗”宣传片，利用微信公众平台推送相关信息等，进一步促进全社会对精神疾病的认识和理解，营造理解、接纳、关爱精神疾病患者的社会环境。

【思考】

（1）为什么要搞社区卫生建设？

（2）作为社区工作者，我们从这些活动中能学到什么？

一、社区卫生服务机构的运行条件

目前我国社区卫生服务的运行与发展目标已确立，同时也具备了发展动力，但其整合、激励、控制、保障等机制尚未建立或尚未真正完善，在结构与功能上还不能达到充分协调与耦合的状态。

1. 社区卫生服务机构的角色定位

社区卫生服务机构承担着社区居民的基本医疗和基本公共卫生服务两大功能，与大医院相比有着不同的服务理念和服务模式，在服务理念上坚持预防为主、防治结合，开展个性化的健康管理；在服务模式上应逐步地推行家庭医生式服务。因此，不同的服务理念与不同的服务模式决定着其特有的角色定位。社区卫生服务机构的正常运转离不开政府、上级卫生机构、社区居民、保险机构等部门的有效支撑与协作，彼此承担着各自的权利与义务，其相互关系见图 6-1。

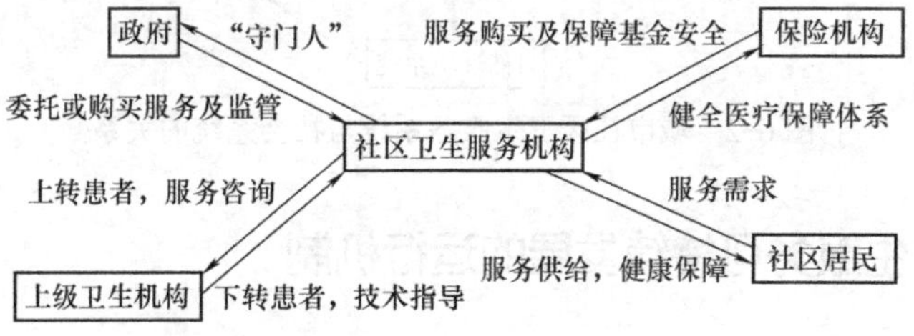

图 6-1　社区卫生服务机构的角色定位

图 6-1 首先揭示了社区卫生服务机构的正常运行离不开政府的有力支持，在社区卫生服务机构的运行体系中，政府的角色定位是委托或购买基本医疗和基本公共卫生服务，并对社区卫生服务机构的运营活动进行监管，使其沿着正常的轨道运行；而社区卫生服务机构扮演的角色是完成政府规定的公共卫生任务和基本医疗服务，坚守着“守门人”的职责。其次，揭示了上级卫生机构在社区卫生服务机构的正常运行中起着重要的协助作用，上级卫生服务机构为社区卫生服务机构下转患者并提供技术指导；而社区卫生服务机构将疑、难、重病患者上转到上级卫生机构并进行相关的服务咨询。再次，揭示了社区居民是社区卫生服务机构

正常运行的不竭动力，这种动力来自于社区居民的服务需求，有需求才有市场；而社区卫生服务机构给社区居民带来的是服务供给与健康保障。最后，揭示了保险机构与社区卫生服务机构相互依存的关系，保险机构为社区卫生服务机构进行服务购买并为社区卫生服务机构起到了保障基金安全的作用；而社区卫生服务机构被纳入医保范围不仅能健全医疗保障体系，也有利于提高梯度性的报销比例。

要使社区卫生服务机构正常运行，必须与政府、上级卫生机构、社区居民、保险机构等各方保持着顺畅的协调与合作关系，考虑到各方的共同利益与目标，找到各方能够合作的平衡点，共同推动社区卫生服务走可持续发展之路。

2. 社区卫生服务系统与社会系统的关系

对可持续发展的研究，众多学者从不同的角度进行了探索，所采用的研究方法也各有不同；而对卫生事业可持续发展的研究，目前多局限于卫生事业系统内部，对焦点问题进行横断面的研究，其研究结果似乎在局部效果明显，但从长期与整体来看，存在着顾此失彼的情况，其主要原因是把卫生事业系统作为一个孤立、静止的系统，而忽略了系统的整体性、动态性、系统与外部环境之间及系统内部的结构和功能之间的联系。系统运行机制的实质是系统各部分相互关系、相互作用所产生的促进、维持、制约系统的内在工作方式，是系统运行过程中带规律性的运行方式。医疗系统是一个复杂的社会子系统，而社区卫生服务系统是医疗系统的重要组成部分，社区卫生服务机构的正常运作不能脱离开诸如人口、经济、资源及自然环境等子系统而单独运行，各子系统相互作用、相互影响，它们之间的有机联系与协调发展是推动社区卫生服务发展的支撑力量，它们之间的协作关系见图 6-2。

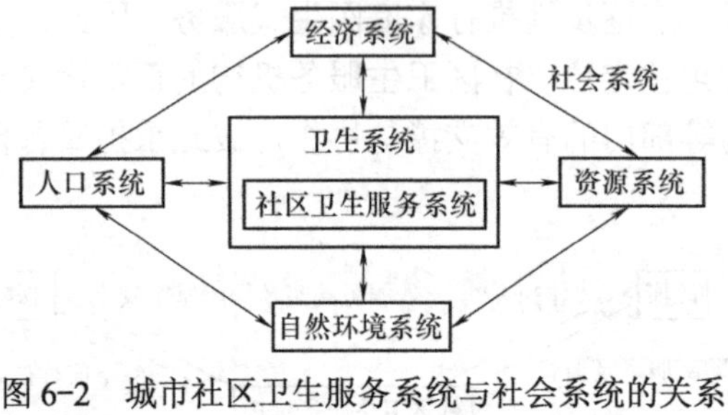

图 6-2　城市社区卫生服务系统与社会系统的关系

二、社区卫生服务可持续发展的运行机制

现阶段我国社区卫生服务存在着不少问题，严重影响着社区卫生服务的稳定发展，影响着社区卫生服务机构的有效运转，社区卫生服务健康有序持久的发展，必然需要建立可持续发展的运行机制。

1. 社区卫生服务运行机制的定义

运行机制的合理与否直接关系到社区卫生服务的可持续发展。在自然科学领域，机制是指事物或自然现象的内在结构及相互作用的过程、原理与功能。在社会科学领域，机制是指社会结构、组织内部结构及其运行过程和原理，或是社会政治、经济与文化活动各要素间的相互关系、运行过程及综合效应。笔者认为社区卫生服务运行机制是集社区卫生服务机构内部、外部因素于一体（其中内部因素包括机构内人员、设备、资金、管理制度，外部因素包括筹资渠道、保障体系、组织制度、评估体系），在社区卫生服务系统保持健康、有序运行与发展的过程中，在与政府、上级卫生机构、社区、保险机构等其他相关部门相互协调、相互耦合、相互补充的动态过程中，发挥社区卫生服务“六位一体”功能的内在规律与潜在作用。

2. 社区卫生服务运行机制的特点

（1）层次性。社区卫生服务机构的正常运行离不开各上级部门的支持与指导，国家、省、市、区层层关联，呈现出明显的层级关系。

（2）整体性。社区卫生服务机制的各个组成要素不是机械地组合在一起，而是有机结合，联系广泛且关系紧密，相互依存、相互作用。机制整体功能的有效发挥并不是依赖于各个构成要素的简单线性相加，而是依赖于不同功能的各要素间的相互联系与协调运转。

（3）动态性。社区卫生服务机制是按照一定规律运行的动态机制，处于不断发展与变化的过程中，组成机制的各要素之间相互影响、相互作用、相互制约，是一个动态的连续变化过程。

（4）复杂性。社区卫生服务系统具有多投入、多产出、高阶次、多回路、非线性等复杂动态反馈系统的特点，此系统的有效运行涉及社会、经济、人口、文化、环境等诸多方面，因果关系复杂。

3. 社区卫生服务运行机制的组成要素

社区卫生服务机制的运行是一项复杂的系统工程，不仅涉及医学、公共卫生学的范畴，同时也涉及管理学、社会学、环境学、经济学、保障学等多学科的知识，社区卫生服务功能的实现是多方利益共同体相互作用的结果。结合社区卫生目前发展的实际情况，系统分析社区卫生服务运行机制的组成要素有助于进一步促进社区卫生服务的健康、有序发展。

（1）人的因素。对社区卫生服务而言，人的因素既包括社区居民又包括社区卫生服务机构的医务人员。社区居民对卫生服务的需求是社区卫生服务发展的动力，而社区卫生服务机构的医务人员则是社区卫生服务发展的基本条件，两者缺一不可。

随着经济的发展，老龄化人口的不断增加，人们对卫生服务需求也提出了更高的要求，尤其在城市，医疗服务已开始从治疗转移到预防、已从生理转移到心理、已从医院转移到社会。而社区卫生服务正是与这种社会结构、医学模式转变相适应的医疗服务供给方式。社区化、家庭化、连续性将是未来医疗服务方式的主流。然而，目前社区卫生服务发展的状况面临着一个共同且急需解决的问题：卫生人力资源与社区卫生服务发展不相适应，人才问题成为制约社区卫生服务发展的关键问题。现有的社区卫生服务人员素质不高、数量不足、人员比例不合理、学历层次与专业水平偏低。因此，提高社区卫生服务的人员有效配备、加强社区医疗人员的培训是保证社区卫生服务正常运转的必要条件。

（2）经济因素。经济保障是社区卫生服务可持续发展的基础，也是社区卫生服务正常运转的重要因素。社区卫生服务机构日常的开支若大于收入则会出现入不敷出。从我国卫生事业发展情况的实际来看，财政投入虽有增加但仍然不足，在一定程度上制约了社区卫生服务发展。因此，开拓多渠道的筹资方式十分重要，应主动吸取国外社区卫生服务发展的经验，积极引入社会资本，建立稳定的多元筹资机制有助于社区卫生服务的可持续发展，完善补偿机制使之成为社区卫生服务可持续性发展的推动力。

（3）制度因素。可靠的制度保障是社区卫生服务可持续发展的软支撑，政府的政策导向支持是社区卫生服务发展的潜在动力，自 1997 年我国社区卫生服务工作正式启动后，国家陆续出台了很多促进社区卫生服务发展的相关政策，对社区卫生服务工作的支持越来越重视。从资金投入、设备购买、人员培训、网络建设、房屋使用等各方面为社区卫生服务发展提供了有力的支撑。而从目前社区卫生服务发展的实际情况来看，还需在社区卫生服务纳入城镇职工基本医疗保险和加强社区卫生服务工作中的绩效考核与评价这两方面加大力度。

（4）观念因素。观念因素是阻碍社区卫生服务发展的主要因素，重医疗、轻预防的卫生服务意识普遍存在于社会、卫生部门、社区居民的潜意识中，直接影响着“重专科轻全科”的格局，导致全科医生的社会地位及受尊重程度不及专科医生。从社区卫生服务的内涵与功能来看，尤其随着社会经济的快速发展，人们生活质量的进一步提升，人们对健康的需求尤其是对预防与保健的需求增大，但现实情况却是社区居民参与率低，呈现消极参与状态，宁愿等更长的时间、排更长的队、花更多的钱到大医院，也不愿到离家近的社区卫生服务机构，其真正的原因是人们对社区卫生服务认识不够，社区居民还没有完全形成合理使用社区卫生服务的观念。这种观念的不转变将直接影响着社区卫生服务的长远发展。因此，无论是政府、居民还是卫生服务工作者都应该致力于传统观念的转变，正确认识社区卫生服务工作的重要性，全面贯彻社区卫生服务功能的有效发挥，促进社区卫生服务的可持续发展。

案例 6-2

龙峰社区卫生大扫除工作简报

为加强社区环境卫生治理工作，带头提高社区人民的生活环境水平，营造一个洁净舒适的生活环境，11 月 6 日，龙峰社区全体工作人员开展了一次环保卫生清理大扫除，对社区内的所有卫生死角进行了彻底的整治。

活动中，龙峰社区干部及工作人员积极发挥奉献精神，不怕脏、不怕累，个个奋力争先，认真地把花圃中丛生的杂草铲除，对各类花木进行修剪，把长期无人清理店面的墙面、杂物等垃圾清理运走。附近一些村民见状，也纷纷拿来扫帚等工具，帮助清扫，自觉加入整治环境的行列中，用行动为社区清洁出了一份力。

通过这次集中清扫活动，不但改善了社区环境卫生状况，还带动社区居民增强了环境保洁意识，为共同创造洁净、优美、舒适的生活环境开了一个好头，社区将在今后的工作中继续深入开展环境卫生治理工作。

【问题】社区举办清洁卫生活动有什么意义？

【提示】社区清洁卫生活动不但改善了社区环境卫生状况，还带动社区居民增强了环境保洁意识，为共同创造洁净、优美、舒适的生活环境开了一个好头。

拓展训练 6-2

调查社区居民的卫生服务需求，一方面可以让学生了解到社区居民的真实需要；另一方面也可以让学生了解社区卫生建设的主要内容、方法以及如何运作。调查的具体任务包括：一是访谈社区居民，了解所在社区居民的卫生服务需求；二是访谈社区居委会工作人员，了解目前社区卫生建设的主要内容；三是访谈街道办事处主任及其城市社区卫生工作者，了解社区卫生建设在满足居民卫生服务需求方面所做的工作和以后工作的方向。

具体实施如下：

（1）做好人员分工，确定拟调查的社区

首先将学生分成由 4～6 人组成的调查学习小组，每个小组自愿或选举产生一名小组长，然后以小组为单位在学校附近选择一个社区作为调查对象，尽量让每个小组选择不同的社区。

（2）查阅文献资料，设计调查问卷或访谈提纲

通过查阅文献资料，一方面了解社区居民卫生服务需要的大概内容；另一方面了解前人在这方面所做的研究。然后，在此基础上共同探讨和设计社区居民卫生建设需求调查问卷或访谈提纲。

（3）深入社区，开展调查或访谈

以小组为单位，深入社区，通过问卷调查或者访谈法，收集有关社区居民卫生服务需求的资料。调查时，注意调查对象的选择，比如考虑不同年龄的人群、不同的社区组织等因素。

（4）资料分析，撰写调查报告

将收集的资料进行整理和分析，然后撰写社区居民卫生服务需求的调查报告。

第三节　社区卫生工作

案例导入

坚持科学补碘，建设健康中国

2016 年 5 月 15 日是我国第 23 届“防治碘缺乏病日”。13 日上午，武山县疾控中心、县盐务局联合组织相关工作人员会同县科技宣传周活动走进社区宣传科学补碘。

为了充分拓宽宣传普及面，营造全社会共同关注碘缺乏病防治工作的社会氛围。我中心印制主题“生命之初 1000 天，智力维护要靠碘；妇女儿童是重点，常吃碘盐早补碘”的宣传围裙 20000 条。积极与县广播电影电视局合作，开设电视宣传专栏，播放《碘贝贝》宣传

视频，为期一月，教育观众坚持食用加碘食盐和合理使用加碘食盐。另外，4 月份在采集居民户碘盐样本的过程中，工作人员一边采集盐样，一边发放防治碘缺乏病知识折页和围裙，广泛宣传食用碘盐的好处和吃非碘盐的危害，通过面对面的讲解宣传，让更多的人知道了碘缺乏病危害，了解了碘缺乏病有关防治知识，明确了食用合格碘盐是最经济、最有效、最安全、最方便的补碘措施。

通过本次活动，广大居民对碘盐预防碘缺乏病知识有了更进一步的认识，掌握了碘缺乏病防治知识，切实提高居民户合格盐食用率，宣传活动达到了预期的目的。

【问题】武山县疾病防控中心进社区宣传科学补碘活动有什么意义？

【提示】社区活动不仅具有保健性与实用性，最重要的是让居民意识到健康的重要性。

社区卫生包括健康教育、疾病预防、社区保健、社区康复、社区医疗、慢性病防治与管理、计划生育等。社区卫生工作的开展，虽然依靠的主要力量是卫生服务专业人员，但社区居民委员会有责任配合其工作。应当说，社区卫生是由服务站与社区居民委员会共同服务的区域。其具体内容如下：

一、健康教育

健康教育是社区卫生服务的一个重要内容。防患于未然是健康教育的宗旨。它通过对不同人群进行预防因素和促进健康的教育和培训，以达到提高居民自我保健意识和技能的目的。以社区为基础的健康教育目的在于提高整个社区人群的自我保健意识，转变人群的健康观念，提高人们的生活质量和健康水平。随着我国物质生活水平和精神文化生活水平的提高，人们对健康渴求的心理意识大大增强，在社区内开展健康教育有着雄厚的基础，健康教育易被人们接受。

1. 教育方式

各社区可依本社区设施配备情况自由安排，下面简列目前各社区基本可行的宣传教育方式：

（1）黑板报。黑板报内容可以时常更新，可视季节、疫情、社会的健康热门进行宣传。

（2）宣传窗。由于存放时间长，可陈列健康教育的知识及照片，以实例进行有目的的宣传教育。

（3）音像。在某些重要日子（如计划免疫日）及时深入社区播放。该项宣传方式直观性强、教育面广、形式活泼，易于人们接受，是当前社区健康教育最为行之有效的工具之一。

（4）宣传画或宣传资料。这主要由居民委员会张贴、散发，起到广为宣传的作用。

2. 教育途径

建立医疗服务站——社区居民委员会——居民三位一体的健康教育网络，以医疗服务站为主体，以社区居民委员会主导，居民广泛参与。

3. 教育内容

（1）健康观念

1）健康意识教育。健康意识主要是指个人和群体对健康的认知态度和价值观念。健康意识教育的内容主要包括：现代健康的概念；健康对人类生存和发展的重要性；政府、社区、家庭和个人对维护健康承担的责任；政府、社区、家庭和个人有能力维护个体和社会的健康等。

2）卫生公德、卫生法律法规教育。改革开放以来，我国颁布了《中华人民共和国食品卫生法》《中华人民共和国环境保护法》《中华人民共和国传染病防治法》和《公共场所卫生管理条例》等一系列法律法规，各级政府也颁布了大量地方性卫生法规。大力普及卫生法律法规，宣扬卫生公德，有利于提高社区居民的卫生法制意识和卫生道德观念，有助于社区卫生管理、环境管理和精神文明建设。

（2）健康知识

1）身体保健知识。

① 重要器官，如心、肺、肝、胃、肾的位置、生理功能与保健；

② 口腔与眼睛的保健。

2）疾病防治知识教育。

① 高血压病、冠心病、脑血管病、癌症、糖尿病等慢性非传染性疾病的预防、症状和体征、治疗、护理、康复等知识。其中预防知识是教育的重点，主要内容是提倡不吸烟、少饮酒、合理膳食、适量运动、定期健康检查、积极参加健康咨询和疾病普查普治、遵从医嘱、坚持早期治疗等健康行为和生活方式。

② 各种急性传染病的症状、预防、隔离、消毒、疫情报告等知识。其中艾滋病和其他性传播疾病，以及结核病、病毒性肝炎等传染性疾病是目前严重危害群众健康的传染病，应加强对其传染源、传播途径和防治方法的宣传教育。

③ 感冒等各种常见病的预防、早期治疗知识。

④ 家庭急救与护理知识，包括冠心病、脑血管病急性发作，触电、溺水、煤气中毒的急救，心脏按摩和人工呼吸操作方法，烧伤、烫伤、跌打损伤等意外事故的简单处理。

3）生活卫生知识教育。

① 饮食与营养卫生知识，包括膳食的合理搭配，食物的科学烹调，饮食定时定量，碘盐的保管与食用，餐具的消毒，食物的贮存，酗酒、偏食、暴饮暴食对健康的影响，食物中毒的预防知识等。

② 家庭用药和医学常识，包括常用药的保管和服用方法；体温计、血压计的使用方法等。

③ 四害防治知识，包括苍蝇、老鼠、蚊子、臭虫、蟑螂等害虫的生活习性、对健康的危害、药物和其他防治方法。

④ 日常生活卫生常识，包括按时作息，有规律地工作、学习、娱乐、劳动、运动知识；室内采光、通风、温度、湿度对健康的影响；厨房、厕所卫生等。

4）心理卫生知识教育，包括心理状态与健康和疾病的关系；如何调节情绪，保持心理平衡；如何防治和消除紧张刺激；如何正确处理夫妻之间、婆媳之间、父母与子女之间、同事之间的关系，如何保持家庭和睦和良好的人际关系；如何教育独生子女。

5）安全教育。交通事故、煤气中毒、溺水、自杀、劳动损伤等意外伤害是死亡和伤残的常见原因。对社区居民进行安全教育，教育居民提高自我防护意识，注意安全防护，自觉使用安全设施，可以降低和防止意外事故的发生。

6）中老年保健知识教育，包括中老年人的生理特点和心理特点；中老年人的饮食、运动、学习、工作、娱乐、休息等方面的保健知识；中老年人常见疾病防治知识等。中年知识分子在大中城市居民中占有一定比例。他们是国家和民族的宝贵财富，他们事业心强，但往往忽略自我保健，应加强对他们的健康指导和保护。

7）生殖健康教育，包括生殖卫生、计划生育、优生优育优教知识；妇女经期、孕期、产期、哺乳期的生理特点和保健知识；妇科常见病防治知识等；婴幼儿的喂养、护理方法；母乳喂养的好处；婴幼儿的常见病、多发病防治知识；儿童卫生习惯的早期训练和培养。

8）环境保护知识教育，包括环境对健康的影响，生活垃圾的处理，噪声、空气污染对人体健康的危害及预防方法，提倡绿化美化环境、保护环境人人有责等。

9）卫生服务指南，包括了解并自觉利用社区卫生服务和医疗卫生防疫机构提供的卫生服务；主动参与健康普查、健康咨询、健康教育、健康促进活动；主动接受预防接种；有病及时就医及就医常识；遵从医嘱、坚持治疗等。

（3）健康行为

健康行为指朝向健康或被健康结果所强化的行为，客观上有益于个体和群体的健康，包括：

1）基本健康行为：指日常生活中一系列有益于健康的基本行为，如合理营养、平衡膳食、积极锻炼、积极的休息与适量睡眠等。

2）预警行为：指预防事故发生和事故发生后正确处置的行为，如使用安全带，溺水、车祸、火灾等意外事故发生后的自救和他救等。

3）保健行为：指正确、合理利用卫生保健服务，以维护自身身心健康的行为，如定期的体格检查、预防接种、发现患病后及时就诊、咨询、遵从医嘱、配合治疗、积极康复等。

4）避开环境危害：这里的环境是广义的，包括了人们生活和工作的自然环境与心理社会环境中对健康有害的各种因素。主动的、积极的或消极的方式避开这些环境危害也属于健康行为，如离开污染的环境、采取措施减轻环境污染、积极应对那些引起人们心理应激的紧张生活事件等都属此类行为。

5）戒除不良嗜好：这里的不良嗜好指的是日常生活中对健康有害的个人偏好，如吸烟、酗酒与滥用药品等。戒烟、不酗酒与不滥用药品就属于戒除不良嗜好这类健康的行为。

二、疾病预防

社区卫生建设必须以预防为主，因此各地的社区卫生服务工作首先从建立社区防疫基地等预防体系做起，依靠社区各部门的力量，通过社区卫生服务站的医务人员走家串户，采取各种措施以控制或消灭致病因素对健康人群的危害。社区疾病预防的内容主要包括两个方面：

1．传染病、地方病、寄生虫病防治

主要是开展传染病、地方病及寄生虫病的社区防治；执行法定传染病登记与报告制度，并协助开展漏报调查；配合有关部门对传染源予以隔离以及对疫源地进行消毒；指导恢复期病人定期复查并随访；开展计划免疫等免疫接种工作；特别是要落实预防措施，检测传染病的发生、流行和控制。

2．慢性非传染性疾病的防治

主要是对服务对象开展健康指导、行为干预；开展重点慢性非传染病的高危人群监测；

对重点慢性非传染病的患者实施规范化管理；对恢复期病人进行走访；对有家族史或遗传缺陷者做定期体检；对产生可疑致癌物的生产或生活条件督促其改善；教育个人注意癌症前的病变、改进病因学预防等。

三、社区保健

社区保健针对的对象是全体居民，但重点是妇女、儿童、患者及老年人，不但对其生理提供保健服务，而且对其心理卫生予以保健。

1. 社区儿童保健

对新生儿、婴儿、学龄前儿童保健系统的管理，要建立儿童保健登记卡，根据儿童不同时期的生理特点和保健重点，采取有效措施，促进儿童健康成长发育，提高健康水平。进行体格发育检测和疾病预查，参照儿童发育评估标准，将体检所测得数据和标准值比较进行营养评估。对学龄前儿童开展心理发育指导及咨询；生长发育监测；托幼机构卫生保健指导；与家长配合开展性启蒙教育和性心理咨询等。积极防治儿童常见病、多发病，调查发病原因，制定社区防治措施。推广科学育儿，普及相关保健知识。

2. 社区妇女保健

妇女保健要求在生命所有阶段维护好生殖系统及其功能的完好状态，包括女童期、青春期、生育期、更年期保健。

（1）女童期。女童营养不足引起的贫血、佝偻病都可能影响到今后的正常分娩。女童的生殖器官娇嫩，外生殖器常暴露在外，易受感染和损伤，做好保健，防止“病从阴道入”，至关重要。

（2）青春期。青春期少女体重、身高迅速增加，生殖器官发育趋于成熟，第二性征出现，精力充沛，性格活泼，情感复杂而热烈。少女处于性萌动期，如果得不到正确的性教育，得不到家庭、学校的正确引导，在心理和行为上极易出现歪曲和错误，成为恶劣环境的受害者。未婚先孕、未婚人流、单亲母亲等已成为当今的社会问题。这些问题都严重地影响生殖健康。因此，对青春期少女进行青春期保健和性教育，提供信息和咨询以及适当的保健服务，是非常必要的。

（3）生育期。此时妇女处于生殖功能旺盛期，在此期间妇女要承担孕育下一代和照顾家庭的任务，还要和男子一样参加社会工作，妇女的健康更容易受到各种不良因素的影响。生育期保健的内容主要是保护妇女妊娠和分娩过程的安全，且做到有计划生育，延长生育间隔，避免因生育过早、过多、过密、过晚及计划外妊娠对健康带来的损害。同时还要与有关方面配合，努力消除社会、环境等不良因素的危害，做好妇女劳动保护、性病防治和妇女常见病防治等工作。简而言之，生育期保健包括围婚保健、孕前保健、围生保健、计划生育、性保健、性病防治、女职工劳动保护和保健及常见妇科病防治等。

（4）更年期。随着寿命的延长，妇女一生中有1/3～1/2的时间是在绝经后度过的，这个年龄组的妇女在人口中的比例正在逐渐增加。更年期妇女处于生殖功能从旺盛走向衰退的过渡时期，生理、心理上都会出现一系列的变化。开展更年期保健，保护她们顺利地度过这个“多事之秋”，不仅有利于促进更年期妇女的身心健康，还能为预防老年期多种代谢性疾病打下基础。更年期妇女虽已失去生育能力，但仍有性的需求，同时亦易发生性功能障碍。调节她们的心理，及时帮助她们克服性功能障碍，使她们仍能保持和谐的性生活，有利于身心健康，提高晚年生活质量。更年期保健的内容包括妇女更年期常见病及妇科恶性肿瘤的防治、更年期自我保健和自我监测知识的普及、性保健。

3. 社区老年保健

社区老年保健的主要内容是了解社区老年人的基本情况和健康状况；建立社区老年人健康档案，定期进行健康检查；指导老年人进行疾病预防和自我保健；指导老年人意外伤害的预防、自救和他救；搞好社区老年人的心理卫生，使老年人保持乐观的情绪，组织和指导老年人参加各种合适的健康活动，养成良好的生活、卫生习惯，积极预防心脑血管疾病等老年人常见病，同时还应指导老年患者正确合理使用药物。对持有健康卡的老年人，实行“三优”服务，即优先就诊、优先出诊、优先建立家庭病床服务。

四、社区康复

社区康复是以社区为基础，依靠社区自身的力量和技术，在基层具体条件下，以简便实用的方式向病人提供的医疗，其目的是消除和减少病、伤所造成的功能障碍，最大限度地恢复生活和劳动能力。康复方法是物理治疗、运动疗法、言语矫治等功能的训练方法，以代偿重建为主，辅以必要的手术、药物。康复的核心是功能的康复和整体的康复。宜设置康复病人的家庭病床，护士定期上门打针、送药，并为病人及家属讲解必要的卫生知识。对需要从生理、心理上特殊关怀的残疾人、精神病人、智障者等进行矫治，力争使其生理、心理、肢体、视力、听力、智力等方面恢复正常状态。可以通过手术、药物进行康复；可以通过举办智障教育学校、康复培训班进行教育康复；可建立康复站，配备康复器械，组织伤残者开展体育锻炼，辅以组织外伤矫治，进行伤残康复等。

精神病人比较特殊，需要特殊照顾。据世界卫生组织在20世纪90年代出具的调查和推算，中国11亿5千万人口中，有重度精神神经疾病患者1150万人，中度患者3750万人。而每100万人中仅有精神科医生3人，精神病床位73张。民政部2015年社会服务发展统计公报的资料显示，全国民政部门管理的智障与精神疾病服务机构共有242个，床位7.8万张。精神病医生和床位的严重不足，使得大量病人滞居在家中，给家庭带来极大的困难。他们喜怒无常，给家庭和邻里带来不安和恐慌。我们应该学习和借鉴西方国家在20世纪50年代开始走的社区康复之路。中国各地已经进行了各自的探索：有以建立三级防治网为基础的“上海模式”；有以精神病院为资源中心的“常州模式”；有“以站带厂，以厂养站”为特色的“正阳模式”；有以引进外资、外援为发展手段，以国外精神卫生、社区卫生、社区服务为三级蓝本的武汉“中德精神康复中心”模式。模式虽多，但核心是一致的，即对其采取卫生服务。综合各地的经验，可以采取如下的康复方案：对康复工作可制定“杜绝肇事，稳定社区，回归社会”的工作目标，突出康复治本，以患者不肇事为基准点，康复为巩固点，回归社会为效益点，稳定社会为落脚点。建立社区预防委员会，组织动员社区各种力量，采取“管、防、治、康复”四管齐下。每位患者均有居民干部、家长、邻居组成的看护组共同管理。组织家访医生巡回检查和照顾，定期督促服药，进行心理疏导，建立病史档案制度，实施科学管理。

另外，还有一些康复是对身体伤害部位的功能性的康复，如肩周炎、间盘突出、关节炎等，此系专业人员的工作。

五、计划生育服务

计划生育是我国特有的概念，是指对人们的生育进行有计划调节，改变生育上的无政府状态。具体地说，它是指根据人们的利益和社会经济文化的发展状况，制定人口增长的计划，规定生育目标；人们按此要求，结合自己的愿望和条件，安排结婚时间、生育时间、生育胎次和密度，并采取科学的方法避孕或绝育，做到有计划地生育子女。社区计划生育服务主要包括以下几个方面：宣传避孕及节育知识、优生优育知识和妇幼保健知识；发现有不适宜结婚的人，应说明情况；协助怀孕妇女提供产前检查，并给予饮食、用药、劳动等方面的指导；为育龄妇女提供上环、取环、输卵（精）管结扎、人工流产手术服务，并坚持术后回访；为育龄妇女讲解各种避孕药具的使用方法和适宜对象，帮助他们选择安全有效的避孕药具；为育龄妇女提供计划外怀孕检查，发现计划外怀孕者，采取补救措施；为育龄妇女和幼儿提供健康体检；为不孕症夫妇提供治疗信息，或提供转诊服务；治疗节育手术并发症、后遗症；为准备结婚的夫妇、哺乳期妇女、独生子女夫妇、两孩夫妇和更年期妇女提供避孕节育指导；努力普及有关计划生育方面的知识，开展以居住地为主的计划生育管理改革工作，加强对社区流动人口的管理工作。在社区计划生育技术服务中要坚持以宣传教育为主，避孕为主，经常性工作为主。

案例 6-3

健康教育知识讲座 提高居民健康指数

为提高辖区居民健康指数，东区卫生局瓜子坪社区卫生服务中心杨主任、攀钢总医院领导及中医科专家张主任、社区卫生专干组织辖区居民，于 2013 年 9 月 27 日在社区活动室开展了一场健康知识讲座及常规身体检查。

随着社区中老年人数逐年增加，社区了解到居民在平时日常生活习惯上存在一些不健康生活方式及行为，中医专家张主任用科学知识向居民解释了该如何健康生活，如何有效预防疾病发生。

拓展训练 6-3

调查社区居民的卫生服务意识，一方面可以增强学生与社区居民及社区组织的沟通能力；另一方面可以帮助学生对社区居民存在的卫生服务意识有个感性的认识，引发学生的思考。

调查的具体任务包括：一是访谈社区居民，了解所在社区居民的卫生服务意识；二是访谈社区居委会工作人员，了解目前社区卫生建设居民参与度的主要情况；三是访谈街道办事处主任及其城市社区卫生工作者，了解社区卫生建设在满足居民卫生服务需求方面所做的工作和以后工作的方向。

具体实施如下：

（1）做好人员分工，确定拟调查的社区

首先将学生分成 4～6 人的调查学习小组，每个小组自愿或选举产生一名小组长，然后以小组为单位在学校附近选择一个社区作为调查对象，尽量让每个小组选择不同的社区。

（2）查阅文献资料，设计调查问卷或访谈提纲

通过查阅文献资料，一方面了解社区的卫生服务活动开展的大概情况；另一方面了解前人在这方面所做的研究。然后，在此基础上共同探讨和设计社区居民卫生服务意识调查问卷或访谈提纲。

（3）深入社区，开展调查或访谈

以小组为单位，深入社区，通过问卷调查或者访谈法，收集有关社区居民卫生服务意识的资料。调查时，注意调查对象的选择，比如考虑不同年龄的人群、不同的社区组织等因素。

（4）资料分析，撰写调查报告

将收集的资料进行整理和分析，然后撰写社区居民卫生服务意识调查报告。

练 习 题

一、名词解释

社区卫生服务　社区卫生服务运行机制　健康教育　社区保健　社区康复

二、填空题

1. 社区卫生服务的特点有以健康为中心、______、______、提供综合服务。
2. 社区卫生服务运行机制的特点有层次性、______、动态性、______。
3. 社区卫生服务是实现______的重要基础。
4. 社区卫生服务体现______的医德医风。
5. 社区健康的内容包括健康观念、健康知识、______。

三、单选题

1. 社区卫生服务运行机制的组成要素有人的因素、经济因素、制度因素和（　　）。

   A. 观念因素　　B. 物质要素

   C. 精神要素　　D. 政治要素

2. 社区卫生包括健康教育、疾病预防、社区保健、（　　）和计划生育等。

   A. 社区人文　　B. 社区治理

   C. 社区康复　　D. 社区服务

3. 社区健康教育网络由医疗服务站、社区居民委员会和（　　）构成。

   A. 社区文化站　　B. 社区党委会

C．社区居民　　D．社区内组织

4．社区妇女保健包括女童期、青春期、生育期和（　　）保健。

A．幼儿期　　B．成年期　　C．更年期　　D．老年期

5．社区保健针对的对象是全体居民，但重点是妇女、儿童、患者和（　　）。

A．成年人　　B．老年人　　C．居民　　D．辖区内组织

四、思考题

1．社区卫生服务的意义。

2．社区卫生服务的内容主要包括哪些？

3．社区卫生服务的运行机制是什么？

4．新时期如何更好地提供社区卫生服务？

5．在新的计划生育政策下，如何更好提供计划生育指导服务？

第七章 社区治安建设

学习目标

- 熟悉社区治安的含义以及社区治安建设的内容；
- 熟练掌握社区矫正程序和方法；
- 掌握社区调解工作方法。

社区治安是社区居民安居乐业之根本，也是社区建设的重中之重。本章使学习者通过查找文献和实地走访调查，了解治安及社区治安的概念、社区治安建设的内容，掌握社区治安建设的方法等，重点培养学习者进行社区矫正和社区调解的能力。

第一节 社区治安概述

案例导入

社区开展治安防范宣传活动

3月14日，晋吉社区为期一周的治安防范宣传活动结束。此次活动由晋吉社区民警、工作人员、居民代表等组成治安防范宣传小组，以设置宣传点、发放张贴宣传资料等形式开展宣传。活动期间各工作人员向居民详细介绍了“两抢一盗”以及各种诈骗活动的特点、手段和防范措施，并特别提醒大家加强对入室盗窃的防范。此次宣传治活动不仅提高了社区居民的治安防范意识，还进一步畅通了群众的利益诉求渠道，拉近了干部与群众之间的距离，受到社区居民群众的好评。

【思考】

（1）社区治安防范如何才能做得更好？

（2）作为社区工作者，我们从这些活动中学到什么？

一、社区治安的含义与内容

社区治安是指在各级党委和政府统一领导下，社区各部门、各单位协调一致、齐抓共管，依靠社区成员，运用政治的、经济的、文化的、教育的、法律的、行政的多种手段，解决妨碍社区社会治安的问题，维护社区的良好社会秩序，保障社区的稳定和谐。社区组织要协助公安机关把社区治安综合治理的各项措施落实到单位、家庭和每一个社区成员，让社区居民有更多的安全感。

《民政部关于在全国推进城市社区建设的意见》指出要加强社区治安，建立社会治安综合治理网络，有条件的地方要根据社区规模的调整，按照“一区（社区）一警”的模式调整民警责任区，设立社区警务室，健全社会治安防范体系，实行群防群治；组织开展经常性、群众性的法制教育和法律咨询、民事调解工作，加强对刑满释放、解除劳教人员的安置、帮教工作和流动人口的管理，消除各种社会不稳定因素。

二、社区治安的目标

1．“0 案社区”与“一责六防”

当前，有一种理想的社区称为“0 案社区”。它有着一套治安管理方法，即“一责六防”。一责是指层层落实责任。六防是指一防重大刑事案件，二防民事案件转变为刑事案件，三防青少年犯罪，四防自然灾害事故，五防群体性事件，六防脱管行为并建立治安防范机制。这个方案可以说是社区治安建设的一套最完美的方案，因此是社区治安建设的最终目标。

2．目标

（1）无政治案件。政治案件是指与国家政治有直接联系的事件。社区要坚守社会主义立场，以安全稳定为工作重心，加强统一认识、落实措施、管理到位，杜绝社区内发生任何政治案件。

（2）无集体上访。集体上访是指 5 位以上群众为了同一问题共同进行的走访活动。集体上访影响正常的工作秩序、生产秩序和社会秩序，是影响社会稳定的重要因素之一。各级各部门必须高度重视，有针对性地分析研究集体上访，积极地消除人民内部矛盾，有效预防、及时化解和妥善处理集体上访。

（3）无居民犯罪。我国刑法第十三条对犯罪的规定：“一切危害国家主权、领土完整和安全，分裂国家、颠覆人民民主专政的政权和推翻社会主义制度，破坏社会秩序和经济秩序，侵犯国有财产或者劳动群众集体所有的财产，侵犯公民私人所有的财产，侵犯公民的人身权利、民主权利和其他权利，以及其他危害社会的行为，依照法律应当受刑罚处罚的，都是犯罪，但是情节显著轻微危害不大的，不认为是犯罪。”

（4）无重大民事纠纷和治安隐患。所谓民事纠纷，是指平等主体之间发生的，以民事权利义务为内容的社会纠纷（可处分性的）。它是处理平等主体间人身关系和财产关系的法律规范的总和，所以所有违反这一概念的行为就会引起民事纠纷。民事纠纷分为两大内容：一类是财产关系方面的民事纠纷，另一类是人身关系的民事纠纷。

对人民群众来说，当今社会的主要治安问题有：入室盗窃及其转化的抢劫、强奸、杀人；抢劫；强奸；针对不特定人的重伤害、杀人；寻衅滋事及其导致的重伤害、杀人；城乡结合部的治安秩序等。

（5）无火灾及其他治安灾害。火灾是指在时间或空间上失去控制的燃烧。在各种灾害中，火灾是最经常、最普遍地威胁公众安全和社会发展的主要灾害之一。其他治安灾害是指因自然或者社会因素，造成社会安宁秩序方面物品、财产、人身安全等方面的损失。

（6）无流入的犯罪分子及窝藏在逃人员。流入的犯罪分子是指在本社区有藏匿的犯罪人员。窝藏在逃人员是指明知是犯罪的人而为其提供隐藏处所、财物，帮助其逃匿的行为。

三、社区治安的原则

1．打防结合，预防为主

在社区治安工作中，要处理好打击与预防的关系。打击是指各级专门机关利用国家赋予的特殊权力，通过刑事司法程序揭露、证实、惩治各类违法犯罪活动的执法活动。预防是指以专门国家机关为骨干，机关团体、社会各界和人民群众共同参与，运用多种手段积极主动地消除违法犯罪产生的原因和条件，防止和减少违法犯罪行为的发生。安全是人类生存的必备条件，因此预防与打击相比，显得更为重要，更具有根本意义。社区治安工作中要坚持预防为主的原则，通过预防治安伤害和灾害使社区生活安定有序，这是社区治安工作的首要目标。所以，要通过大力加强社区治安防范工作，强化社区治安建设，加强社区法制宣传，经常组织开展群众性的普法活动和法律知识竞赛，不断提高社区居民的法律意识和安全防范意识，加强社区人民内部矛盾的调解，加强对社区各类重点人群的监管力度，努力消除社区内的各种不稳定因素，从而积极地预防各类灾害、伤害事故的发生，维护好社区的安全。

2．标本兼治，重在治本

社区治安问题是社区各种矛盾和问题的综合反映，所以维护社区治安，既要努力治标，更要努力治本，做到标本兼治、重在治本。“标”是指发生在社区内的各种违法犯罪行为，“本”是指引发违法犯罪行为的根源。“治标”是指对已经发生的违法犯罪行为的处理和打击，对已经面临的各种社会治安问题和违法犯罪问题的处置和解决。“治本”是指从引发治安案件和灾害事件的本源入手去解决问题。“标本兼治，重在治本”是社区治安工作的核心思想。打击犯罪不仅仅是为了惩治犯罪分子，还包含着对犯罪分子的教育和改造。无论是打击、防范还是其他治理措施，都要把重点放在治本上，要围绕违法犯罪行为和治安问题产生的土壤和条件上下功夫，努力从根本上预防和减少犯罪。

3．多种手段，综合治理

社区治安的对象很多，内容广泛，具有综合性的特点，这就决定了要搞好社区治安就必须坚持综合治理的原则。要通过齐抓共管的组织形式，运用经济、法律、行政、教育等手段，协调社区各方力量对社区内所有单位、家庭、地区、场所、角落进行综合治理，以创造良好的社区治安环境。特别是针对困扰社区治安的各类老、大、难等问题和社区治安的主要对象，要针对性地拿出有力措施，整合各方资源，上下联动，各方配合，一起动手，共同治理，以求实效，从而实现社区治安状况的根本好转。

4．齐抓共管，群防群治

社区事务繁杂，社区关系、结构十分复杂。而社区治安的主体众多，负责社区治安工作的机构、组织众多，如果这些机构和组织之间没有配合或协调不够，社区治安工作就难以形成整体效应。所以，在社区层面成立一个社区治安的综合协调机构就显得很有必要，目的就是为了实现社区治安的齐抓共管。这类机构必须在社区党组织的领导下，以社区居委会、社区警务室为主导，政府各派出机构积极履行各自职责，驻区机关和企事业单位积极配合，社区居民群众积极参与，真正形成社区治安齐抓共管的格局。充分发动和依靠社区居民做好社区违法犯罪预防和安全防范工作。公安机关在打击违法犯罪活动过程中离不开广大人民群众的支持和协助，居民群众在迅速报案、保护现场、提供线索、辨认犯罪嫌疑人等发面都发挥了十分重要的作用。在社区治安工作中，广大居民群众都是重要的参与主体。如果没有居民群众的参与，没有广大社区居民的邻里守望，没有社区居民的积极配合，社区治安工作就难以真正做好。群防群治是党的群众路线在社区治安工作中的生动体现。

四、强化社区治安建设的途径

1．建立社区治安防控网络

（1）明确界定各治安组织、团体之间的权利义务关系

城市社区中，与社区治安直接相关的组织机构主要有公安派出所、街道办事处、居民委员会、物业管理公司以及企事业单位的保卫部门。

公安派出所的基本任务是：依据法律法规，通过公开的行政手段，管理辖区的治安秩序；积极采取措施，预防违法犯罪行为、治安灾害事故和群众性治安案件的发生；通过各种治安管理手段和某些侦查手段，打击犯罪；主动为民排忧解难，解决居民群众的实际困难。

街道办事处对辖区的城市管理全面负责，对辖区的社区治安综合治理工作行使组织、领导、协调、监督和检查的职能，在社区治安中的责任主要包括：宣传、贯彻有关城市管理的法律法规，制定并组织实施辖区的治安管理工作计划，减少治安案件和刑事案件的发生；加强社区治安综合治理，发展社区服务，维护市场秩序，动员群众积极参与社区治安活动，组建群防群治队伍；执行综合执法，对辖区内各专业管理机构的工作行使监督权。

居委会在社区治安方面的责任是：宣传法律法规，教育群众，维护居民的合法权益；向居民会议报告社区治安工作，组织居民维护社区治安；及时调节民间纠纷，化解社区矛盾；协助人民政府和它的派出机构做好社会治安、流动人口、社会救济、青少年保护、公共卫生管理工作，及时向有关部门反映社区群众关于治安方面的意见、建议和要求；配合有关部门做好对社区矫正对象的管理、教育工作；教育居民遵守居民公约和居民会议决定，开展社区服务，为居民创设安居乐业的环境。

物业管理公司要承担起防盗、防破坏、防爆炸、防自然灾害等治安管理活动，保证所辖的物业区域内的财产、人身不受损害，用户的工作、生活秩序不受干扰。在社区治安管理工作中，物业管理公司具体应该做的是：建立健全保卫组织机构，配备充足的保安人员；制定完善的有关治安管理制度，如保安员岗位责任制及交接班制度、出入登记制度、车辆和大件物品出入管理制度等；负责维护辖区的治安，预防和查处治安事故；积极配合公安部门打击辖区内及周边地区的违法犯罪活动；对社区加强巡视值班；加强社区内的车辆管理，做好车辆停放和保管工作，确保辖区内道路通畅，保证交通安全；发动辖区内的用户，做好群防群治工作，强化用户的安全防范意识，采取治安防范措施。

（2）建立社区治安综合治理机构

街道要建立、健全由街道办事处主要负责同志牵头，公安派出所、交通队以及驻街等单位主要负责人组成的社区治安综合治理委员会，领导、部署、组织、推动全街道范围的社会治安综合治理工作。该委员会可依托街道有关部门设立办公室，由街道主管领导和职能科室以及社区民警的有关人员组成，负责办理社会治安综合治理委员会的日常事务。

（3）布置防控网，进行“人防+物防+技防”相结合

大力推进社区治安防控体系建设，建立“人防+物防+技防”相结合的多方位、全覆盖、大防控的治安防范网络。人防和物防是古已有之的传统防范手段，它们是安全防范的基础。人防、物防顾名思义就是通过人力、物力进行安全防范，如人员巡逻、站岗等防范措施。随着科学技术的不断进步，这些传统的防范手段也不断融入新科技的内容。技防则是通过现代科学技术进行安全防范，如电子监控、电子防盗报警等技术手段。

（4）落实责任制

要严格落实责任制，进一步强化社区治安管理的责任追究，落实各职能部门的责任。

（5）加强对特殊对象的帮助、教育和管理

社区矫正人员、刑满释放和解除教养的人员，是社会的不安定因素之一，对他们进行帮助教育，防止他们重新犯罪，是社会治理的重要一环。在这方面，一是基层社区组织特别是居委会组定要掌握情况，通过调查、家访和个别谈心等方式摸清本社区帮助对象的底数，包括基本情况、犯罪原因、罪错性质、现实表现、家庭环境、社会关系等，为有针对性地进行帮助教育打下基础；二是建立由街道干部、公安干警和居委会成员组成的“三结合”帮助小组，对帮教对象进行定期集中教育和不定期的个别教育，防止他们重新违法犯罪；三是尊重帮教对象的人格，关心他们的生活，充分运用社区力量帮助他们就业，教育他们自食其力，堂堂正正做人。

2. 开展法制宣传与教育，加强精神文明建设

深化法制教育，增强居民的法律意识，教育居民群众自觉地同一切违法犯罪行为做斗争。运用各种群众喜闻乐见的形式，对居民进行法制宣传教育。通过宣传宪法、法律、法规和国家的政策，把法律交给群众。一方面可以使广大居民了解法律赋予的权利，懂得依法维护自己的合法权益；另一方面也可以使广大居民明确法律规定的义务，从而自觉地履行义务。

3. 以服务促稳定

社区居民人人安居乐业，社区必然稳定。社区居民委员会根据不同居民群体以及社区居民的不同需求，分门别类地为社区居民提供社区服务。坚持从群众最关心的问题、最迫切的问题、最需要解决的实际问题入手，诚心诚意为群众办实事，真心服务群众，不断促进社区和谐稳定发展。比如，在社区开展群众工作站、综治信访站、民生服务站工作，全面提升基层社会服务管理的科学化水平。

案例 7-1

社区开展“平安建设、治安巡逻”志愿服务活动

为进一步维护辖区治安稳定，强化社会治安综合整治，推进平安建设，让居民有一个和谐、稳定的社会治安环境，新世纪社区根据街道办安排，第一时间成立了由 30 人组成的治

安巡逻志愿队伍，该队伍分3组，每组10人轮流巡逻。这支治安巡逻队伍由社区工作人员及各小区楼长、党员、居民等志愿者组成。社区治安巡逻队的主要任务是做好社区巡防工作，维护辖区治安稳定；在开展法制宣传的同时，配合社区宣传创建全国文明城市相关知识；劝导、制止辖区内市民各种不文明行为的发生；配合环卫工人做好辖区内的环境卫生工作。

为加强社区的治安建设，切实提升社区居民安居标准，建设平安佛岗，京广路街道佛岗社区联合辖区派出所，抽调社区退伍兵10人成立了佛岗社区治安巡逻队。近日，治安巡逻队邀请武警教员对队员集中综合培训，授课内容包括法律知识、素质教育和自我防范防卫知识。

秀山街道六一社区以“平安社区”试点建设为契机，以技防建设为依托，着力加强社区社会治安防控体系建设。目前，社区在6个居民小组的主要路口、祠堂、农贸市场、学校等人员密集场所安装监控摄像头30余个，其中枪机32个、球机2个，已经全部投入使用，视频监控系统覆盖了社区主要出入口和主要地段，下一步社区各居民小组还要在此基础上继续加大投入安装力度。同时，社区建设了与公安联网的视频监控系统平台，为有效打击违法犯罪提供了保障，有力地保障了社区社会治安稳定和人民群众安居乐业。

【问题】社区治安建设的途径有哪些？

拓展训练 7-1 社区治安防控

民主法治示范村、社区创建标准（试行）

一、组织领导

（一）成立村（社区）民主法治示范村、社区创建工作领导小组，由村（社区）党支部书记或村长担任组长，在乡镇司法所的指导下开展工作。

（二）每年制定民主法治示范村、社区创建工作方案，做到年初有部署、年内有检查、年终有总结。

（三）依法建立村民代表大会制度和民主决策制度，建立健全村“两委”内部管理制度、村务公开、财务公开等各项制度。

二、法治宣传教育

（一）以村级组织活动场所为平台，建立“农民普法学校”，有用房、学习设施、牌子、普法图书柜，正常开展工作。

（二）每季度在“农民普法学校”组织一次“法律明白人”培训，有培训名册、培训活动记录。

（三）建立学法、培训制度。村“两委”成员每季度集体学法不少于1次，每月利用村广播、远程教育网向村民宣传法律知识1次以上。定期对村“两委”成员、村民小组法制宣传员进行法律知识培训，全年不少于2期。

（四）有学法用法制度和年度学法用法计划；村委会成员每年集中学法不少于4次，并有专门的学法笔记，参学率达100%；每年组织村民学法1～2次，参学率达应学人员的90%以上。村设普法专栏、法制图书角（室）。

（五）举办社区法律知识讲座。邀请或聘请法官、律师、法律服务人员进行宣讲，每季度至少举办1次法律知识讲座。

（六）开展社区法律维权活动。根据不同群体需要，切实开展好针对老年人、未成年人、残疾人、妇女、下岗职工、外来务工等人员的法律维权和法律援助活动。

（七）丰富村（社区）宣传活动。利用“3·8”妇女节、农村法制宣传月、“12·4”法制宣传日等重大节日开展形式多样的法制宣传教育活动。

三、依法治理工作

（一）民主选举依法进行。需要民主选举产生的群众性组织，产生程序合法，无非法剥夺村（居）民选举权和被选举权的行为，无暴力、威胁、贿选、欺骗、伪造选票等严重破坏选举的行为，无任何组织或个人指定、委派、撤换或变相撤换村委会成员的行为，无违法罢免村委会成员的现象。

（二）民主决策科学规范。有完善的村（居）民民主议事决策制度和议事规则。村（居）民当家做主的民主权利得到保障，无侵犯民主权利行为的发生。落实“一事一议”制度，凡涉及全体村（居）民利益的重大问题，均由村（居）民代表大会讨论决定。村（居）民委员会依法办事，所作决定不与法律法规相抵触。

（三）民主管理扎实有序。村（居）民自治章程和村（居）规民约为基础的各项民主管理制度规范健全，符合宪法、法律、法规和国家的政策，并得到严格执行。村（社区）干部实行依法管理，能组织群众参与民主管理公共事务。无宗教、宗族和黑恶势力干扰村务。

（四）民主监督切实有效。设立意见箱并建有固定的室外公示栏。村（社区）干部依法接受群众监督，全面实行村（社区）委员会向村（居）民代表大会报告工作制度。村（社区）务公开制度健全并得到落实，财务收支情况每半年公布一次，其他村（社区）重大事务，应在议定或落实后两日内详实公示，群众有疑问的，村（社区）委员会应在 10 日内给予解释和答复。建立村（社区）民主监督小组、村（社）务公开监督小组，确保广大村（居）民知情权、参与权、监督权得到落实，群众满意率达到95%以上。村级财务专人负责，建立村集体经济收支审批程序，村级财务定期审计，群众对财政情况清楚、满意。

四、安置帮教、社区矫正工作

（一）按有关文件要求，严格重点人员的确定、登记和建档立卡工作，落实“三帮一”制度，做好重点人员帮教、走访、考核等工作，确保无一人脱管、漏管，无一人重新犯罪。

（二）刑满释放人员建栏立卡，解困帮扶，重点对象建立帮教小组，安置帮教档案齐全，教育效果好，无重新违法犯罪现象；暂住人口管理规范有效。

（三）社区矫正对象档案齐全、管理规范，无脱管、漏管和重新犯罪。

五、基层矛盾化解

（一）村（社区）人民调解组织网络健全，档案齐全，管理规范，措施落实，及时化解各种矛盾纠纷，纠纷受理率 100%，调解成功率不低于 98%。

（二）人民调解组织健全，措施有力，把矛盾化解在萌芽状态，做到一般民事调解不出村。

（三）村（居）民遵纪守法。无重大刑事治安案件；无民转刑案件；无集体越级上访；无重点人员重新犯罪现象；无违反计划生育法律法规现象；无其他违反法律法规的行为。

以某一社区为例，以学生小组为单位，完成一项社区治安防控建设情况的调研工作，根据调研情况和《民主法治示范村、社区创建标准（试行）》拟定一个该社区治安防控建设的整改方案；以小组为单位，探讨社区治安防控工作改进方案。

第二节 社区矫正

案例导入

社会化矫正公益模式 让矫正对象回报社会

“我一定尽自己所能，以实际行动回报社会。”沧浪区南门街道社区矫正对象张民（化名）说。今年以来，南门街道司法所推出了“因人而异”的社会化矫正公益模式，引导社区矫正对象以多种形式的公益活动回报社会，矫正对象张民是以感恩捐助回报社会的。

张民曾经是某公司老总，1994年因贷款诈骗被判无期徒刑，后因在监狱服刑期间表现较好被改判有期徒刑并减刑。2005年回归社会后的他被列入了社区矫正对象。初出监狱的张民一时适应不了现实的生活环境，对社会产生了排斥心理，再加上因他入狱婚姻破裂，即使身在熟悉的社区，张民依然感到形同监禁。为改变社区矫正对象的消极心态，南门街道司法所把矫正对象视为平等的社会成员，积极组织他们参与一些所在地社区的公益性活动，使得矫正人员能体现自我价值。张民在接受社会化矫正后表示，“刚开始矫正的时候，很怕见人，觉得自己是一个犯人，谁都看不起自己，后来慢慢地参与了社区的一些活动，发现自己对于社会还是有用的，慢慢找回了生活的信心。”

在南门街道司法所的帮助下，张民摆脱了思想包袱。在家人支持下，张民开了家商贸公司，主要经营钢材生意，公司持续稳定发展，到目前已拥有员工7名，规模也越来越大，实现了社会效益与经济效益的同步增长。今年4月，南门街道组织群众向玉树地震灾区捐款，在捐款簿上写着张民的名字。今年8月，张民主动要求资助几名辖区内的困难家庭孩子。在街道司法所和民政部门的牵线搭桥下，张民捐助了6名寒门学子，每人捐助800元，并和其中一名孩子签署了网上结对助学协议。

【思考】

（1）社区矫正的意义是什么？

（2）作为社会工作者，在社区矫正中我们可以做什么？

社区是家园，社区工作者肩负着维护社区安全的职责。社区矫正的推行，让罪犯回家服刑，行刑社会化，使社区增添了一项新的功能，即对罪犯的改造教育功能，社区矫正不可避免地成为社区工作的重要组成部分。罪犯毕竟不同程度地存在人身危险性，社区毕竟不同于监禁场所。因此，社区矫正制度，必须与维护社区安全相统一，这样才能得到广泛的社会认同，才能更好地在我国发挥作用。

一、社区矫正的含义

根据《最高人民法院、最高人民检察院、公安部、司法部关于开展社区矫正试点工作的通知》的有关规定，以下是社区矫正的规范性界定：“社区矫正是与监禁矫正相对的行刑方式，是指将符合社区矫正条件的罪犯置于社区内，由专门的国家机关在相关社会团体和民间组织以及社会志愿者的协助下，在判决、裁定或决定确定的期限内，矫正其犯罪心理和行为恶习，并促进其顺利回归社会的非监禁刑罚执行活动。”

二、社区矫正的特点

1. 社区矫正是让犯罪分子在其生活的社区服刑和改造

社区矫正与监禁矫正不同，监禁矫正是在监狱对犯罪分子进行教育改造。社区矫正则是让犯罪分子在其生活的社区服刑和改造。通俗而言，就是让罪犯回家服刑和改造。

2. 社区矫正是一种刑罚的执行方式

社区矫正并不是让矫正对象放任自流。社区矫正虽然在严厉性上与监禁矫正有所不同，但仍是一种刑罚的执行方式。在社区矫正的实施过程中，在专门国家机关的主导下犯罪人的行为仍然受到监管和控制。而监禁矫正方式则使犯罪人处于和社会隔绝的封闭环境中，对其自由予以完全剥夺。作为非监禁方式的社区矫正，则是让罪犯生活在其社区中，服刑环境是开放的，对其自由的剥夺程度低于监禁方式，属于相对剥夺。

三、社区矫正的对象

根据 2003 年 7 月《最高人民法院、最高人民检察院、公安部、司法部关于开展社区矫正试点工作的通知》、2009 年 9 月两院两部联合下发的《关于在全国试行社区矫正工作的意见》、2012 年 1 月两院两部印发的《社区矫正实施办法》，社区矫正的适用范围目前主要包括下列 5 种罪犯：

（1）被判处管制的。管制犯是指犯罪情节轻微，社会危害不大，必须进行惩处而又无须关押的犯罪分子。管制是由人民法院判决，对犯罪人不予关押，但限制一定自由，由专门机关执行，依靠群众监督改造的一种刑罚。

（2）被宣告缓刑的。缓刑是对判处 3 年以下有期徒刑或拘役的犯罪分子暂缓执行，经考验期符合法定条件而不执行原判刑罚的一种制度。

（3）被暂予监外执行的。暂予监外执行是指被判处有期徒刑或拘役的罪犯，由于出现了法定的某种特殊情形，不适宜在监狱或其他刑罚执行机关执行刑罚时，暂时采取的一种变通执行场所和执行方法的制度。具体包括：①有严重疾病需要保外就医的；②怀孕或者正在哺乳自己婴儿的妇女；③生活不能自理，适用暂予监外执行不致危害社会的。

（4）被裁定假释的。假释是对在押罪犯附条件地提前释放，经考验期符合法定条件对所余刑期不再执行的一种制度。

（5）被剥夺政治权利，并在社会上服刑的。剥夺政治权利是人民法院判处强制剥夺犯罪分子参加国家管理和政治活动权利的刑罚。

在符合上述法定条件的情况下，对于罪行轻微、主观恶性不大的未成年犯、老病残犯，以及罪行较轻的初犯、过失犯等，应作为重点对象，适用上述非监禁措施，实施社区矫正。并规定在全面试行社区矫正工作中，要准确把握社区矫正的刑罚执行性质，不得随意扩大或缩小社区矫正的适用范围。

四、社区矫正的优点

1. 成本低

社区矫正是将符合条件的部分罪犯放置在社区中，通过整合社会资源对其进行思想教育和行为约束，将监管费用分散转嫁到整个社会，由社会正常周转补给，这一制度有效减少了刑罚执行成本，缓解了监狱的压力，使监狱能够集中财力、警力、物力去矫正那些恶习较深，主观恶性较大，社会危害性较大，特别是矫正那些极端不配合改造的少数罪犯。

2. 防止罪犯间的交叉感染

执行监狱矫正的罪犯，由于环境所限，罪犯与外界相对隔绝，与社会脱离，其交流对象除了管教民警，就是同监罪犯，交流的话题滞留在过去犯罪层面，他们之间有通过对犯罪技术的交流，实现犯罪技术上的互补，出狱后可能实施更严重、更恶劣的犯罪行为。同时，因身处监狱，罪犯的婚姻家庭等权利受到相应限制。而社区矫正可以使罪犯免受监禁之苦，避免家庭、情感问题，获得情感滋养，有助于改造不良习惯。

3. 提高改造质量，使罪犯人格向社会人格回归

矫正对象必须服从矫正组织的管理和教育，感受到犯罪之后所受到的否定评价。矫正对象的人身自由虽未被剥夺，但其行为受到一定的控制，始终处于社区矫正组织和人民群众的视野之内。其行为置于监督管理之下，行踪受矫正组织掌控，有利于培养其良好的思想和行为习惯，从而不敢再以身试法。

4. 体现了对人的尊重、关怀，更人性化

社区矫正作为一种非监禁的行刑方式，充分体现了“教育、感化、挽救”的方针。社区矫正可以使罪犯全方位获得知识，提高生存能力。监狱矫正的罪犯与社会高度隔离，环境封闭，行为能力和方式高度监狱化，只能从管教民警教导或电视、电影等媒介获得一些表象知识，生存技能得不到有效的锻炼，因为长期监禁，造成监狱矫正的罪犯回到社会后相容性和适应能力变差，社会歧视明显，生活就业困难，容易积淀为新的社会消极因素。而社区矫正可以让罪犯有个自由的空间，根据自身所需，获得教育和生存技能的锻炼，保持正常人的生活、工作状态。

五、社区矫正的工作流程

社区矫正工作流程如下：调查评估（社区矫正适用调查评估）——社区矫正人员的接收——社区矫正人员的监督管理（考核奖励、异地委托管理、帮困扶助）——社区矫正人员的教育矫正（日常教育矫正、心理矫正、个案矫正、帮困扶助）——社区矫正人员的解除与终止（期满解除、终止）。图 7-1 为详细的社区矫正工作流程图。

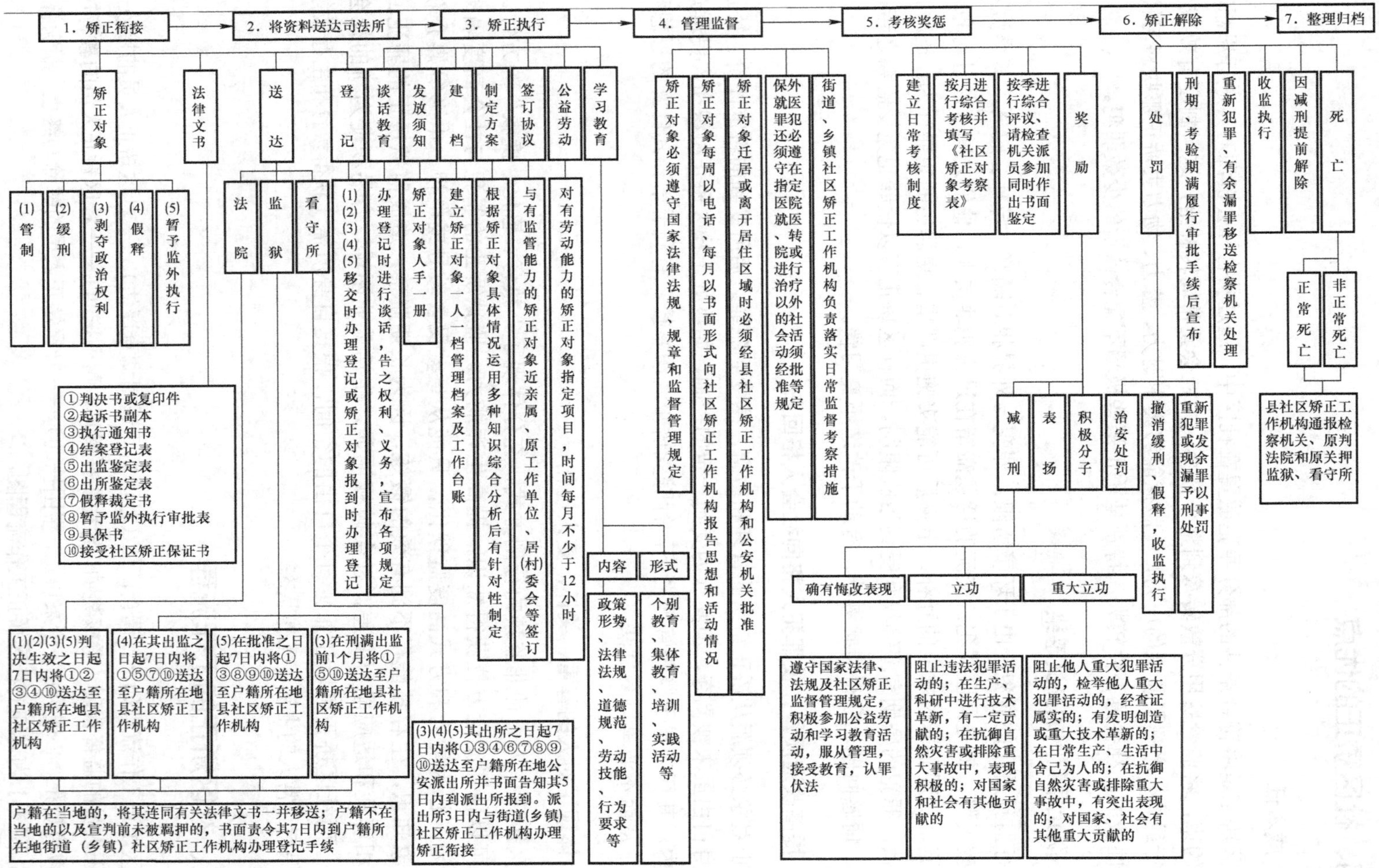

图 7-1　社区矫正工作流程图

在社区矫正的整个工作流程中，从调查评估开始到解除矫正为止，还始终贯穿着一个必不可少的环节，就是对即将或已经进行社区矫正的被告人或罪犯所开展的危险评估工作。通过危险评估可以提前预测被告人或罪犯的人身危险性或再犯可能性，从而为拟适用非监禁刑的被告人或罪犯进入社区提供参考依据，为已经进入社区矫正的人员制定有针对性的监督管理、教育矫正措施提供依据，也为解除矫正后是否成为安置帮教的重点关注对象提供依据。

矫正内容包括：①外出市区要汇报；②每周至少与社区工作人员和户籍民警交流一次；③每月交一次思想汇报；④每周参加 3 小时、每月参加 14 小时义工劳动。

六、社区矫正的手段

1. 社区矫正人员的教育矫正

根据社区矫正的不同阶段，教育矫正分为入矫教育、日常教育和解矫教育三大类。入矫教育是指矫正工作者对新接收的社区矫正人员进行 1～3 个月有针对性的教育活动。在入矫教育期间，矫正工作者应当全面掌握社区矫正人员的罪错案由、文化程度、生活和工作经历、家庭状况、社会交往等基本情况，基本了解社区矫正人员的思想动态、个性特征、心理状况等情况，告知社区矫正的性质、概念、任务、适用范围等，明确社区矫正工作的有关规定。日常教育是整个教育矫正工作的关键。日常矫正的目的是改变社区矫正人员的不良心理和行为恶习，培养健康人格，增强守法意识，提高道德修养、文化水平和劳动技能。解矫教育是矫正工作者对处于解矫前的社区矫正人员进行的，以适应社会生活为主题的，带有总结性、补课性的专项教育活动。它是教育矫正的最后一道工序，是针对即将解除矫正的社区矫正人员如何正确适应社区生活，防止重新违法犯罪而进行的强化教育。

2. 社区矫正人员的心理矫正

社区矫正人员的心理矫正是指将心理学的原理、方法和技术运用到社区矫正中，剖析社区矫正人员的犯罪心理形成的过程、原因和规律，分析他们在矫正过程中出现的各种心理问题，然后有针对性地采取心理学技术对其不良心理和不良行为进行矫正和治疗，帮助他们消除心理障碍，解除心理矛盾，促使其心理健康，重塑健全人格和提高适应社会的能力，并最终成为一个适应正常社会生活的人的一种活动。心理矫正既是人类行刑理念的改革，更是促进犯罪教育改造向科学化、文明化、人道化方向的转变，还是促进罪犯再社会化目标实现的重要手段。社区矫正作为非监禁刑罚执行活动，符合刑法文明化、进步化、人道化的标准，自然不可缺少这种以人为本，体现人性化理念的新型的、独特的矫正手段。

3. 社区矫正人员的个案矫正

社区矫正人员的个案矫正是指基于刑罚个别化原则，社区矫正机构依据社区矫正人员的差异性的犯因性问题，采用有针对性的调试、干预和治疗等技术，以实现矫正目标的专门性活动。个案社会工作是与小组工作、社区工作并列的社会工作三大直接服务方法。个案工作的特点是直接以个人或家庭为服务对象，通过一对一的直接方式给案主提供需要的帮助。其目的是帮助个人及家庭解决他们在人与人或人与环境方面遇到的困难，恢复、加强或改造其社会功能。助人自助是个案工作的本质所在。社区矫正除了单纯对社区矫正人员进行教育和监管外，更要对他们进行个别化的矫治，消除其心理障碍，纠正偏差社会行为，帮助其克服各种困难，增加社会适应能力，从而为其顺利再社会化，真正融入社会群体生活打下基础。个案工作的特点、目标及本质都是以个体化为基础，这为其介入社区矫正领域提供了可能。社区矫正可以借鉴个案工作方法为转化社区矫正人员服务。

4. 社区矫正人员的帮困扶助

社区矫正人员是罪犯，但同时也是需要社会给予特殊关爱的对象，对社区矫正人员开展帮困扶助，是为了帮助他们更好地融入社会。社区矫正人中的“帮困扶助”是对社区矫正人员监督管理、教育矫正基础上的社会适应性帮扶。在社区矫正试点实践中，各地司法行政机关在党委、政府的领导下，积极探索建立社区矫正人员就业安置、生活保障等制度，创新成立“社区矫正管理教育服务中心”和“阳光中途之家”等工作机构，构筑协调联动、有机衔接的教育管理、帮困扶助模式，取得了良好的社会效果。根据社区矫正人员面临的常见困难，社区矫正人员的帮困扶助分为生存性帮困扶助、支持性帮困扶助和发展性帮困扶助。帮困扶助对于提高矫正质量，促进社区矫正人员回归社会，降低重新违法犯罪率，具有十分重要的意义。

案例 7-2

矫正关系建立

2015 年 9 月，乔某某出狱接受社区矫正，根据“属地审查”的基本原则，社区矫正工作者与乔某某在司法所签订了《接受社区矫正保证书》，填写了相关表格，并对乔某某说明了日后接受社区矫正有关报到、思想汇报、公益劳动、奖励处分等注意事项。乔某某表示同意接受司法所监督管理，遵守相关规定，双方社矫关系基本建立。

【问题】顺利开展社区矫正的基础和前提是什么？

【提示】司法所与社区服刑人员履行相应手续，全面建立矫正关系。

拓展训练 7-2

一、基本资料

黄某，男，1986 年 2 月 6 日出生，文化程度为初中，已婚。

二、职业状况

曾经在部队服兵役，在社工的帮助下，目前在东莞市沙田镇中国石油销售公司担任保安一职。

三、犯罪情况

黄某于 2015 年 10 月 25 日被广东省增城市人民法院以交通肇事罪判处有期徒刑 3 年，缓刑 5 年（考验期自 2015 年 11 月 5 日至 2020 年 11 月 4 日）。

四、个人背景资料

（一）引发重要事件：社区矫正对象黄某于 2013 年 1 月 18 日在广深高速路上违反交通运输管理法规，发生重大交通事故，导致一人死亡，逃逸，公安机关于 2015 年 6 月 5 日在广东省博罗县将黄某抓获归案，经增城市人民法院公开审理，判处黄某有期徒刑 3 年，缓刑 5 年，现为司法所社区矫正对象。

（二）曾做出的调试及成效：案主在矫正初期从事博物馆保安工作，积极努力，暂时缓解了经济压力。同时在工作之余，学习矫正法律法规，增强守法意识，法制观念有所提高，但对亲属关系和社区矫正比较迷茫和困惑，压力较大。

（三）行为表现：案主自出事后表现得沉默寡言，和父亲经常因为小事吵架，关系僵硬，一连几天说不了几句话。即使在家也各自做饭、洗衣。案主在矫正前较为抗拒，在司法社工介入一段时间后态度慢慢开始转变，较为配合。

（四）人际关系：案主在犯案前性格开朗，人际关系良好。母亲在矫正对象服刑期间过世。后来父亲再婚，继母人较好，但和案主没有多少交流，黄某有一姐姐已经结婚。黄某的妻子自黄某出事后携带 3 岁女儿返回娘家，在医院做收银工作，独自抚养女儿，因嫌黄某没有尽到父亲和丈夫的责任而对黄某有较大怨气，暂且不愿回家居住。

（五）情绪状况：案主虽然在社工和自我的帮助下努力调试情绪，甚至通过各种方式逃避生活和心理压力，但是犯罪突发事件带来的心理压力和标签意识对案主影响较大。案主觉得对不起过世的母亲和妻儿，但又因社会歧视找不到适合的工作，加之父亲不理解，无助又迷茫。

（六）精神病史：无。

（七）健康状况：案主个人身体状况良好。

（八）经济状况：案主父亲经常赌博，经济条件较差，即使有钱也不会给黄某；继母经常做一些散工，赚钱补贴家用，此外平时在家做家务。而妻子在娘家当地工作、生活，现阶段和案主没有经济上的互助。案主每月收入 1800 元左右，还要抚养女儿，经济压力较大。案主因为犯罪历史导致博物馆保安工作也被辞退，断了经济来源，生活较为拮据，面临较大的生活压力。

（九）暴力、虐待史：案主从小到大遭受父亲打骂。

（十）支持网络：

1. 家庭环境：案主在出事前和妻子关系较好，后来因为没有尽到父亲和丈夫的责任，妻子产生怨恨，其实妻子从心里还是比较关心案主的，案主每隔一两个月也会去看望妻女，女儿带给案主较大的快乐和动力。

2. 社会环境：案主所处的社区环境不太好，之前因村委拒绝出具鉴定表导致案主失业，所以社区支持网络缺乏，但社工、司法所工作人员和案主接触之后给了他很大的鼓励和支持，案主因此也很受鼓舞。

【问题】请根据以上案例为社区矫正人员黄某制定个案矫正方案。

第三节　社区调解工作

案例导入

“午间温馨室”很温馨　调解邻里纠纷 120 起

武汉市青山区工人村街青宜居社区，利用午休时间建“午间温馨室”，以现场、电话和 Q 聊等方式，化解居民矛盾。昨日，记者到社区采访时，居民们纷纷称赞，“午间温馨室让人感觉很温馨。”

据悉，8月初建立的“温馨室”，至目前已成功调解邻里纠纷120多起，近百户“闹矛盾”的邻居，化干戈为玉帛。

9月20日下午，社区3栋一位3岁女孩乘电梯时，被猛然跳出的小狗惊吓，躲闪中撞到墙角，头部肿起大包。女孩家长下班回家得知情况，立即怒气冲冲地找到狗主人。狗主人称不是故意的，并已带女孩到医院检查，医生说只要冰敷就行。但孩子父母担心意外，坚持要做脑部CT。争吵一步步升级。社区人员上门了解情况后，把双方叫到“温馨室”，经过调解和劝导，狗主人表示愿意付费，女孩由父母带到医院再查，最终握手言和。

社区副书记刘桂华说，居委会上班时间很忙，便想到利用午休成立温馨室，并借助社区QQ群和论坛等，及时了解和调解邻里矛盾，这种方式还真不错。

【思考】

（1）社区调解有什么作用？

（2）作为社区工作者，我们从这些活动中学到什么？

一、社区调解的含义

社区调解是指在居民调解委员会和村民调解委员会等群众性自治组织的主持劝解下，以国家的法律、法规、政策和社会公德为依据，调解发生在本地区的各类民间纠纷的一种非诉讼性质的活动，又称为人民调解。人民调解是我国运用最广、最成功并深受广大群众和基层社会各界欢迎的解决民间纠纷的非诉讼方式，被国外法学界誉为“东方经验”，并在有的国家得以借鉴。

二、社区调解组织

人民调解委员会是人民调解组织，下设调解小组、调解员。我国目前已基本形成了村、居委会设调解委员会，村、居民小组设调解小组，每十户设调解员的三级调解网络。成立以老党员、老干部和德高望重的居民代表组成的人民调解委员会，经常走访社区居民，及时调处邻里纠纷、家庭纠纷，妥善解决涉及社区居民利益的突出问题。

人民调解委员会由委员3～9人组成，设主任1人，必要时可以设副主任若干人。人民调解委员会应当有妇女成员，多民族居住的地区应当有人数较少民族的成员。

居民委员会的人民调解委员会委员由居民会议推选产生；企业、事业单位设立的人民调解委员会委员由职工大会、职工代表大会或者工会组织推选产生。人民调解委员会委员每届任期3年，可以连选连任。

人民调解员是经群众选举或者接受聘任，在人民调解委员会领导下从事人民调解工作的人员。根据我国《人民调解法》第14条的规定，作为一名合格的人民调解员必须具备以下基本条件：为人公道公正，联系群众，热心人民调解工作，具有一定的法律知识和政策水平及文化水平，年满18周岁。只要具备以上条件的成年公民，不分民族、种族、性别、职业、宗教信仰等，都可以当选为人民调解员。

1. 人民调解委员会的任务

依照《人民调解法》《人民调解委员会组织条例》和《人民调解工作若干规定》，人民调解委员会的任务主要有以下3项：

（1）调解民间纠纷，防止民间纠纷激化。预防和调解民间纠纷是人民调解工作的主要任务。人民调解委员会在做好纠纷调解时，更要防止民间纠纷的激化，即防止因民间纠纷激化而导致自杀、刑事案件和群体性事件。把防止民间纠纷的激化作为人民调解工作的任务，反映了“标本兼治”的指导思想，适应了当前维护社会稳定的客观需要，体现了人民调解工作的特色和优势。

（2）通过调解工作进行社会主义法制宣传、法制教育以及社会主义道德教育。人民群众法制观念的强弱、道德水平的高低，直接关系着社会风气与治安状况的好坏。而法制宣传和道德教育是治本的工作，是预防民间纠纷发生和激化的根本对策。因此，宣传法律、法规、规章和政策，教育公民遵纪守法，尊重社会公德，是人民调解委员会的又一项重要任务。人民调解组织要充分利用其分布广、贴近群众的优势，大力开展法制宣传和公德教育。

（3）在基层组织与群众之间起到桥梁作用。人民调解委员会是基层群众自治组织，他们了解群众，与群众朝夕相处，是党和政府倾听群众意见和要求，联系人民群众的桥梁和纽带。因此，人民调解委员会应当及时向村民委员会、居民委员会、所在单位和基层人民政府反映本辖区内民间纠纷和调解工作的情况和问题；反映群众对现行国家法律和党的各项方针政策的意见和看法。这既可以使党和政府及时了解社会矛盾和纠纷的现状，加强对人民调解工作的指导管理，又能集中群众意见，促进各种规章制度的不断完善，加强社会主义民主与法制建设。同时，人民调解委员会通过调解与宣传教育活动，能及时、准确地向人民群众传递基层组织依法做出的决策及施政方针，引导群众正确理解，积极作为。

2. 人民调解委员会的工作制度

建立和完善工作制度的目的是保障、规范和促进人民调解委员会的工作，目前主要包括以下几项制度：

（1）纠纷登记制度。纠纷登记制度是指人民调解委员会对当事人的口头申请或书面申请进行登记的制度。人民调解委员会和调解小组均应设立专门的民间纠纷登记簿。对于当事人的申请调解人员应认真进行登记，登记内容应当载明当事人的姓名、性别、年龄、工作单位、家庭住址、纠纷事由，并由记录人签名或盖章，注明登记日期。对不属于人民调解委员会调解范围的纠纷，人民调解委员会登记后应注明移交的机关、承办人，并告知当事人。调解委员会将受理登记的纠纷每季度汇总后上报司法所或司法助理员。纠纷登记簿要分门别类归档并妥善保存，以便将来复查。

（2）共同调解制度。共同调解制度是指两个或两个以上的人民调解委员会依照一定程序或规定对民间纠纷进行调解的工作制度。由于民间纠纷日益复杂，有些纠纷超出了某一个人民调解委员会的管辖范围，这就需要由两个或两个以上的人民调解委员会共同调解，只有这样才能及时有效地解决纠纷。实践中，共同调解制度主要适用于纠纷当事人属于不同地区或单位，或纠纷当事人虽属于同一地区、单位，但纠纷发生在其他地区、单位的民间纠纷。

（3）回访制度。回访要有针对性和定期进行。回访内容主要有：了解协议的履行情况和影响协议履行的隐患；了解当事人特别是重点对象的思想状况、行为有无反常，对调解协议的态度、反响；有无新的纠纷苗头；对调解人员的意见和建议。

（4）民间纠纷排查制度。民间纠纷排查制度是指调解委员会根据自己辖区内民间纠纷的特点，定期进行摸底排队，有的放矢地开展调解工作的制度。调解委员会要充分利用“十户调解员”和纠纷信息员地方熟、人情熟、情况熟的特点，在辖区内逐门、逐户、逐人进行摸底排查。

（5）岗位责任制制度。岗位责任制形式多样，主要内容是“四定一奖惩”，即定人员、定任务、定指标、定制度；完成任务的得奖，完不成任务的受罚。具体的制度由各地的调解委员会根据自身特点制定。

（6）民间纠纷信息传递与反馈制度。民间纠纷信息传递分为纵向和横向两种。纵向是指将民间纠纷信息向上一级调解组织或纠纷信息中心传递；横向是指纠纷信息中心或调解组织将纠纷信息传递给基层人民政府的有关部门或共同调解的各调解组织、联合调解组织。对易激化、群体性、大型械斗应在稳定势态发展的基础上，及时报告基层政府或有关部门，特别是重点纠纷的反馈，以确保及时调解或制止事态的进一步发展。

（7）文书档案管理制度。调解委员会应设立专人负责，做好文书审查、装订。调解文书包括纠纷登记原始记录、调解笔录、调解协议书，以及对调解未成的纠纷处理意见和各种证明材料等。调解文书档案要求一事一卷，内容要符合要求，文书各卷要齐全。

三、社区调解的原则

人民调解的基本原则是人民调解组织及人民调解员在调解纠纷的工作中必须遵守的活动准则，它是人民调解工作长期积累的经验总结，体现了人民调解工作的性质、特点和根本要求。人民调解的基本原则主要有 3 项：

1. 依法原则

虽然人民调解组织和调解人员调解民间纠纷的活动是人民群众自我教育、自我管理、自我服务的自治性活动，但并不是说自治性的人民调解活动便可以无原则、无依据、随心所欲地自由进行，人民调解活动同样必须遵守特定的行为活动准则，符合当下的社会法律制度的要求。依法原则是指人民调解组织和调解人员以及纠纷当事人在人民调解过程中必须坚持的，在查明事实、分清是非的基础上，遵循一定的程序，在不违背法律、法规的强制性和禁止性规定的前提下，可以依据政策、社会公德、村规民约、公序良俗和行业习惯充分说理，促使纠纷双方当事人对争议的问题进行平等协商、互相谅解、消除隔阂，帮助当事人自愿达成协议、解决纠纷的行为活动准则。

2. 自愿平等原则

自愿原则是指人民调解组织及人民调解员在开展人民调解工作过程中必须始终遵循的依当事人意志，尊重当事人意愿，不得将人民调解组织及调解员的意志强加给纠纷当事人，更不允许采取任何强迫措施的行为活动准则。换言之，解决纠纷是否选择调解必须出于双方当事人的自愿，调解协议的达成必须出于双方当事人自愿，调解协议由双方当事人自觉履行。平等原则是指人民调解组织和调解人员在进行调解活动中活动的过程和结果都必须坚持和体现公正、正义的平等原则，不得对任何一方当事人存有歧视或偏私。

3. 尊重当事人诉讼权利的原则

尊重当事人诉讼权利的原则是指人民调解委员会对纠纷不得因未经人民调解委员会调解或者调解不成，而阻止当事人向人民法院起诉。也就是说纠纷发生后，当事人有权选择解决纠纷的方式。调解过程中，当事人有权放弃调解，而向人民法院起诉。调解达成协议后，当事人应当履行。如果当事人一方或双方不愿履行调解协议，则有权向人民法院起诉。

调解人员在工作中必须做到：不得徇私舞弊，不得对当事人压制、打击报复，不得侮辱、处罚当事人，不得泄露当事人的隐私，不得吃请收礼。调解员严重失职或违法乱纪的，由原选举单位撤换。

四、社区调解的流程

1．纠纷受理

1）受理纠纷方式：申请受理；主动受理。

2）受理纠纷的程序：接待当事人、对纠纷当事人的申请进行审查。

对下列纠纷不予受理：构成违反治安管理行为的；构成犯罪的；法律规定由有关部门处理的。

有下列情形的虽属于调解范围的，但也不能受理：已经申请基层人民政府处理或处理完毕；人民法院已经受理或正在审理的；一方当事人不同意调解的。

3）纠纷登记。

2. 调解前的准备

1）有关程序方面的准备工作：将调解日期通知当事人；确定调解主持人；将调解人员情况告知当事人，以解决回避问题。

2）调查研究、收集证据，也要收集有利于被申请人的证据。

3）对调查、收集的证据进行审查判断，进而对纠纷进行分析判断。

4）拟定调解纠纷实施方案：确定调解所要到达的目的，准备好消除双方争执的各种可行性方案、调解中当事人可能提出的问题和解决方案，调解纠纷所需要的法律政策条款。

3. 进行调解

1）调解开始前的准备：调解委员会通知纠纷当事人到指定地点按时出席，确定一人或数人调解。

2）调解开始：主要通过说服教育，耐心疏导，提高当事人思想认识，使他们互相谅解，主动达成协议。如果一方因故不能出席，应另定时间调解，不能缺席调解。

3）达成协议：调解协议书有表格式和制作式两种，基本内容如下：双方当事人的自然状况，即姓名、性别、年龄、民族、籍贯、职业（工作单位、职位）、住址；扼要写明纠纷性质、事实与经过，写明争执的焦点；详细、准确记明调解所达成协议的具体内容，履行协议的方式、期限；主持调解的人民调解员和双方当事人签名盖章；加盖人民调解委员会印章，写明调解时间。多方工作但达不成协议的为调解不成。

4）调解结束：监督协议的履行。

4．调解不成的处理办法

①告知纠纷当事人，可申请基层人民政府处理；②当事人可申请行政主管机关调解；③当事人可向有管辖权的人民法院起诉；④如果是简易经济纠纷，告知纠纷当事人，可向有管辖权的仲裁机关申请调解或仲裁。

案例 7-3

社区调解员调出邻里情

尹红珍，1965 年出生，现任常州市钟楼区勤业一社区的调解委员会主任。她从事社区调解工作以来，始终能以昂扬的斗志和饱满的热情投入日常工作，努力排查、化解社区各类矛盾纠纷，化干戈为玉帛，以实际工作促进了家庭的和美、邻里的和睦、小区的和谐。

勤业新村是个老小区，居民之间的磕磕碰碰就像风化剥落的楼房墙皮一样，琐碎而经常。家庭纠纷、养狗问题、房客和房东闹矛盾、老人赡养问题等，作为中间人，吃闭门羹、挨骂都是常有的事。对此，她做到“换位”调解，尽量不跟当事人发火，有委屈回单位再跟同事说。遇到对方拍桌子瞪眼，她也会厉声回应，不被他们吓住。因此，同事们公认尹红珍的调剂工作做得“最牛”，以至于大家不论从年龄还是心里都乐意叫她声“尹大姐”，而小区居民路上遇到她也会主动问候以示尊重。

在 2009 年的“和谐安民”工程中，社区各类矛盾凸显，尹红珍总是在第一时间深入施工现场，深入居民家中，倾听民意和民声。像芝麻大的小纠纷，她从来没有烦过，相反，她把调解当成一件乐事。尹红珍说，在社区，许多矛盾纠纷往往是由一些鸡毛蒜皮的小事引发的，如果调处不及时，就会酿成大的矛盾纠纷，甚至走向激化。因此，老百姓的事无小事。在她的 300 余起调解记录档案中，记载调解的小纠纷占绝大部分。把和睦送给别人，把幸福送给别人，这是她追求的目标。在调解过程中，她总是能做到不抛弃，不放弃，用真情，调矛盾，努力为矛盾双方拿捏，搭建平台，为平安和谐社区建设做出了贡献，社区居民称赞她为“最牛”人民调解员。

尹红珍在调解工作中寻找着生活的烦劳和快乐的平衡点，从调解工作中找到了快乐，她说，“我喜欢这个工作，看到那些曾经翻脸的和好如初，我很高兴”。

【问题】新形势下，我国的社区调解工作遇到了哪些新问题？应如何解决？

拓展训练 7-3

人民调解典型案例情景模拟

本案是一起婚姻财产分割纠纷，该案最终通过司法调解妥善处理，其作为调解典型案例的示范价值可以概括为：深入案件情节，充分发挥基层司法所的人民调解作用，本着为人民群众排忧解难的原则，妥善处理婚姻财产分割纠纷，取得了良好的法律效果。

【基本案情申请人】哈某。被申请人：陈某。2014 年 8 月中旬，二人举办了婚礼宴席，但一直未领取结婚证，因此本案视二人为同居关系，在同居过程中，哈某逐渐发现其与陈某在生活方式及性格等方面存在很大差异，难以继续生活下去。

【调解过程及处理结果】2014年11月6日，哈某就其与陈某的婚姻财产分割纠纷来到我司法所申请调解。我所调解员针对案情实际，依据相关法律法规，耐心为双方当事人做思想工作。通过我所调解员多次悉心调解，双方当事人于2014年11月24日最终达成协议：哈某一次性给付陈某玖万元整（其中包括结婚前的随礼、婚纱照等费用），双方当事人握手言和。

【案例评析】在处理该案件过程中，司法所人民调解员本着“人民调解为人民”的处理原则，发现案件的矛盾焦点，有效化解矛盾，大事化小、小事化了。尽量控制双方不要激化矛盾，促进案件的妥善解决，赢取当事人的信任，倾听当事人的心声。

人民调解员在感情上始终要贴近民众需求，真心为民，取得当事人的信任。为进一步的调解工作打好坚实的基础。

一是要亲和，要和当事人多谈心、多交心、多沟通，取得当事人的最大信任。

二是要理智，善于调节、控制自己的情绪，始终保持平和的心态。

三是要消除人民调解员和当事人的心理距离，消除当事人的抵触和防备心理。引导双方当事人“前思后想”，鼓励当事人换位思考。在调解当中要找准时机促成双方理性的对话、谈判。让双方当事人先后听取对方的陈诉和苦恼，怨气适当缓和后，再引导双方换位思考，想想自己的错误和不足之处，同时也体谅对方的难处。心理互换，让当时人双方换位思考，从对方的角度考虑问题，有效增加双方心理上的沟通，让双方能够互相谅解、转变态度。

四是发挥调解联动机制，整合社会各方面的力量。充分发挥社会力量参与调解，最大限度地争取社会力量协助做好调解工作。组织协调各部门，司法所、派出所、人民法庭之间充分协调配合，联系基层组织居委会，发挥各部门调解作用，做好人民调解工作，维护社会稳定稳定。

人民调解典型案例情景模拟具体实施如下：

（1）分小组分角色进行具体调解过程情景模拟。

（2）各组相互评价并交流心得体会。

练 习 题

一、名词解释

社区治安　教育矫正　社区矫正　心理矫正　人民调解委员会　社区调解

二、填空题

1．____是社区治安工作的核心思想。打击犯罪不仅仅是为了惩治犯罪分子，还包含着对犯罪分子的教育和改造。

2．社区矫正的适用范围目前主要包括 5 种罪犯：被判处管制的，被宣告缓刑的，____，____，____。

3．社区矫正的优点包括_____，_____，_____，_____。

4．_____是指两个或两个以上的人民调解委员会依照一定程序或规定对民间纠纷进行调解的工作制度。

5. ______是指人民调解组织及人民调解员在开展人民调解工作过程中必须始终遵循的，依当事人意志，尊重当事人意愿，不得将人民调解组织及调解员的意志强加给纠纷当事人，更不允许采取任何强迫措施的行为活动准则。

三、单项选择题

1. 下列不属于社区治安目标的是（　　）。

A．无政治案件　　B．无居民犯罪

C．无民事纠纷　　D．无集体上访

2. 社区矫正的内容不包括（　　）。

A．外出市区要汇报

B．每周至少与社区工作人员和户籍民警交流一次

C．每月交一次思想汇报

D．每周参加 2 小时，每月参加 14 小时义工劳动

3.（　　）是指基于刑罚个别化原则，社区矫正机构依据社区矫正人员的差异性的犯因性问题，采用有针对性的调试、干预和治疗等技术，以实现矫正目标的专门性活动。

A．心理矫正　B．个案矫正　C．教育矫正　D．帮困扶助

4. 人民调解委员会委员每届任期（　　）年，可以连选连任。

A．3　B．4　C．5　D．6

5. 依照《人民调解法》《人民调解委员会组织条例》和《人民调解工作若干规定》，人民调解委员会的任务不包括（　　）。

A．调解民间纠纷，防止民间纠纷激化

B．通过调解工作进行社会主义法制宣传、法制教育以及社会主义道德教育

C．为人民群众进行司法起诉

D．在基层组织与群众之间起到桥梁作用

四、简答题

1. 社区治安是什么？
2. 社区居民的治安需求是什么？
3. 社区治安的原则是什么？
4. 结合社区实际情况，谈谈加强社区治安建设的途径有哪些？
5. 社区矫正是什么？
6. 社区矫正的对象有哪些？
7. 社区矫正的手段有哪些？
8. 社区调解的原则是什么？
9. 社区调解的程序是什么？

第八章 社区文化建设

学习目标

- 熟悉社区文化的含义以及社区文化建设的内容；
- 熟练掌握社区居民文化需求评估方法；
- 掌握社区文化活动策划技巧与方法。

社区文化是社区建设的重要内容和精神支柱，它对于丰富社区居民的生活，提高社区居民的素质，促进社会的进步与和谐具有重要意义。本章使学习者通过查找文献和实地走访调查，了解文化及社区文化的概念、社区文化建设的内容，掌握社区文化建设的方法等，重点培养学习者分析社区居民文化需求、策划社区文化活动的能力。

第一节 社区文化概述

案例导入

社区“文化墙” 居民“新课堂”

据铜陵日报报道，师范附小的幸福社区，128 米长的外围墙——“雷锋墙”格外引人注目。从国家领导人对雷锋的题词到雷锋日记，再到幸福社区 11 支志愿者服务队开展的各项活动，“雷锋墙”上均有展示。近年来，该社区以优化服务为着力点，整合各类资源，创建服务平台，创新宣传载体，着力提高居民“人人为我，我为人人”的意识。如今，通过创建“雷锋墙”等各类载体，该社区工作者、居民的志愿服务意识越来越强。

该社区开设了的文明创建宣传长廊，以通俗易懂的图文宣传各类文明公约、行为准则，引导居民文明通行、节约用水、团结友爱、共创美好家园，有效提升了市民的思想道德素质。这些墙画是由社区居民和社区志愿者共同创作完成的，画面以构建和谐社区为主旋律，将文化墙与特色社区建设相结合，陶冶了居民的文化情趣，为社区增添了浓厚的文化气息。

“一个宜居的社区环境，不仅仅是指良好的生态环境，还包括了优质的文化环境。铜官山区利用社区闲置的墙面，打造出具有当地特色的‘文化墙’，极大地提升了社区文化的美誉度，为社区居民营造了良好的文化氛围，让市民形成‘文明从我做起’的意识。”铜官山区宣传部副部长、文明办主任张春霞说。“文化墙”内容涉及社区党建、争创全国文明城市、未成年人教育、身边好人、人口和计划生育、服务残疾人等多方面的内容，集公益性、观赏性、知识性、趣味性为一体，在寓教于乐中播撒文明，增添了浓厚的文化气息。今后，该区在建立长效机制的同时，将不定期更换“文化墙”的宣传内容，借助这个平台更好地服务居民，让大家都爱看社区“文化墙”。

（1）社区文化墙为什么受居民欢迎？

（2）作为社区工作者，我们从这些活动中学到什么？

一、文化的含义

文化是一个既简单又复杂，既具体又抽象的令人难以把握的概念。文化的定义纷繁复杂，迄今为止，学术界仍莫衷一是，各持一端。英国人类学之父爱德华·泰勒在 1871 年出版的《原始文化》的著作中，第一次把文化作为一个中心概念提出来。他认为：“文化，或文明，就其广泛的民族学意义来说，是包括全部的知识、信仰、艺术、道德、法律、风俗以及作为社会成员的人所掌握和接受的任何其他的才能和习惯的复合体。”这是综合性的、现象描述性的定义，泰勒指出了文化的整体性，这一点为多数人类学家所赞同，是迄今为止最有影响的文化定义。

后来，英国人类学家马林诺夫斯基在《文化论》一书中发展了泰勒的文化定义，从功能的角度进行了阐述，认为文化包括经济、教育、政治、法律/秩序、知识、巫术、宗教、艺术/娱乐等 8 个方面，并把文化进一步分为物质文化和精神文化。《大英百科全书》将文化分为两类：一类将文化等同于“总体的人类社会遗产”；另一类“是一种渊源于历史的生活结构的体系，这种体系往往为集团的成员所共有”，它包括集团的语言、传统、习惯和制度，包括有激励作用的思想、信仰和价值观，以及它们在物质工具和制造物中的体现。

在我国，学者们通常从广义和狭义的两种角度来理解文化。广义的文化是指人类创造的一切物质产品和精神产品的总和。而狭义的文化专指语言、文学、艺术及一切意识形态在内的精神产品。由于广义的文化包罗万象，并不适合文化建设需要，因此我们这里谈的文化主要是精神层面的文化。

二、社区文化的含义

文化与社区不能割裂。文化是在一定的空间范围和时间向度上生成的，社区是文化的土壤，社区结构的形成都赖于文化的制约，文化的孕育和传承又存在于社区的社会活动和生活工作之中。

由于人们的出发点和立足点不同，因而对社区文化的阐释也不尽相同，目前还未形成一个比较一致的说法。大致来看，人们对社区文化内涵不外乎 3 个解析角度：

一是广义角度，认为社区文化是社区居民在特定区域内长期实践中创造出来的物质文化、观念文化和制度文化的综合。不仅包括人们的价值结构、信仰结构和规范结构方面，也涉及了指人们衣食住行以及工作和娱乐的方式。

二是狭义角度，认为社区文化是通行于一个社区范围内的特定的文化现象，包括社区的群体意识、价值观念、风俗习惯、生活方式、历史传统、行为规范等内容，其中价值观念是社区文化的核心。

三是广义和狭义相结合的角度，认为社区文化有多重含义，最广义的社区文化几乎涵盖了社区经济和政治以外的所有社会现象，而最狭义的社区文化仅仅是指社区居民的文娱活动，包括社区居民的群众文化、体育、娱乐活动和社区教育。

不管哪一个角度，社区文化总是社区的历史和现实生活的反映，包括有形和无形两种形式，并总是这样或那样体现在社区居民和组织的行为过程之中。有形的社区文化为社区的物质文化，具体表现为社区文化设施、社区环境、社区文化活动场所等。无形的社区文化，是指人们在长期的交往与创造中形成的文化传统、风俗习惯和情感、态度与价值观等，具体表现为社区的组织结构和各种规章制度，内部的管理哲学和管理风格，群体间相互沟通的方式、相互制约的规范，社区管理者及其居民、成员单位的共同价值观念、历史传统、生活习惯、办事准则等。

三、社区文化的特点

我国社区文化是在一定的地域基础上发展起来的，它一方面秉承了传统文化特色；另一方面，随着社会主义市场经济的建立发展，又体现出鲜明的时代精神。因此，我国的社区文化既有浓厚的地域性和群众性，也有鲜明的多样性和融合性。

1. 地域性

社区是个区域性的社会，是地域文化的发祥地，是地域文化形成、保持、传承和创新的根据地，人们开始在共同的地域进行生产和生活时，必然要发生互动，必然会形成某种共同的社会心理、语言与思维方式、生活方式、价值观念、习俗、社会规范等。社区所在地区的特殊气候、特别的地貌和特有生态都会对社区文化的形成产生影响。社区文化在具体社区中形成，必然带有浓厚的地域特色，所以说区域性是社区文化最基本、最显著的特点。因为社区文化的产生是地理环境、生产方式、社会制度、意识形态和风俗习惯等各因素相互作用的结果，其发展无一不带有本社区的印记。随着这种地域性社区文化的长期发展和积淀，其地域性特点会更加明显。比如在大学校园这样的社区熏陶中的青少年往往举止文明，书卷气息浓厚，而在商业社区成长的青少年则易沾染商人气息。因此，人们身上往往被打上了所生活的环境的烙印，人们也常常根据一个人带有的文化特点去推断其生活的环境就是这个道理。

2. 群众性

社区文化是普通百姓的文化，这体现在两个方面：一方面，从个体与群体的关系来看，尽管每一个个体都对社区文化产生影响，但都不能单独代表区域群众的文化，而只有群众个体参加的文化才能构成社区文化的主流，因此从社区文化的整体性来说，它属于普通群众的文化，而不是特殊个体的文化；另一方面，从文化的主体和客体来看，文化活动组织和表现的主体都是社区群众，而作为客体的被组织者和观摩者也是社区群众，因此社区文化还是属于群众文化。社区文化是在社区群众的相互交往和相互作用过程中形成的，群众是社区文化的创造者、参与者和习得者。社区文化作为社区居民群众的普通文化，它需要居民的积极参与，只有居民参与的文化活动才能构成社区文化的主流文化。社区文化不是特殊社区成员或者某一个团队的文化，而是不同层次的社区居民在长期的生活实践中共同培养和创造的。

3. 多样性

社区文化可以说是个万花筒，在内容、对象、形式等方面都呈现出多样性的特点。从内容上，社区文化不仅包括传统的民俗文化内容，还包含现代社会的外来文化。从对象上，社区文化的创造者是社区内多种人群，他们具有不同的职业，处于不同的社会阶层。服务对象是面对社区内的所有居民，其中包括外来流动人口。从形式上，有广场文化、节庆文化、展示文化等。内容和形式的多样性，可以满足多样的居民精神文化需要，丰富居民的文化生活。

4. 融合性

社区文化的融合性主要体现在以下两个方面：一是社区内不同文化的相互融合；二是不同社区之间由于文化传播而产生的相互融合。原有的本土文化和外来文化、传统文化与现代文化，高雅文化与通俗文化等相互碰撞、融合，并且社区越开放，不同文化接触越频繁，彼此之间越出现文化的碰撞和融合，从而使文化彼此渗透，产生文化的变迁和更新，最后形成一种新的社区文化。它既保留了原有的社区文化特色，又有外来文化的特征，成为一种复合型的文化系统。正是社区文化的融合性赋予了其自身的活力，从而使社区文化呈现出多元化的格局。

案例 8-1

五湖四海结邻里，万水千山粽是情——富华社区服务中心端午节活动

2012年5月22日下午两点半，富华社区西城丰和空中花园异常热闹，从远处飘来阵阵粽叶的香味。走近一看，原来是西城丰和的业主们团聚在一起热热闹闹包着粽子。每年的端午节，西城丰和管理处都会举办活动，而今年的端午节，是由彩虹社工富华社区服务中心与西城丰和管理处联合举办“五湖四海结邻里，万水千山粽是情”端午节活动。主题反应的是我们的居民朋友们都是来自五湖四海、全国各地的来深建设者，他们走过万水千山最后相聚到富华社区，在今天，那根缠绕粽子的棕榈线同时也将西城丰和的业主们的情感缠绕在了一起，让他们感受到社区大家庭的温暖。

活动中，居民朋友们各显身手，包出来的粽子也是各有特色、各显千秋。彩虹社工们也加入到包粽子队伍当中，尝试着学习包粽子，在居民的教导下，也使粽子在手中成形。一旁的小朋友也耐不住诱惑拿起了粽叶包裹起各色的粽子馅来。

【问题】社区举办端午节包粽子文化活动有什么意义？

【提示】社区文化活动不仅具有趣味性与文化性，最重要的是提高人们的参与度和凝聚力。

拓展训练 8-1

社区文化建设现状调查

调查社区文化建设现状是最直观地认识社区文化的有效方法，一方面可以增强学生与社区居民及社区组织的沟通能力；另一方面可以帮助学生对社区文化有个感性的认识，引发学生的思考。调查社区文化建设现状主要包括：一是了解社区的文化娱乐设施情况；二是了解社区已开展的文化娱乐活动情况；三是了解社区居民参与社区文化娱乐活动的情况；四是了解社区居民对社区文化建设的看法与评价；最后撰写社区文化建设现状调查报告。

1．具体实施

（1）做好人员分工，确定拟调查的社区

首先将学生分成 4～6 人的调查学习小组，每个小组自愿或选举产生一名小组长，然后以小组为单位在学校附近选择一个社区作为调查对象，尽量让每个小组选择不同的社区。

（2）查阅文献资料，设计调查问卷或访谈提纲

通过查阅文献资料，一方面了解社区文化建设的内涵；另一方面了解前人在这方面所做的研究。然后，在此基础上共同探讨和设计社区文化建设现状调查问卷或访谈提纲。

（3）深入社区，开展调查或访谈

以小组为单位，深入社区，通过问卷调查或者访谈法，收集有关社区文化建设现状的资料。调查时，注意调查对象的选择，比如考虑不同年龄的人群、不同的社区组织等因素。

（4）资料分析，撰写调查报告

将收集的资料进行整理和分析，然后撰写社区文化建设现状调查报告。

2．重点提醒

（1）设计调查问卷或访谈提纲。一是有利于大家了解社区文化建设现状方面的研究（因为要设计问卷或访谈提纲，大家需要查阅文献和讨论）；二是为大家进入社区调查或访谈前做好准备，包括调查材料的准备、衣着打扮的准备等。

（2）撰写社区文化建设现状调查报告。调查报告一般包括社区的基本情况、被调查人的基本情况、社区文化建设现状（含存在的问题及原因分析）、社区居民对社区文化建设的期望或建议。

第二节　社区文化建设的内容

案例导入

衡水市故城县社区文化活动丰富多彩

今年以来，衡水市故城县在社区文化建设中，以“文化惠民”为突破口，通过抓队伍、建阵地、搞活动等举措，统筹整合社区文化资源，在群众家门口开展丰富多彩的文化活动。

抓主体，塑造过硬的社区文化人才队伍。该县把人才队伍建设作为推动社区文化大发展的首要抓手，不断创新思路，以党建引领社区文化，通过完善党建制度，加强队伍建设。他们根据社区居民的不同特点和业余爱好，先后组建了广场舞、太极拳、秧歌等多支队伍，参加人数多达600余人，广泛发动社区群众参与到文化活动建设中来。他们还加强社区与辖区单位、学校的联系，联手为社区文化建设出力。

抓阵地，搭建社区文化活动的载体。该县努力打造各种文化平台，在各个社区设置宣传栏、阅报栏、图书阅览室、党员电教室等，定期更换宣传专栏内容，组织党员居民认真学习，举办时事、法律、健康、科普等方面的知识讲座，广泛开展宣传阵地建设。每逢重大节日举办不同专题的文艺演出及特色活动，得到社区居民的热烈响应和踊跃参与，既丰富了社区居民的文化生活，又营造了积极向上、文明祥和的社会氛围。

抓活动，打造丰富多彩的社区文化生活。该县把社区文化活动作为社区文化建设的主要内容来抓，召开“社区敬老活动”座谈会，对各社区“模范敬老家庭”进行表彰，营造浓厚的敬老爱老氛围，传播中华民族的传统美德。举办了社区书画展、义务献血、乒乓球友谊赛、慰问老党员等活动，还利用香湖和枫尚小区临街大型户外电子显示屏，对社区居民进行文化教育，提升了社区文化建设水平。

【思考】

（1）为什么要搞社区文化建设？

（2）作为社区工作者，我们从这些活动中能学到什么？

一、社区文化建设规划

社区文化建设规划既要符合社区文化建设的一般规律，又要能够体现本区域的地域文化特色，适应本地区居民的文化发展需求。通过发展社区文化，开展文化活动，以文化交流的形式来增进居民间的团结和融合，发扬区域文化特色，维护当地的政治稳定、经济繁荣的局面，提高城区两个文明发展水平。社区文化建设规划包括目标规划、内涵规划、实施保障措施规划等内容。

1．目标规划

社区文化建设是与现代社会生活、社区精神文明建设、社区建设的其他各项工作密切相关。社区文化建设的目标是要不断完善社区文化设施建设，提高社区居民的综合素质和社区的文明程度，树立良好的社区形象，倡导一种积极、健康、向上的文化生活，在人与人之间形成具有中华民族特色的共同价值理念、文化理念，增强社区居民的凝聚力、归属感和认同感，为经济发展服务，维护稳定团结的政治局面。

2. 内涵规划

内涵规划是社区文化建设规划的主体内容，包括社区文化建设的全部内容。根据社区文化建设内容大致包括社区文体、社区科普、社区教育等方面的规划。这些方面的规划应与社区建设的总体目标规划相一致，在规划中应特别注意各部分规划之间的协调和组合。

3. 实施保障措施规划

这一部分规划主要是为了保障社区文化建设目标的实现，包括社区文化建设的体制和机制、经费使用和物质保障等，具体是指社区建设的组织体制、管理体制、参与机制、激励机制、经费来源以及物质保障等方面的规划。

二、社区文化体制

现在的社区居民委员会较以前居民委员会从内容和形式都发生很大变化，进行了重新的规划和构架。社区文化服务的形式和内容都发生了很大变化。社区文化体制建设作为组织体系的构建，不仅要满足社区文化建设发展需要，还要从体制的完善上来挖掘社区文化建设的潜力，促进社区文化的自我更新与自我调适。社区文化体制建设应该包括以下几个方面的内容：

1. 组建社区文化建设工作机构

目前城市管理体制主要实行“两级政府、三级管理”。社区文化工作机构可以以城市管理和服务体系为基础，在市、区（县）、街道设立社区文化工作的指导机构，指定专人负责社区文化工作，统筹规划、指导、支持社区文化建设；在社区普遍建立社区文化建设服务站、所，负责组建社区文体活动组织、开展社区文体、社区教育、社区科普等形式多样的活动，形成社区文化工作机构网络。

2. 培养社区文化工作者队伍和群众文化精品队伍

这是指社区要选拔或配备一批素质优良的文化工作者队伍，打造一批精品文化活动队伍，加大对社区文化工作者队伍的培训，不断提高基层文化工作者的思想水平和业务素质；改善和优化群众精品队伍，使社区群众形成共同兴趣、共同利益，增强社区居民之间的亲和力，同时使社区文化建设上档次、上规模，满足不同层次社区居民需求。

3. 鼓励和规范社区中介组织发展，支持社区文化建设

积极鼓励民办社会文化团体、文化活动协会等形式的文化类企业单位和文化经营户的发展，支持他们采取多种方式拓宽文化服务渠道，引导他们开展健康的文化活动，并对之进行规范管理。建立和完善中介组织、注册登记和监督检查等。

三、城市社区文化的运作机制

城市社区文化运作的关键是要建立一套行之有效的文化运行机制来保障社区文化工作的正常开展和不断进步。这套机制应该包括政策保证机制、制度规范机制、资金投入机制、激励机制、递次推进的发展机制，具体内容如下：

1. 政策保证机制

通过制定相应支持文化建设发展的政策，以引导、促进社区文化建设的发展。比如：房屋建设部门可以规定建设小区要为小区居民留有文化活动场所；城市规划部门可以将社区文化活动场地的规划纳入规划之中；政府文化管理机构对社区文化建设发展可以给予政策保障和支持；政府文化管理机构还可以指导社区单位的文化活动场所面向社区全体成员开放，推动社会文化资源共享的进程；政府制定社区文化发展规划和计划等，将社区文化工作纳入政府整体工作之中。

2. 制度规范机制

制定和完善社区文化基础设施管理和使用制度；制定和完善社区文化工作者培训制度；制定文化站、所、室的工作职责；制定和完善社区文化组织队伍日常管理活动制度；制定和完善社区资源的共建联建制度；制定和完善对社区文化市场的检查和管理制度等，进一步完善规范社区文化组织和活动，防止和制止各种色情、暴力、愚昧、迷信等内容的违法活动，营造健康文化等。

3. 资金投入机制

社区文化建设是全社会共同责任，对社区文化建设投入可采取以下措施增加资金投入：一是政府将对社区文化建设投入纳入年度财政预算中，并根据财政收支情况按固定比例逐年递增；二是街道、社区通过开展文化有偿服务、经营社区文化产业等“以文补文”的经营方式，增加社区文化资金投入；三是共建成员单位根据自身经营效益情况，对社区文化事业的发展进行赞助；四是有效利用资金，最大限度发挥资金的功用，建立政府、街道、社区共建单位，居民共同投入共同参与社区文化建设的资金投入和利用网络。

4. 激励机制

激励机制应该包括对内部的社区工作者、社区文化活动积极分子、共建单位及社区居民参与的激励机制。这就需要在工作中：一是揭示共同利益，加速居民群众整体凝聚力的提高，形成共同的文化趋向；二是提高文化服务质量和水平，吸引社区居民自觉参与文化活动；三是通过开展争先创优的评比活动，激发社区工作者的工作热情，激发社区文化活动积极分子的参与和创作热情，以互惠为出发点，吸引和激励共建单位加大对社区文化事业的支持力度。

5. 递次推进的发展机制

社区文化发展是一个不断完善、不断进步的过程，在实际工作中要树立发展文化精品社区意识，给实践工作者树立一个发展目标，树立榜样，能适应现代社区文化发展需要。培育精品文化社区、精品文化活动队伍、精品文化活动亮点，开辟文化建设新思路、新方法。社区要对各种文化制定不同的较为具体的质量标准，旗帜鲜明地提倡什么、反对什么、禁止什么，利用社区文化建设基金，对各类文化项目、活动择优予以支持。

四、社区文化内容

社区文化是指一定区域、一定条件下社区成员共同创造的精神财富及其物质形态，它包括文化观念、价值观念、社区精神、道德规范、行为准则、公众制度、文化环境等，其中，价值观是社区文化的核心。社区文化不可能离开一定的形态而存在，这种形态既可以是物质的、精神的，也可以是物质与精神的结合。具体来说，社区文化可以包括环境文化、行为文化、制度文化和精神文化 4 个方面的内容。

1. 环境文化

社区环境是社区文化的第一个层面。它是由社区成员共同创造、维护的自然环境与人文环境的结合，是社区精神物质化、对象化的具体体现。它主要包括社区容貌、休闲娱乐环境、文化设施、生活环境等。通过社区环境，可以感知社区成员价值观、精神面貌等外在形象。如残疾人无障碍通道设施可以充分体现社区关怀、尊重生命、以人为本的社区理念。当然，怡人的绿化园林、舒心的休闲布局、写意的小品园艺等都可以营造出理想的环境文化氛围。现在很多社区积极导入环境识别系统（CIS），用意也基于此。

2. 行为文化

行为文化也被称为活动文化，是社区成员在交往、娱乐、生活、学习、经营等过程中产生的活动文化。通常所说的社区文化都是指这一类的社区文化活动。这些活动实际上反映出社区的社区风尚、精神面貌、人际关系范式等文化特征，它如社区之“手”，动态地勾勒出社区精神、社区理想等，如广场交响音乐会、元旦千人舞会、重阳节文艺汇演、趣味家庭运动会、游泳比赛、新春长跑等。

3. 制度文化

制度文化是社区成员在生活、娱乐、交往、学习等活动过程中形成的，与社区精神、社区价值观等相适应的规章制度、组织机构等。它们对保障社区文化持久、健康地开展具有一定的约束力和控制力。制度文化可以粗略地分为两大类：一类是物业管理企业的各种规章制度，另一类是社区的公共制度。企业的规章制度和社区的公共制度都可以反映出社区价值观、社区道德准则、生活准则等。例如，奖罚分明可以体现出社区的严谨风格，规劝有加可以体现出社区的人性感悟，条分缕析可以反映出社区的细腻规矩等。为保障社区文化活动深入持久地开展下去，现在很多社区居委会都专设社区文化岗位，其工作人员专门负责社区文化活动建设工作。在引导、扶植的基础上成立各种类型的社区文化活动组织，如艺术团、协会、表演队等，同时还对社区文化活动开展的时间、地点、内容、方式、程序等予以规范。

4. 精神文化

精神文化是社区文化的核心，是社区独具特征的意识形态和文化观念，包括社区精神、社区道德、价值观念、社区理想、行为准则等。这是社区成员价值观、道德观生成的主要途径。环境文化、行为文化、制度文化都属于精神文化的外在体现。这里，特别将那些指向性强烈、精神性突出的活动等也算作精神文化建设的范畴，如社区升旗仪式、评选文明户、学雷锋演讲等。由于精神文化具有明显的社区特点，所以往往要多年积累，逐步形成。

案例 8-2

太极养生宣传活动——马王社区活动中心

为加强老人的身体素质，提高大家的精神面貌。9月23日下午2:30马王社区养老服务站在福鸽健康讲师周老师的组织下，各位老人就怎样养生和怎样学好太极进行讨论。

在周老师的指导下，我们一起学习了打太极拳的要领及知识，同时周老师还示范教大家几个简单基础的太极动作。各位老人在讲堂上认真学习要领。

太极拳是以中国传统道家哲学中的太极、阴阳辩证理念为核心思想，集颐养性情、强身健体、技击对抗等多种功能为一体，结合易学的阴阳五行之变化、中医经络学、古代的导引术和吐纳术形成的一种内外兼修、柔和、缓慢、轻灵、刚柔相济的汉族传统拳术。

【问题】社区举办太极养生宣传活动有什么意义？

【提示】社区文化活动不仅具有趣味性与文化性，最重要的是提高人们的参与度与凝聚力。

拓展训练 8-2

调查社区居民的文化需求现状，一方面可以让学生了解到社区居民的真实需要；另一方面也可以让学生了解社区文化建设的主要内容、方法以及如何运作。调查的具体任务包括：一是访谈社区居民，了解所在社区居民的文化需求；二是访谈社区居委会工作人员，了解目前社区文化建设的主要内容；三是访谈街道办事处主任及其城市社区文化工作者，了解社区文化建设在满足居民文化需求方面的所做的工作和以后工作的方向。

具体实施如下：

(1) 做好人员分工，确定拟调查的社区

首先将学生分成 4～6 人的调查学习小组，每个小组自愿或选举产生一名小组长，然后以小组为单位在学校附近选择一个社区作为调查对象，尽量让每个小组选择不同的社区。

（2）查阅文献资料，设计调查问卷或访谈提纲

通过查阅文献资料，一方面了解社区居民的文化需要的大概内容；另一方面了解前人在这方面所做的研究。然后，在此基础上共同探讨和设计社区居民文化需求调查问卷或访谈提纲。

调查时，注意调查对象的选择，比如考虑不同年龄的人群、不同的社区组织等因素。

（3）资料分析，撰写调查报告

将收集的资料进行整理和分析，然后撰写社区居民文化需求的调查报告。

第三节 社区文化活动策划

案例导入

社区文化活动开展有声有色

福利社区党委以“打造精品小区、星级社区”为主题，始终紧紧围绕“生态环保、绿色生活环境”为主旋律的文化建设，以文体活动为载体，以服务居民为根本，不断增强社区的凝聚力，社区文化工作搞得有声有色。社区现建有文化娱乐室、图书阅览室，并在辖区内分别安装了 20 余套健身器材。为丰富群众的文化活动，社区成立了老党员合唱队、舞蹈队、健身队，开放了富源小区娱乐广场，为居民开展各种文体活动提供了理想场所。社区还成立了文化活动室，每周两天对外开放。如今，社区已培养文艺骨干 60 余名，绝大多数居民常年坚持参加各种文体活动，只要走进小区处处可见居民活动的身影。早上，百草益寿苑老师深入浅出地教大家，以我之心，调我之气，强我之体，祛我之病；黄昏，富源小区舞蹈队成员们翩翩的舞姿则“营养”着过往群众的双眼；双休日，文化活动室里悠扬乐曲声回荡在社区内外。走进小区 5 号楼、7 号楼，图文并茂的宣传画让人流连忘返，难怪福利社区的居民纷纷称道：“能住在这里真是安逸、幸福。”

南地街道福利社区文化活动开展得有声有色、异彩纷呈，不同年龄段、有着不同爱好的居民都可以参与其中，体验文体活动带给人们的活力、喜悦和健康。多年来，福利社区以文化创新为动力，深入开展文化惠民工程，通过社区夏凉晚会、邻里节等展示平台，开展各具特色的文化活动，促进社区文化繁荣发展。

【思考】

（1）策划一场社区文化活动需要做哪些准备？

（2）社区文体活动如何开展才能有声有色，大众参与度高？

一、社区文化活动策划的含义

关于活动策划的含义，不同的学者从不同的角度有不同的界定。本书界定的社区文化活动策划是活动策划的一种，它是指社区活动中，为了达到弘扬社区文化、丰富居民文化生活的目的，活动策划者运用已掌握的文化资源及手段，对活动目标对象的各种因素进行分析，

优化组合和配置所拥有的各种资源，而进行的调查、研究、分析、设计并制定社区文化活动方案的行为活动。

二、社区文化活动策划的基本要素

社区文化活动策划的基本要素包含进行社区活动策划行为的主体、社区活动策划行为所指向的客体以及社区文化活动策划所面临的情境等。

1. 社区文化活动策划的主体

它是指策划活动的执行人。社区文化活动策划的主体按构成层次可划分为政府、社区居委会、社区组织、社区居民个人等活动主体。

2. 社区文化活动策划的客体

它是指社区文化活动策划所指向的对象。文化活动策划的客体既可以是客观物质世界，也可以是主观精神世界。客体必须具有相关性、对象性。

3. 社区文化活动策划的情境

它是文化活动策划的外部条件，也是文化活动策划运行的土壤。有利的活动策划情境可以对活动策划、活动运行起到促进作用，是推动活动策划顺利实现的外部因素。

文化活动策划的主体、客体与情境之间是相辅相成、不可分割的统一体。任何一项优秀的文化活动策划都是主体、客体与社会文化情境完美和谐的统一体。

三、文化活动策划的特征

文化活动策划的特征主要包括以下几个方面：

1. 文化活动策划的地域性

从整体来看，我国有 56 个民族，每个民族都有自己特有的文化风俗，不同地域聚居的群体都有自己独特的语言、饮食习惯、交往方式、生活喜好等，文化活动策划讲求融合、运用文化因素以期达到活动目标，这就要充分了解各个民族、各个地区的文化底蕴，赋予活动以鲜明的民族、地域特色。就具体某一地区而言，要充分了解该地区的人口构成，分析其需求，从而进行相应的活动策划。不同地区由于人口构成不同，文化活动策划的侧重点也大不相同。

2. 文化活动策划的经济性

文化活动策划的经济性表现在两个方面：一是活动策划给发起方带来经济效益；二是活动策划要在考虑活动的效益性的同时，最大程度降低活动成本，使得活动具有经济性。

3. 文化活动策划的实效性

根据不同的活动主题、活动目标，可以形成形式各样的活动策划。值得注意的是，不管活动策划创意程度如何、活动内容丰富与否，最终目的是要取得活动的成效。尤其是文化活动策划，由于不同群体文化认知的差异，如何合理运用文化因素进行活动策划达到预期的目标对于活动策划者来说具有一定的挑战性。

4. 文化活动策划的社会性

文化具有整合、导向、维持社会秩序以及传承等社会功能，通过受众参与文化活动，感受文化氛围、文化内涵，获得深刻的文化体验，由此，潜移默化中发挥了文化的社会功能，文化的社会性也得以体现与强化。

四、社区文化活动基本程序

社区文化活动策划是有计划、有系统并且有着自身固有的规律性的群体活动。同时，社区文化活动是一个十分庞杂的系统工程，因此活动的策划者必须预先制定一个科学合理的活动流程规划表，即活动策划实施的先后步骤，合理进行资源配置，这也是活动策划科学性的具体体现。一般来讲，一个活动从策划到实施共分为 5 个阶段，即经历前期调查分析——活动目标设定——活动方案设计——活动具体实施——评估。任何一个成功的社区文化活动都少不了这 5 个步骤。活动策划流程见图 8-1。

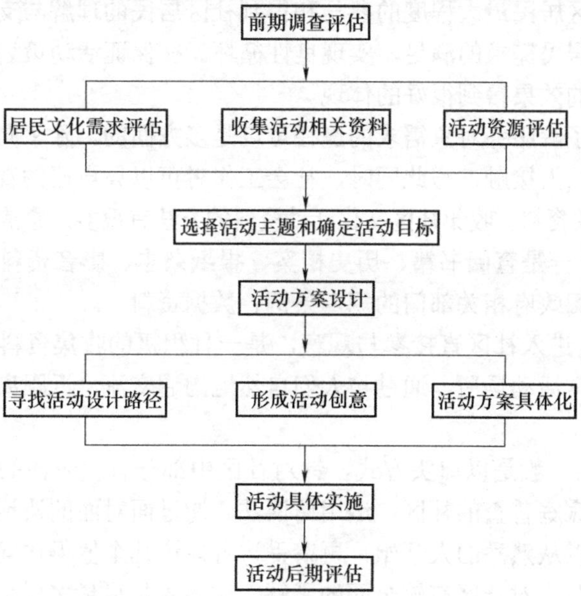

图 8-1　活动策划流程图

为了让读者比较全面地了解整个活动策划的基本流程，下面将具体介绍活动策划基本流程的内容。

1. 前期调查评估

社区文化需求是社区文化工作的重要导向，对社区文化需求的了解，可以为社区活动的开展指明方向。策划什么主题、何种类型的活动，以及如何策划活动、制定有效的活动方案都必须综合考虑内外部环境因素，做好前期的调查评估工作。活动策划不是照章办事、人云亦云。只有在进行广泛深入的前期调研、了解和评估服务对象的需求、充分掌握相关资料的基础上，才能确保活动目标的设定合乎实际、活动方案的设计合理可行，进而保证活动策划产生良好的效果。

根据中西方文化的不同，有许多不同的节日，如春节、儿童节、端午节、重阳节、中秋节、情人节、圣诞节、愚人节等。怎样根据这些不同的节日策划活动，就必须首先了解其节日的由来，以及各个国家、各个地区不同的风俗习惯。我国有 56 个民族，各个民族的文化积淀、风俗习惯不同，形成了各个民族别具特色的节日，如泼水节、古尔邦节等。每个节日都有自己特定的时间、特定的意义，不能根据我们的喜好而改变，如傣族泼水节又名“浴佛节”，实为傣族人的春节，在那天谁身上被泼的水最多，谁就是收到祝福最多的人。因此，我们在进行活动策划时，绝对不能根据传统习惯、思维模式盲目策划，而应该进行前期的仔细调查。

在前期调查研究中，主要工作有：

（1）了解和评估社区居民的需求。社区文化活动的服务对象是社区居民，它们是社区文化活动的目标群体，准确了解与分析服务对象的需求，是制定社区文化活动目标的基础和依据。为了明确社区居民的文化需求，我们需要针对其需求选择文化活动主题、设定文化活动目标，这样围绕文化活动主题与目标设计的活动方案才能更合乎实际需要。由此具体开展的活动也就能够吸引社区居民最大程度的参与和得到社区居民的理解与支持，继而推进文化活动目标的实现、社区居民需求的满足，实现良性循环。在保证活动策划合理性、科学性的同时，也使得活动策划的效果得到很好的体现。

值得注意的是，了解服务对象需求的途径可以是多方面的。除了向服务对象了解外，还可以与服务对象有关的人接触，与此同时，社会工作者可以凭自己的观察有所收获。

（2）收集活动相关资料。收集社区文化活动资料的方法有很多，通常可采用以下几种方法：

1）文献分析法。一是查阅书籍、历史档案、报纸杂志、影音资料及与活动举办方相关的内容资料。二是查阅政府相关部门的规章条例、数据资料。

2）参与观察法。进入社区直接参与观察，是一种积极的收集资料的方式。可以到社区里人民经常聚集的日常活动场所，通过与人们自然地沟通交流，近距离观察了解真实的社区居民活动状态。

3）深度访谈法。一般是以口头方式，针对社区中部分有代表性的人物收集资料，适用于较大型且较难进行家庭普查的社区。运用访谈法，通过面对面的谈话，能比较深入地了解社区的需要。访谈可以从熟悉的人开始，再请受访者建议几个值得访问的人，他们有可能是社区的领导人物，这些人对社区有较全面的了解。访谈人员尽量多样化，分布均匀。

4）问卷调查法。通过问卷调查可以全面了解社区的基本文化情况、社区活动场所情况、社区居民问题和社区文化需要状况等。问卷调查法要求调查者有一定的社区调查专业知识或者借助有关专业人员，这样得到的资料比较可信。

（3）分析活动主办方的实力。活动策划必须量力而行，只追求活动策划方案本身的“完美”而忽略活动主办方的实力，很大程度上会导致活动策划的失败。因此，对活动主办方的实力进行分析是不可或缺的一个重要环节。主要包括以下两个方面：

1）主办方的资金实力。主办方的财务状况和筹资能力反映了主办方对环境的应变能力。

资金实力雄厚、财务状况良好，有利于主办方同各方的合作，应对可能发生的风险。

2）主办方的内外部支持能力。主办方内部良好的凝聚力和向心力，以及外部的支持都是促使活动策划成功的主要因素。

一般来讲，前期的调查研究主要是对目标群体与活动举办方的调查、评估，即回答“服务对象的需求是什么”“活动举办方的实力如何”的问题。

2. 选择活动主题和确定活动目标

（1）选择活动主题。

1）社区活动选题的原则。社区活动的选题既要适应社区社会、经济、人群、文化的发展现状，又要满足居民不同层次的文化需要。

① 切合社区居民需要，体现社区服务需要。

第一，要强调先进性。社区文化活动内容要以新观念新规范为内核，体现先进活动的内在要求。社区文化活动需要特别重视学习型社区活动项目的培育，产生“雁行效应”，带动社区活动品位的整体提高。

第二，要注重层次设定及其阶段性。由于社区的成员、职业、年龄、活动等要素结构不同，社区文化活动形式的层次也必然不同。要从现有社区文化活动层次出发，从社区人文精神、活动风尚等内在品质的角度，逐步提升社区文化活动目标。层次设定与提升的阶段性，是社区文化活动选题的基本原则。

第三，要考虑综合性。开展社区文化活动要结合家庭活动、企业活动、校园活动、军营文化活动的建设，结合社区管理与社区服务体系的建设，将共建共享作为社区文化活动开展的基础。

第四，要关注特殊性。社区内的特殊群体决定了社区文化活动形式和内容的特殊性。关注特殊性，就是要因地制宜，发挥优势，扩大社区文化活动的影响力，创造独特的社区文化活动形式，满足社区特殊人群的需要。

第五，要强调广泛参与性。社区文化活动应当以社区成员的广泛参与为前提。社区文化活动的开展不是纸上谈兵，而是社区力量广泛动员、不断聚集、反复实践、逐步完善的创造过程。

② 贴近社区居民生活，各项活动特色鲜明。社区文化活动是形成社区认同感和社区归属感的主要途径，是形成社区吸引力、感化力、凝聚力和创造力的重要方法。如何设置各具特色的活动项目，充分调动居民积极性，是开展社区文化活动的关键所在。社区文化活动按照贴近社区、贴近居民、贴近生活的原则，精心筹划，力求提高群众活动的参与率。

2）社区文化活动选题的范围。社区文化活动选题的范围非常广泛，可以根据社区活动的目的、社区活动的性质、活动开展的时间频率、参与活动的主体、活动的内容等，确定社区文化活动的主题和形式，如社区广场文化活动、社区老年文化活动、社区文化共建活动等。

（2）确定活动目标。不论是什么活动都需要有一个明确的目标，有了方向才能更好地在财力、时间、活动预期等方面预算好从而完成此次活动的各种目标。作为活动设计方案的第一步，确定活动目标是进行具体活动策划的重要步骤，它为整个活动的设计指明了方向。社区文化活动目标的制定可以参照 SMART 原则。

1）S（Specific）——明确性原则。所谓明确就是要用具体的语言清楚地说明要达成的行为标准。明确的目标几乎是所有成功的活动策划的一致特点。很多活动策划不成功的重要原因之一就因为目标定得模棱两可，致使活动方案设计方向出现偏差，活动设计过散，抓不住重点。活动目标分为总目标和具体目标，要将总目标细化、具体化。例如，活动目标为“增强社区和谐、弘扬家和文化”，这种对目标的描述就很不具体，因为社区和谐有很多表现，如邻里团结、家庭和睦、居民社区参与度高、居民社区满意度高。在总目标统领下，细化的活动目标的设置要具体，这样策划者可以做到心中有数，针对具体的目标设计相对应的活动。

2）M（Measurable）——衡量性原则。如果制定的活动目标没有办法衡量，就无法判断这个活动目标是否实现。比如活动负责人有一天问“这个目标离实现大概有多远？”团队成员的回答是“早实现了”。这就是领导和下属对活动目标所产生的一种分歧，原因就在于没有一个定量的可以衡量的标准。在设计目标时要考虑到使目标具体可测量。但并不是所有的目标都可以衡量，有时也会有例外，比如说大方向性质的目标就难以衡量。

目标的衡量标准遵循“能量化的量化，不能量化的质化”的原则，使活动策划者与评估者有一个统一的、标准的、清晰的可度量的标尺，杜绝在目标设置中使用形容词等概念模糊、无法衡量的描述。对于目标的可衡量性应该首先从数量、质量、成本、时间、上级或服务对象的满意程度 5 个方面来进行，如果仍不能进行衡量，可考虑将目标细化，细化成分目标后再从以上 5 个方面衡量，如果仍不能衡量，还可以将完成目标的工作进行流程化，通过流程化使目标可衡量。

3）A（Attainable）——可接受性原则。所谓可接受性是指社区文化活动目标要能够被社区居民、活动实施者、上级领导所接受。如果策划者一厢情愿地进行活动设计，不考虑社区居民文化需要、活动操作的可行性、上级对活动策划的建议，其导致的最直接的后果是参与活动人数寥寥，活动开展失败，不仅前功尽弃，浪费大量的人力、物力和财力，满足不了服务对象的需求，甚至会让服务对象对活动实施者失去信心，影响以后活动的开展。因而，目标的设置要结合前期调研中服务对象的需求，要坚持成员参与、上下左右沟通，使拟定的工作目标在机构与目标群体、机构成员之间达成一致，制定出最合适的目标。

4）R（Relevant）——实际性原则。社区文化活动目标的实际性是指在现实条件下社区文化活动是否可行、可操作。可能有两种情形：一方面活动策划者乐观地估计了当前形势，低估了达成目标所需要的条件，以至于制定了一个高于实际能力的目标，这些条件包括人力资源、硬件条件、技术条件、团队环境因素、活动实施者组织管理能力、目标群体参与度等；另一方面，可能花了大量的时间、资源，甚至人力成本，最后确定的目标根本没有多大实际意义。

例如，机构在端午节之际，面向青年群体居多的社区举办社区居民包粽子活动，这里面存在问题包括：青年人会不会包粽子？需不需要安排人教他们包粽子？端午放假期间青年人是不是更倾向于外出游玩？如果事先没有考虑到这些因素，就有可能导致包粽子活动参与人数不多、参与者不作为，进而影响活动目标的实现，达不到预期的活动策划效果。

活动目标的实际性要求制定活动目标要得到所有团队成员的通力配合，各个成员都参与到活动目标的制定中去，既要有由上到下的工作目标协调，也要有成员自下而上的工作目标的参与，还要综合考虑各方面的因素，尤其是目标群体这一因素。

5）T（Time-based）——时限性原则。社区文化活动目标的时限性是指目标是有时间限制的。没有时间限制的活动目标没有办法评估，或带来评估的不公。目标设置要具有时间限制，根据活动内容、活动形式，拟定出完成目标所需的具体时间要求，把控活动进度，根据活动的进展状况做出适时的调整，必要时还要做好应对突发情况的准备。

3．活动方案设计

活动方案设计是活动策划的重要环节。依据前期调研结果、确定的活动主题以及制定的活动目标，尤其是根据细化的、具体的活动目标，设计相应的活动内容。活动方案要做到体现活动主题与活动目标，同时还要具备创意，能够最大程度吸引目标群体的参与，使得社区居民在活动中获得舒适、感同身受、共鸣等体验。

（1）寻找活动设计的路径。一般从以下两个方面入手：

1）从现有知识、收集的资料中获得。相关的报纸杂志和研究著作有利于我们对整个活动策划形成一个理论上的先导性认识，甚至形成初步的方案设计。比如，通过调研结果发现社区老年人生活单调乏味，缺乏关爱，决定策划以“丰富社区老年人生活，弘扬孝道文化”为目的的活动。通过资料查询、信息收集，可以进一步了解到老年群体的特点、老年阶段最突出的需求、策划老年群体活动的注意事项等，以此可以为活动内容的安排提供参考，在进行活动方案设计时可以选择举行重阳节联欢会、邻里一家亲、茶话会等内容的社区活动。

2）从国内外已有的经典案例中吸收营养。针对不同组织、不同群体的活动方案多种多样，有的活动策划是非常成功的，策划人员可以分析、总结已有的活动方案，结合目标群体的实际进行筛选，从中获得经验。

3）从相关领域或跨界领域中产生联想。活动策划本身就是集合多种学科知识于一体的综合性学科，活动策划的实践更是需要发散思维、集思广益。因而，针对某一领域专门的活动策划不能闭门造车，要善于从相关领域或其他领域中获取有效信息。

（2）形成活动创意。社区文化活动创意是策划人员对活动的总体构想，包括活动的定位、规划、组织机构、时间、地点、主题、框架、内容等，好的活动创意可以为活动设计润色、修饰。创意将初级层次的想法经过整理、筛选进而形成有结构层次的可能实现的构想。在各种策划路径基础上形成的策划创意是一个再创造的过程，是对已知信息进行增减，进行重点重塑，改变若干切入点，加上新的灵感或新的思想，进而用在活动策划上。同时，策划创意要考虑到前期调研的实际情况，围绕活动目标展开，避免“文不对题”。

（3）选择最优方案。社区文化活动策划人员要从若干个具有可行性的操作方案中，选择出最优的社区文化活动方案。值得强调的是，最优社区文化活动方案需要具备两大特点：

1）可行性。最优社区文化活动方案必须建立在可以实际操作的基础上，可行性是最优方案的基础与前提。

2）创意性。好的社区文化活动方案往往蕴含一定的创意性，有别出心裁的设计，并且这种活动设计有助于活动效果的最大化。

（4）使活动方案具体化。活动方案具体化是活动策划中最重要的一步，也是整个活动策划过程中最困难、最有意义的环节。活动方案具体化，主要是明确以下内容：活动目标、实现活动目标所需要的条件和资源、活动策略制定、活动形式、活动内容、人员与经费、活动策划方案的实施、活动日期、活动地点、活动策划方案的现场管理、活动应变方案以及活动策划方案的评估等。

在社区文化活动方案具体化的过程中，其可行性问题更加明显地突显出来。任何一个活动策划方案都会受到人力、财力、时间等因素的限制。在制定活动方案时，须重视领导意见，如果领导对于整个方案的信心不足，那么活动方案实施起来将困难重重。

同时要注意各部门之间的分工、协调与配合，策划方案如果得不到相关部门的支持与认同，在实际执行时往往会被人牵制、时时受阻。因此，策划方案必须与有关部门沟通协调，取得各个部门的认可，得到各个部门全力支持。在这个过程中还要注意各部门资源的整合，进行合理的资源链接，往往会取得事半功倍的效果。

4. 活动具体实施

活动具体实施是将活动方案付诸实践的过程，集聚了前期调研、目标设定、方案设计等一系列活动准备过程中全部的精华，凝聚了整个活动团队的心血与努力。活动实施成功与否将直接关系到服务对象需求能否得到满足、活动策划的效果如何。因而，整体活动方案要注意时间性。各项任务何时开始、何时结束，都要有相应的准备时间。

同时，也需要注意到，活动实施虽然是按照活动方案进行的，但并不意味着照章办事、一板一眼，活动实施过程要注重灵活性，尤其要沉着面对突发情况，并及时采取应对措施。

此外，有时候活动方案不断进行修改，决策层不断有新的指示。频繁修改的策划方案将会使方案无法确定，实施时间更将是遥遥无期，最终可能导致策划的失败。因此，活动创意、活动方案及活动方案的实施不能无限期地拖延。每一步骤的开始与结束均要有时间限定，只有这样才能保证策划方案实施有效、按时、保质地进行。

5. 评估

社区文化活动评估是指运用科学的研究方法和技术对活动环境、活动内容及活动效果进行系统地评价，总结整个活动策划过程，考查活动是否有效、是否达到了预期目的与目标的过程。实际执行过程中，评估是一个常常被忽视的环节，也因此常使活动面临意料之外的困境。通过评估可以考查活动效果、服务对象需求满足情况及目标的实现程度。活动的测评可以使所有参与人员从中吸取相关经验和知识并提高今后活动的策划组织能力，为策划人员改进策划水平和服务，打造活动策划品牌提供依据。对于没有参加活动策划的人员，这是一次难得的学习机会，会为将来的发展提供经验。

活动评估从类型上可以分为过程评估、结果评估和效益评估。

1）过程评估。过程评估是整个活动策划过程的监测，包括前期调研、目标设定、方案设计以及活动的实施过程的评估，它是对活动策划过程的每一步骤、每一阶段分别做出评估，关心的重点是活动策划的各种步骤和程序怎样促成了最终的活动结果。评估方法是了解和描述活动策划的内容，回答这一过程中发生了什么、为什么发生。

2）结果评估。结果评估又称效能评估，对活动结果进行评估，以了解整体情况。结果评估是活动整体运作管理中的一个重要环节。通过结果评估，可以判断该活动的整体效益如何、存在哪些问题、应该如何加以改进，或者决定类似的活动是否仍有必要继续进行。无论是对于该活动的主办方、承办方，还是对于参与活动乃至活动举办地的一般观众而言，都有着重要意义。

3）效益评估。此类评估主要检测活动的成本效益，即在一定的成本下提供服务的成果是什么。由于效益评估主要针对达成活动目标的资源成本的检测，所以效益可以作为评估方案优劣等级的指标之一。

活动评估的方法有很多种，活动目的不同往往采用的评估方法不同。评估可以帮助我们对活动做出检讨，从而使提供的服务得到改善。最终评估会以评估报告的形式呈现出来，一般社区文化活动评估报告包括对活动内容、活动形式、时间、地点、目标达成情况、社区居民满意度等的评估内容与结果。

案例 8-3

童家桥街道“感谢有你”感恩节主题活动

一、活动背景

每年十一月的第四个星期四是西方传统节日感恩节。感恩节作为一个西方节日，自传入中国以来正在被国人逐渐接受。感恩节的设立就是提醒人们永远拥有一颗感恩的心，并将感恩的精神传递给每一个人。为加强社区居民的感恩意识，弘扬孝文化，让敬老爱老的风尚在居民之间徜徉，重庆华龄软汇养老服务中心的社工借西方“感恩节”的机会，弘扬中华民族的传统美德，共建和谐社会，在社区开展“感谢有你”的感恩节主题活动。让年轻人在感恩父母给予生命并辛勤把自己抚养成人的同时体会到现在生活的幸福，感恩父母的心理；同时让老人通过游戏、互动等环节，让老人锻炼手脑，从而起到预防老年痴呆症的作用。

二、活动理论

基于社会撤离理论所提出的老年人因活动能力下降和生活中角色的丧失而愿意自动地脱离社会的观点，我们认为：

（1）活动水平高的老年人比活动水平低的老年人更容易感到生活满意和更能够适应社会。

（2）老年人应该尽可能长久地保持中年人的生活方式以否定老年的存在，用新的角色来取代因丧偶或退休而失去的角色，从而把自身与社会的距离缩小到最低限度。

无论从医学和生物学的角度，还是从日常生活观察表明，“用进废退”基本是生物界的一个规律，因此社会工作者不仅要在态度和价值取向上鼓励老年人积极参与他们力所能及的一切社会活动，还要为老年人的社会参与提供更多的机会和条件。在街道举办感恩节休闲运动会的活动，不仅为老年人提供了社会参与的条件，还丰富了他们的文化生活，这是一举两得的事情。

三、活动目的

（1）让人们知道感恩节并了解感恩节，同时营造感恩节的氛围；

（2）弘扬中华民族的传统美德，让年轻人心存感恩地去生活，让敬老爱老的风尚在年轻人中徜徉；

（3）促进家庭关系的融洽，拉近家人与老人的距离；

（4）通过游戏、互动环节，锻炼老人手脑，起到预防老年痴呆症的作用。

四、活动目标

（1）社区至少50人参与此活动；

（2）现场的老人都参与在游戏、互动环节中；

（3）参加者满意度达到90%以上；

（4）通过游戏环节，让老人们学习到用选择性重点记忆方式记忆日常生活中其他事件。

五、活动主题

“感恩有你”童家桥街道长者休闲运动会

六、活动时间

2016/11/24星期四下午2:00～4:00

七、活动地点

红岩魂广场

八、参与对象

童家桥街道长者

九、前期宣传

（1）贴宣传单；

（2）社区走访，宣传活动，发放宣传单；

（3）动员社区老人相互告知；

（4）社区居委协助宣传、邀请老人。

十、活动流程表

（1）老人到场后，主持人开始讲今天活动的流程，介绍活动的目的、各个游戏的规则及最后的奖励规则，并与老年人签订安全协议书。最后，每位老年人领取活动参与流程表，填写好自己的名字后开始进入到游戏环节。

（2）游戏环节：

1）“掷飞镖”游戏：利用飞镖扎破气球，每人5个飞镖，扎中5个气球得5个印章，扎破4个气球得4个印章，扎破3个气球得3个印章，扎破2个气球得2个印章，扎破1个气球或者1个都没有扎破的获得1个印章。

2）“夹弹珠”游戏：把弹珠从一个盘子里面夹到另一个盘子里面，按实际个数来获得印章数量。30秒钟夹出20个弹珠获得5个印章，30秒钟夹出18个弹珠获得4个印章，30秒夹出16个弹珠获得3个印章，30秒夹出13个弹珠获得2个印章，30秒夹出10个及以下的弹珠获得1个印章。

3）“套圈”游戏：把圈套住指定的物品，每人5个圈，5个圈全套中获得5个印章，套中4个获得4个印章，套中3个获得3个印章，套中2个获得2个印章，套中1个获得1个印章，没有套中也可以获得1个印章。

4）“运球比赛”游戏：4位长者两两组队进行接力运球比赛，用时较短的一组可以获得5个印章，用时较长的一组获得4个印章。

4个游戏完成后，老年人把活动流程参与表交到专门负责统计的社工手里，社工统计后，公布名次名单。

（3）感恩树：社工引导在场的长者、年轻人及小朋友在感恩树上写上自己想感恩谁的一段话，以表达自己的感恩之心。

（4）“感恩的心”手语操环节：社工带领在场的长者做“感恩的心”手语操。

（5）结束后，社工及志愿者带领参与者进行今天活动的总结、评估及领取奖品（奖品分为一等奖1名、二等奖2名、三等奖3名，其余参与者有活动参与奖）。

（6）集体合照。

【问题】童家桥街道开展感恩节活动有什么意义？

【提示】社区文化活动不仅具有趣味性与文化性，最重要的是提高人们的参与度与凝聚力。

拓展训练 8-3

社区文化活动设计方案

选定一个社区，调查该社区基本情况和都举行过哪些活动，设计一个社区活动方案。

练 习 题

一、名词解释

社区文化　行为文化　制度文化　精神文化　社区文化活动评估
社区文化活动策划

二、填空题

1．社区文化的特点有______、______、______和融合性。

2．社区文化的内容包括______、行为文化、______和精神文化。

3．文化活动策划的特征具有地域性、______、______和______。

4．最优的社区文化活动方案需要具备可行性和______。

5．活动评估从类型上可以分为过程评估、______和效益评估。

三、单选题

1．（　　）是社区文化建设规划的主体内容。

A．内涵规划　　B．目标建设

C．措施规划　　D．方案设计

2．确定活动目标可以参照 SMART 原则，S 具体是指（　　）。

A．可接受性原则　　B．衡量性原则

C．明确性原则　　D．实际性原则

3．社区文化活动策划的主体按构成层次性可划分为政府、社区居委会、社区组织、（　　）等活动主体。

A．企业　　B．社区居民个人　　C．非政府组织　　D．个体户

4．文化活动策划的特征有地域性、经济性、实效性和（　　）。

A．开放性　　B．透明性　　C．实在性　　D．社会性

5．一个活动从策划到实施共分为 5 个阶段，即前期调查分析、活动目标设定、（　　）活动具体实施和评估。

A．实验阶段　B．活动方案设计　C．试用阶段　D．结案阶段

四、简答题

1．社区文化是什么？

2．社区居民需要什么样的社区文化？

3．社区文化的特征有哪些？

4．社区文化建设的意义是什么？

5．社区文化建设的内容有哪些？

6．策划社区文化活动的注意事项有哪些？

7．结合实际，谈论居民最需要什么样的文化活动？

第九章 社区教育

学习目标

- 熟悉社区教育的概念及社区教育与正规教育的区别；
- 熟练掌握青少年社区教育的开展原则；
- 掌握开展外来人口社区教育的意义和方式。

社区教育是终身教育体系的重要组成部分，《国家中长期教育改革和发展纲要》要求“广泛开展社区教育，加强各类学习型组织建设，基本形成全民学习、终身学习型社会”。社区教育是实现终身教育的重要形式和建立学习化社会的基础，这种教育形式体现了教育发展与社区经济社会发展之间的动态平衡，发展社区教育成为教育发展的重要方向和目标，也成为推动社会发展的重要途径和手段。

第一节 社区教育概述

案例导入

天津市第十届社区教育展示周启动，掀起全民学习热潮

天津北方网讯：以“推进全民继续教育、建设学习型社会”为主题的天津市第十届社区教育展示周暨 2016 年全民终身学习活动周开幕式，日前在天津城市职业学院举行。我市有关部门、各区主管区长和居民代表 500 余人参加。

开幕式对我市当选 2016 年全国和天津市“百姓学习之星”个人和“终身学习活动品牌”单位进行表彰，举行河北区“易家园”市民学习成果认定展示以及天津城市职业学院职教集团服务终身学习展示暨教养结合老年教育学习中心授牌仪式。

据了解，本届全民终身学习活动周由天津市教育委员会主办，由天津城市职业学院职教集团、河北区社区教育工作委员会承办，各区教育局、天津广播电视大学、天津市教育委员会职业技术教育中心协办。自 2016 年 10 月 22 日开始，历时一周。将开展 6 大板块、22 项大型活动。全市 16 个区根据主题组织 200 余项普惠百姓的特色项目活动。社区学院、普通高校、中职、高职院校、社区学校组织丰富多彩的活动，与社区及周边市民交流互动，体验终身教育、终身学习。举办社区教育案例专题报道、记者采风、摄影专题报道等宣传活动，对典型人物和品牌项目进行重点报道，营造全民终身学习氛围，充分体现全民体验、全民阅读、全民学习、全民发声和全民参与“五个全民”的目标要求。

【思考】

（1）社区教育展示周启动的意义？

（2）作为社区工作者，我们可以做哪些社区教育使社区居民受益？

一、社区教育的含义

“社区教育”近些年被越来越多的人所提及。在我国，社区教育被理解为通过社区教育委员会等组织形式的协调管理，促进学校教育与社会教育相结合，以创造一种有利于市民身心健康发展的宏观教育环境为主要目的的新型教育模式。

其实，“社区教育”一词已有近百年的历史，“社区教育”（Community Education）源于20世纪初杜威的“学校即社会”的思想，而“社区教育”的概念在国际上得到正式和广泛运用则是在第二次世界大战结束之后。随着社会化大生产的发展，现代社区教育陆续出现，并不断向前推进，它起源于北欧，拓展于北美，广泛发展于东南亚和其他地区。北欧的一些国家将社区教育称之为“民众教育”，美国将之理解为“非正规的社区教育服务”，日本的“社会教育”即是“社区教育”。

结合学者们已提出的关于社区教育的5种主流观点（见表9-1），以及中国社区教育网对社区教育的定义，本书认为，社区教育是指在一定的地域范围内，以社区为基本组织单元，充分利用各类教育资源，面向全体社区居民开展的各类教育服务活动，旨在提高社区成员的素质和生活品质，促进区域经济建设、教育自身发展和社会发展，维护社区稳定和社会和谐。

表9-1 社区教育的5种主流观点一览表

观　点	学　者	分析视角	共同点
社区教育是一个教育活动综合体	叶忠海	宏观层面	社区教育的共同目标是提高社区成员的素质和生活质量、提升精神生活、维护社会稳定和社区和谐
社区教育是一种组织化的教育形态	黄云龙	宏观层面	
社区教育是一种教育活动过程	厉以贤	微观层面	
社区教育是一种一体化的组织体制	梁春涛	微观层面	
社区教育是一种文化服务和学习型活动	包国庆	宏观、微观层面	

二、社区教育与正规教育

社区教育是旨在提高社区居民素质，提升居民生活质量的教育活动。社区教育的对象是社区居民，包括已受过普通教育、获得学历文凭的居民。社区教育不仅是知识的积累和更新，更注重引导居民行为规范、文明礼貌、家庭和睦、邻里团结、互相帮扶、热心公益、安定和谐，达到国家政治要求、经济建设、社会治理的目标。国外的社区教育也包括了学历教育，如美国。而目前我国的社区教育还没有包括学历教育。

目前我国的社区教育与正规传统的学历教育是有明显区别的。

1. 组织方式

正规教育是通过由政府审批的、取得教育资格、能够颁发学历证书或证明，且国家予以承认学历的专门机构来完成。这些机构主要是各级各类的学校，也含一些研究机构，如科研院所、社会科学研究院等。这些教育机构开展的教育，是要遵循特定的程序，服从既定的规定，要经招生注册、取得学籍，并经过相应学制、年限、规定的课程学习、考试合格后，方能取得学历文凭。可以看出，正规教育是有一整套完整的运作管理体系。而社区教育是政府通过政策指导，依托相关机构，搭建平台，鼓励相关单位和个人参与的社区教育活动。在我国社会发展城市化过程中，社区教育的重要性逐渐为社会所共识，从而纳入政府的社会发展规划和战略。但具体实施社区教育的主体是多层次的，如终身教育促进委员会、社区教育指导中心、社区大学、学院以及政府各相关职能部门，如宣传、文明、司法、卫生等部门都有社区教育的职责。

2. 学习方式

目前我国的正规教育均有学制上的限制，学生必须在一定的年限内完成学业。电大开放教育的学制是最长的，但也只能保留 8 年。而社区教育作为终生教育的组成部分，对学制并不做要求，随到随学。同时，社区教育的学习方式也是多样、灵活的，不拘于上课、看书等以往的纯学习方式，还可以通过环境、景观、标语、劝导，休闲、娱乐等形式开展。“看、行、坐、念、唱、打、舞”等都是社区教育的学习方式。

3. 学习内容

正规教育的内容有严格要求和标准，教学内容是经过论证并符合国家制定的统一要求，不可随意变更或删略的，而社区教育的学习内容可以依据社区居民的要求和社区实际情况，其教育内容贴近居民的生活实际，如防盗防火知识、调整邻里关系、搞好婆媳关系、处理妯娌关系、烹饪、插花、美容、家装、养狗养花养鱼的学习内容，均可作为社区教育的内容。社区教育没有一套统一的标准大纲，没有规定的课时学习方式。当然，社区教育也可以引入规范的培训、资格认证、技能鉴定等内容，还可以宣传、推荐，协助居民参加学历教育。

4. 目的要求

学历教育是公民个人完整、系统的国民教育，培养各层次的社会主义德、智、体全面发展的建设者和接班人。而社区教育则是多为居民服务，通过学习让居民改变观念、调整心态，调适情绪、引导志趣，最终达到积极、健康、安适的生活状态。

三、我国社区教育的历史进程

我国正处于社会转型的关键时期，全面创建社区教育、建立终身学习社会、促进经济发展是非常有必要的。社区教育成为提高全民素质的一种有效途径。

我国社区教育发展大体分为 4 个阶段。

1. 起步阶段（20世纪80年代）

这一阶段开始了社会化教育探索进程，社区教育开始形成。

2. 探索阶段（20世纪90年代）

1992年上海市教育局出台了《上海市社区教育工作暂行规定（草案）》，这是我国第一个较为规范的关于社区教育的地方政府文件。1996年教育部颁布的《全国教育事业九五计划》中，首次明确提出社区教育。

3. 实验阶段（1999～2010年）

1999年国务院转发教育部《面向21世纪教育振兴行动计划》，把开展社区教育实验工作作为重点提出，至2009年全国性社区教育实验区共计136个（包括示范区），各省市级社区教育实验区400多个。2004年教育部发布《关于推进社区教育工作的若干意见》，这是一部纲领性的指导文件，对开展社区教育进行了全面部署。

4. 城乡全面展开阶段（2010年至今）

2010年国务院的《国家中长期教育改革和发展纲要》（2010～2020年）提出广泛开展城乡社区教育，标志着我国社区教育开始从实验区逐步向城乡全面展开。同年，教育部出台《社区教育示范区评估标准（试行）》，进一步推动了社区教育深入发展。

四、我国社区教育的现状

1. 社区教育国内发展现状

在我国，社区教育研究开始于20世纪80年代，该时期社区教育研究多为介绍性的描述，缺少对教育范畴以外相关概念的阐述。21世纪初，社区教育理论开始有所发展，阐明了社区教育在终身教育、素质教育和精神文明建设中的地位和作用。“九五”至“十五”期间，我国陆续出版了一批有学术质量的科研成果，主要有马叔平的《论社区教育发展模式》、厉以贤的《社区教育的理论与实践》等，都从基本理论、战略规划、宏观管理等方面概括了我国社区教育的经验、观点，并使之条理化、系统化。

2012年，教育部在杭州召开了“全国社区教育座谈会”，标志着我国社区教育实践走向了一个新的发展阶段。自此，全国各级电大，利用本身优质的学习资源、开放的教学模式、遍布全国各地的教学点，开始广泛开展我国社区教育实验研究。

2. 社区教育发展存在的问题

由于我国特有的国情条件，造成了我国区域经济发展不均衡和城乡的二元结构，使得社区教育区域之间、城乡之间同样发展很不均衡。欠发达地区没有充足的人力、物力去全面开展社区教育，形成了东部领先于中西部且城市领先于农村的畸形形态。全国社区教育目前还不是普遍开展、全面发展、全面推进的，这就造成了发达地区更加发达，落后地区愈发落后的局面。

在我国许多地方，社区教育正在当地领导的带领下稳步发展，但也存在部分地区领导干部不重视社区教育，只顾埋头求经济、政治发展。同时也存在一些创新意识较差的领导，对社区教育认识不清，比较模糊。而不少的社区居民也意识不到学习的重要性。致使许多地区物质条件提升但人民的精神层面却落后的情形。

从国外社区教育发展经验来看，他们所取得的成绩与政府部门和教育界对社区教育发展的重视和研究是分不开的。有些地区的社区教育缺乏正确的管理机制和指导，不能合理地整合利用当地资源，没有针对不同居民群体开发适合的教育方法，活动开展是盲目的，方式方法是错误的，居民参与程度不高，对参与者的素质提高也有限。教育经费也是一突出问题。《教育部关于推进社区教育工作的若干意见》提出的“国家和省级社区教育实验区应努力按照社区常住人口人均不少于 1 元的标准，落实社区教育经费”。很多地区的经费没有达到标准，更不要说去多渠道筹措经费。社区教育的一个突出特点是公益性，电大作为社区教育工作的主要服务机构，开办初期需要投入大量资金，而现实是，政府资金投入不够，电大必须自行解决有关平台开发、资源购买所需的各项资金。

当前我国社区教育理论与实践发展相对落后，一方面，社区教育工作者没有现成的、可复制的社区教育工作模式。同时他们还要承担大量的社会事务，没有相应的奖励制度，积极性不高导致相关工作难以开展。另一方面，社区工作者理论水平有限，社区教育实践的具体落实也要他们来负责，因为缺少对社区教育内涵的科学理解，他们认为开展社区教育就是开展社区活动。

与国外发达国家相比，我国的社区教育研究理论水平不高，社区教育理论研究明显落后于社区教育实践。科研和实践脱节，理论研究成果无法指导社区教育实践是社区教育发展的瓶颈。

五、持续发展社区教育

（1）政府相关部门和教育部门加强社区教育统筹规划，社区教育实验区向全国各地区普遍推广。在原有实验区的基础上，应加大欠发达地区如中西部和农村地区的比例，在建设实验区的经验方面，研究国外先进经验，结合当地特殊情况，发展有地区特色的社区教育。

（2）培养相关部门和社区居民对社区教育的意识，提升对其重视程度。社区教育具有灵活性、普遍性、适应性等特点，社区教育的推广，可以有力促进教育现代化、群众化，促进高等教育、职业教育的发展。大力发展社区教育，可以满足社区居民基本的学习需要，使就业居民丰富精神生活，待业居民增长职业技能。所以，各地党政领导干部应摆正认识，转变教育观念，加强对社区教育的学习和了解，重视社区教育。同时加大宣传力度，让社区居民认识到社区教育的重要性和必要性，提升对其的参与度。

（3）政府在社区教育的开展活动当中应当扮演领路人的角色。党政部门要不断总结经验教训，吸纳国外先进社区教育理念，促进当地社区教育管理体制的进一步完善。各地具体问题具体分析，根据自己本地情况，区分不同社区教育的内容和方法，重点关注待业人员、社区老人和孩子、农村留守人员和农村进城务工人员等弱势群体。同时以政府投入社区教育经费为主，抓紧落实多渠道筹措经费的政策方案，为社区教育的发展做好资金准备。

（4）丰富社区教育活动类型。以长春社区教育工作经验为例，他们建立了各类学习型组织，为不同群体提供学习支持服务，成立以社区干部家庭为中心的居民学习小组；成立以基层党员为中心的学习型党组织；开展以主题日为补充载体的学习专项讲座——长春全民学习大讲堂。

（5）利用高校资源提高社区教育科研理论建设。虽然国内大多数地方社区教育科研理论发展并不理想，但一些地区的社区教育科研工作也取得了较好的成绩，如成都电大申请通过了 11 个关于社区教育的校级课题，目前正在着手编写《社区教育课程指导大纲》及《社区教育概论》教材。

案例 9-1

社区教育成品牌　黄埔社区教育再获国家级殊荣

日前，经教育部组织考核、遴选，黄埔区获评第六批全国社区教育实验区。同日，永和街获评“全国社区教育示范街”。

从区教育局获悉，黄埔区社区教育充分挖掘原萝岗区、原黄埔区的社区教育底蕴，已经形成特色，此次再获国家级殊荣，将成为黄埔区推动社区教育新发展的一大契机。

据了解，我区社区教育工作从夯实基础、落实常规、打造特色、深化创建等方面着力，努力推动终身教育和学习型社会建设，不断促进公民素质方面提升和社会和谐进步，基本做到全区社区教育四级网络工作全覆盖。

区政府对社区教育的经费投入逐年增加，据不完全统计，我区社区教育人均经费投入已超过 6 元/年。我区社区教育在提高居民与企业员工素质方面发挥了良好的作用，受到基层群众的普遍欢迎，现在已经形成“社区大讲堂”与“全民终身学习周活动”等特色社区教育品牌。

“社区大讲堂”已经组建了百人志愿者教师队伍，以“引导需求”与“满足需求”为宗旨，开发了国学论坛、保健养生、医疗急救、文明礼仪、绿色生态、交通安全等专题，深入社区举办讲座，得到社区居民、企业员工、部队官兵的普遍欢迎。

【问题】社区教育为什么如此受到广大社区居民的欢迎？

【提示】社区居民从中受益，学到了实用且有价值的知识。

拓展训练 9-1

“多元排队”游戏开放自己、认清自己

1．做好人员分工，确定拟开展活动的社区

首先将学生分成 5～6 人的小组，每个小组自愿或选举产生一名小组长，然后以小组为单位在学校附近选择一个社区作为活动对象，尽量让每个小组选择不同的社区。

2．招募活动参与者

通过与选定的社区居委会联系，招募有意愿来参加活动的社区居民（最好大多数为外来人口），在社区工作人员那里做好登记。小组成员自行安排好各自的分工。

3．进入社区，开展活动

以小组为单位，深入社区，实地开展活动。具体活动规则要求如下：

活动时间：大约需要20分钟。

活动道具：无

活动场地：室内、室外均可。

活动程序：

全体参与者围成一个圆圈，大家面向圆心站立。

主持人宣布排队开始，大家根据某一特征要求调整自己的位置。在调整过程中，不允许用语言交流。

首先请大家按个子高矮排队，高个子排在主持人左边，按顺时针方向从高到矮依次排列。

第二次请大家按出生月、日的顺序排队，1月1日出生的排在主持人左边，按顺时针方向从月、日的小至大依次排列。

第三次请大家按体重排队，重量大的排在主持人的左边，按顺时针方向由重至轻依次排列。

每次排完后，都通过说出自己的身高或出生月日或体重数来检查是否有人排错了队，排错者需说明理由，大家一起帮助澄清。

4．活动总结点评

这是每一位参与者都可以轻松参与的活动，不需要与人合作，也没有竞争的压力，只要你了解自己，又能与他人作简单的交流。因为面对一个陌生的群体，想要找到自己的恰当位置，可通过观察、询问、交流等方式。游戏规定不允许用语言交流，给你设置了障碍，但努力一下完全是可以突破的，这决定于你的交往态度与技巧。游戏告诉我们，要找到自己的位置，开放自己与人交往很重要。

第二节　青少年社区教育

案例导入

翠岗社区：构建青少年成长“第二课堂”

西湖镇翠岗社区注重提升青少年科技素养，连日来，社区集聚大学生志愿者及相关机构的力量，开展了形式多样又为孩子们喜闻乐见的科普活动，成功开辟了社区青少年科普实践的“第二课堂”，受到孩子与家长的广泛好评。

据社区工作人员介绍，翠岗社区地处城市闹市区，紫薇苑、海德公园等小区居民中，除了原有拆迁安置户外，也有不少市区或外地来此购房置业的居民，此外还有外地来扬州务工的流动人口，他们的子女假期来到父母打工的城市，只能闷在出租屋里看电视，城市少年儿童丰富多彩的文化生活对他们而言，可望而不可即，这些孩子也成为行走在城市边缘的几乎被遗忘的群体。

第一次科普活动，社区请来了暑期参加社会实践的在读大学生，这些理工科大哥哥大姐姐个个动手能力都很强，十几个孩子聚在社区活动中心，聆听大学生们讲如何利用生活中的废旧物品制作台灯。

“社区开展形式多样的科普活动，意在给孩子繁重的学习生活增添亮色，同时，提升青少年对科普知识的兴趣，为他们将来打基础。”社区党支部书记赵丽表示。

【思考】

（1）社区青少年在“第二课堂”中能学到些什么？

（2）青少年社区教育中适合开展哪些方面的教育活动？

一、青少年社区教育

社区是社会的基本细胞，是青少年认识社会、亲近社会、融入社会的重要场所，社区在提高青少年的公民意识和现代素质，培养青少年的创业意识和创新能力，协调青少年与社会的各种矛盾与冲突方面，起着其他教育载体不可替代的重要作用。

青少年社区教育就是“社区组织或社区工作者依靠社区力量，整合利用社区资源，对社区内学龄青少年施以各种形式的课后教育，以真实社会生活场景中的具体活动为主要形式，引导青少年将从学校教育中获得的价值观与社会实际生活方式联系起来，通过主体参与能动地改造和探索现实世界的社会活动，使其在参与实践、感悟体验的过程中获得发展的社会教育活动或过程”。

二、开展青少年社区教育的作用

当前社会发展过程中，人们越来越注重自己所居住的社会环境，都期望所处的社会环境能为自己的发展带来积极影响。社区教育活动的开展，可以使广大居民特别是青少年获得对社区的进一步认识，加深认同感，并从中受到有益的教育影响。

（1）可以加强青少年社会归属感。青少年有青春期的躁动，社区青少年教育平台可以有效地使社区青少年之间的交流得以加强，友谊得到深化，让青少年在对社区逐渐认同的过程中找到一种心灵归属感。

（2）可以加强青少年社会责任意识。社区青少年教育活动中，随着青少年本身对社区认同感的加深，其对社会的认同感也会加深，从而社会责任意识也会得到加强。

（3）可以扩大青少年认知视域。社区青少年教育活动将全社区青少年按一定的方式聚拢，大家可以分享自己的思想和特色技能，相互学习，取长补短，进而实现认知视域的扩展。

三、开展青少年社区教育以来取得的主要成效

随着我国经济社会的发展，社区教育作为社会辅助教育已在人们的社会生活中扮演着越来越重要的角色，特别是青少年社区教育已作为学校教育的重要补充，对青少年的健康发展起着不可低估的作用。

1. 解决了青少年闲散时间的教育管理问题

例如，社区开设的“爱心家园”，主要对象就是社区内的孤儿、留守儿童及外来常住流动人口的孩子。爱心家园还专门配备了学习辅导员、保育员、炊事员及保安人员，除了提供午餐、辅导作业外，还会开展一些有益少儿身心健康的文体活动。社区创办的“快乐四点半”课堂，为双职工家庭子女或留守儿童在下午放学至晚饭时段提供志愿服务。

2. 强化了青少年的思想道德建设

社区积极开展形式多样的法制教育和禁毒宣传活动，让社区青少年参与到其中，增强他们的思想道德观念和法制意识，提高他们的自我保护意识和技能，一定程度上有效预防和减少青少年违法犯罪，树立爱国爱家爱集体的理想信念。

3. 锻炼了青少年的社会实践能力

每年暑期都有大批的大学生志愿者奔赴各社区担任社区主任助理，开展大学生暑期科普志愿服务活动，以社区多媒体办公场所为载体开设“快乐暑期吧”，集中组织辖区青少年开展机器人科普展示、模拟小法庭、趣味运动会、社区卫生整治、才艺表演、大学校园先体验、少儿绘画比赛等多项社会实践活动，为青少年适应社会提供了难得的锻炼机会。

4. 特殊青少年群体得到了帮扶

目前，部分社区有专门组织辖区志愿服务队伍，积极参青少年社区矫正工作。志愿者主动承担起协助社区矫正工作者开展青少年社区矫正的审前调查、入矫谈话、制订方案、落实措施等具体工作，进一步规范了社区矫正工作的开展。

四、青少年社区教育的开展原则

1. 青少年社区教育开展应具有开放性

开展青少年社区教育应秉承开放的理念，遵循自愿原则，社区内所有青少年都是教育对象，都可以直接参与到教育活动中。

无论是城市社区还是农村社区，社区教育活动的内容应以促进青少年的全面发展为目标，创设丰富多彩的教育内容及多样化的教学形式，进而满足青少年对文化的需求，不应该局限于单一的开发途径或方式，应尽可能地利用多种开发渠道，改善传统的学校管理模式，鼓励社区组织与社区学校或个人相结合，实行共同管理。

2. 青少年社区教育开展应具有针对性

社区工作者需主动开发与青少年兴趣爱好和性情陶冶相适应的青少年社区教育活动资源，然后对各类教育活动资源进行研究、分类，了解其性质和特点，再通过社区进行课后教育，促使学龄青少年学会做事、求知及共处，从而培养学龄青少年的创新精神、实践能力以及社会意识与社会责任感，促进青少年综合素质的有效提升。

3. 青少年社区教育开展应具有完整性

在青少年社区教育活动资源开发中，要从开发教育资源的实效性出发，在充分考虑不同年龄段青少年的生理、心理特征存在的差异度基础上，开发与学校教育和家庭教育联系紧密，符合青少年发展需要，与其学习和生活有关联的教育资源。

社区是居民们共同的家，很多居民也是青少年的家长，都有过青少年成长的经历，拥有青少年成长问题经验的话语权。这样，社区教育工作者、社区教育志愿者、社区居民就能形成完整的青少年社区教育活动资源的开发队伍。

4. 青少年社区教育开展应具有实际性

遵循实际性原则，主要表现在两方面：

（1）各社区青少年教育资源多种多样，不同的社区可开发的教育活动资源具有极大的差异性。青少年社区教育应根据实际情况，注重社区特点，打造社区特色，充分发挥地域优势，自身条件、设施、人员及文化等方面的优点，构建具有特色的教育活动模式。

（2）青少年社区教育活动的推广也要切合实际，采取示范及实验等形式逐步推进，让青少年真正参与实践活动，在动手、动脑的过程中增长知识，锻炼才干，在各种活动中学会自立、自强、自信。

案例 9-2

张泾社区“法律保护伞”为青少年护航

为增强青少年的法律意识，提高青少年自我保护能力，10 月 22 日，张泾社区举办了一场青少年交通安全法教育活动。活动由苏州工业园区童行青少年成长中心组织开展，经过社区宣传通知，现场共来了 17 名青少年，并有 13 名家长陪同参与。活动通过游戏热身、场景模拟、知识问答等多个生动有趣的环节，让在场的青少年在玩中学、在学中会。

活动开始后，经过“击鼓传花”的热身游戏，让彼此迅速熟悉了起来。通过视频的观看与学习，知识问答环节也是精彩纷呈，回答正确的小朋友都会接受大家的鼓掌并获得小礼品。为了更好地将学习内容应用起来，活动安排了真实场景模拟，由两名小朋友扮演交通警察，其他小朋友扮演行车司机，让大家更好地理解了交通法规。活动中，家长们看到孩子玩得开心、学得认真，都纷纷表示非常欣慰，希望有机会多参加这样的活动。

此次活动是张泾社区党组织为民服务项目——“法律保护伞”青少年普法体验营的活动之一，作为第一次活动也标志着张泾社区党组织为民服务项目的正式启动。

【问题】社区开展青少年法律宣传活动有什么意义？

【提示】社区文化活动的形式不仅具有趣味性与文化性，最重要的是提高人们的参与度与凝聚力，使青少年们在娱乐中学习。

拓展训练 9-2

四点半课堂辅导

四点半课堂是为解决社区的学龄儿童平时在学业上的困惑，提供课业辅导的一种常规性服务活动。一方面可以为小朋友提供作业辅导；另一方面可以减轻家长的负担。还可以让学生了解家长和老师的不易，从而更加珍惜难得的学习机会；锻炼学生的组织、协调、应变和口头表达能力。

具体实施如下:

1．做好人员分工，确定拟前往的社区

首先将学生分成 4～6 人的辅导小组，每个小组自愿或选举产生一名小组长，然后以小组为单位在学校附近选择一个社区作为活动开展对象，选择一个社区即可。每个小组社区进行一次课业辅导。

2．查阅相关课程资料，确定辅导提纲

通过查阅课程资料，小组组长带领小组成员确定辅导方向，并确定辅导提纲。每个小组的辅导提纲不能相同。

3．深入社区，前期宣传，招募课业辅导小组成员

以小组为单位，深入社区，宣传招募课业辅导小组成员。有意愿参加的学龄儿童，其家长可到社区居委会办公室进行登记报名，并向社区居委会确定开展的场地。

4．进入社区，具体开展课业辅导

根据社区实际情况，结合每个小组确定的辅导提纲，提前通知已登记的学生家长告知辅导时间。第一次告知其家长和孩子，必须要遵守课业辅导的相关制度。每周开展两到三次课业辅导。

5．总结评价效果

每个小组结合自己小组开展的情况，总结每次活动的效果，并对活动进行评价，形成总结报告。总结可以包括社区学龄儿童的实际情况、小组成员的感受，以及建议应该注重哪些青少年社区教育的内容。

第三节 外来人口社区教育

案例导入

兰州张家园社区开展流动人口“三送”服务活动

据兰州日报报道，随着城市化的快速发展，越来越多的农民进城务工，与我们生活在同一个屋檐下，为建设美丽新兰州出策出力。为了更好地落实流动人口服务工作，让进城务工人员感受到不是亲人胜似亲人的温暖和关爱，张家园社区计生协会严格按照酒泉路街道卫生计生服务中心要求部署，在辖区开展了流动人口“三送”服务活动。

社区网格楼院长对辖区的流动人口逐一进行入户走访，登记人口信息，建立流动人口信息台账，并不断完善和更新。由于随迁妇女和老人长期忽视身体健康，社区计生协会与辖区卫生服务中心、城关区妇幼保健院、爱心医院东亚五官科医院联系，为流动妇女提供免费的“两癌筛查”“孕前优生优育检查”“五官检查”，并且为流动人口建立了健康档案，同时还邀请医院工作人员为流动人口进行生殖健康、养生常识、母婴保健等专题讲座。同时，社区为丰富外来务工人员送去温暖的精神生活，节假日定期举办各种主题的文化娱乐活动，通过社区搭建的平台使他们能够和更多的人沟通交流，认识新的朋友，学习新的才艺，真正地融入社区大家庭。

【思考】

（1）社区对外来务工人员开展“三送”服务活动有何意义？

（2）作为社区工作者，你觉得外来务工人员最需要社区给予怎样的服务？

一、外来人口的含义

外来人口是指现住地与户口登记地不一致的人，具体讲就是指那些现居住在本市半年以上但其户口登记在外省市的人口。外来流动人口，一般是指从外地流入城市，在城市中就业和居住，但不具备所居住城市户口的人。其中，外来务工的农民占了绝大多数，本节主要以针对外来务工的农民工的社区教育为例。

中华全国总工会在 2010 年《关于新生代农民工问题的研究报告》中提到，认为新生代农民工是出生于 20 世纪 80 年代以后，年龄在 16 岁以上，在异地以非农就业为主的农业户籍人口。其中也包括了从小跟随父母在城市长大的“农二代”与在农村长大的新进城青年务工农民。

随着我国经济的不断发展和城市化进程的加快，进城务工的农民也越来越多，其中 1980 年之后出生的外出农民工，通常被称为“新生代农民工”，已逐渐成为城市流动人员的主体，在城市发展和建设中起到了至关重要的作用。

2010 年 1 月，“新生代农民工”这一词汇首次被写入“中央一号”文件中。由此可见，党政府对新生代农民工问题十分重视。据人力资源和社会保障部统计，在 1.45 亿外出就业的农民工中，大约 1 亿是 20 世纪 80 年代、90 年代出生的新生代农民工，占 60%以上。不难看出，新生代农民工在我国城市建设中已占据主力军的位置。文件中还首次提出要“着力解决新生代农民工问题”，并且要求“统筹研究农业转移人口进城落户后城乡出现的新情况新问题”，这也是“新生代农民工”第一次出现在党的文件中。因此，新生代农民工也作为本节的主要讨论对象。

二、外来人口的现状

新生代农民工基本上没有务农经验，也不像他们的父辈一样具有十分能够吃苦耐劳的精神，他们大多是从学校毕业后直接进城打工的，其受教育程度要远高于老一代农民工。

据统计显示，他们当中已基本消除文盲，平均受教育年限提升至 9.8 年，大学生所占比例超过 5%；因而，在城市融入过程中，他们的行业和职业有明显提升，不断向制造业集中，46.3%的新生代农民工是产业工人，比老一代农民工高出 10 多个百分点。新生代农民工大多没有来自家庭的负担，他们在城市融入过程中更关注未来的发展空间、工作环境与福利待遇。新生代农民工向往城市生活，期望得到社会认同，对于在城市安家落户的渴望远高于想要衣锦还乡的父辈们。但他们中的大多数仍旧生活在城市底层，面临着诸多生活困境与发展障碍。新生代农民工中的大多数并不认同自己的农民身份，而更倾向于认为自己是产业工人。他们的社会网络仍建立在同一群体之上，很少与城镇人有密切的交往互动。新生代农民工虽然受过一定教育，但大多缺乏专业技能，在劳动力市场上缺乏竞争力，许多企业在招工时还对他们实行“同工不同酬”，以至他们收入微薄。在子女教育、医疗、社会保障等基本需求上，无法享受市民待遇。新生代农民工的政治权利也常常被忽视，得不到实际保证。总之，新生代农民工融入城市的主观愿望、外部环境和自身能力之间的不平衡使他们面临着巨大挑战。

三、外来人口融入城市的主要障碍

1．客观方面

（1）低保障，忧未来。外来的农民工就业能力差，文化水平较低，初中以下占绝大部分，没有一技之长，整体素质偏差，多以最简单的体力劳动为生，部分农民工只能靠打短工维持生活，甚至有人没有任何的就业机会。在一些二三线城市，外来的农民工社会保障的不健全、不完善成为很大的问题。在一些省份，农民工在养老、医疗、失业等三项主要保险中，仅医疗保险加入率较高达 70%，拥有养老保险的不到 20%，10%以上的人没有任何保障。从已经建立养老保障制度的地方看，保障方式千差万别，资金筹资模式不尽相同，标准高低不一，效果更是参差不齐，生活无着，令人担忧。如果没有相应的社会保障，农民工的最低生活难以保证，必将影响社会稳定。另外，在城郊新生代农民工子女择校入学的问题上，虽然户籍问题已基本解决，但农民工子女与其他城市中长大的孩子相比，教育基础差距明显，新群体的融入成为困扰家长的重要问题。生活无着落，未来陷入迷茫。

（2）高支出，低收入。来城市务工以前，农民工大多靠种田或打工为生，收益虽然不多，但收入基本稳定，生活无忧。对多数家庭而言，进城务工之后，大部分生活用品包括粮食都需要购买，生活成本大增。城市的消费水平和生活开支越来越大，物业费、水电费、煤气费、社保费、医保费、子女就学费、生活费等各种费用需要支付。表面上看，农民工住进了高楼，成了社区居民，居住条件甚至优于一些城市居民。另外，大多数农民工由于缺乏相关劳动技能，或者在城市中难以寻找到适合自己的工作，或者工作环境比较差，待遇比较低。虽然生活环境改善了，但这样高支出、低收入的现实环境却着实让农民工心理压力比以前增大了。

（3）住远郊，缺认同。大多数农民工居住的小区地处偏远，配套服务较差。与其他城市社区相比，这些农民工小区的商业、教育、卫生等配套设施层次不高，明显的差距让农民工显得格格不入。不少农民工进城后，仍习惯于过往的乡村社会及熟人交往模式，主要是些亲戚或者同地方的老乡为主，也难以真正融入整个城市生活圈，没有城市的归属感和认同感。使得这些生活在城市里的农民工与城市社会相隔离，仍然生活在和自己类似的群体当中，过着“村落化”生活。

2. 主观方面

（1）文明素质堪忧。有些农民工在公共场合、公共出行中的不文明习惯同样令人担忧。公共场合大声说话，公共场所乱扔垃圾、烟头、随地吐痰，过马路不走斑马线，不爱护公共设施等，如此种种城市建设中的不和谐现象，让管理者非常头痛。虽然这些现象不完全都是出于他们行为，但不可否认的是，农民工的确是这些不文明现象的多发群体。而由于晕轮效应和刻板效应，来自周围人的责难和负面评价，使农民工更难以融入城市之中。

（2）办事方式沿袭土办法。生活环境改变了，但大多数农民工仍沿用老办法办事，并未随着生活环境的变化而有所改变。由于城市人口的流动性和离散性，城市成为影响最大、改变最大的区域。而在农村，宗族、地域关系依旧维系，人情依然浓厚，认为在城市里事情的解决仍然要依靠关系靠人情，看病需要递红包、需要请客吃饭等。

（3）法制意识淡薄。农民工法律意识淡薄，主要有3方面表现：一是在找到工作时往往没有签订劳动合同和就业合同的习惯，导致在发生事故损害到自身利益时难以追责。二是农民工无论在劳动关系中还是在生活中，不清楚自身享有哪些权益。作为劳资关系中弱势的一方，其权益往往是最容易被侵犯和损害的。三是农民工在工作中迫于压力往往选择忍气吞声，或者选择私下解决。忍气吞声、私下解决，这就给不法分子留有了可乘之机。

（4）部分人公德意识不强。社会公德意识是规范人与人之间在社会公共生活交往领域中行为的规则意识。随着传统社会向现代社会转变，人们的公共交往领域在不断扩展，人际交往半径大大突破了以往的地域限制。农民工在告别了独栋独院之后，其交往领域已经开始向半熟人社会或陌生人社会关系转变。在城市社区这些人群高密度集中的地方，大家共享公共设施、公共资源，共享蓝天绿地，一个人的行为往往会影响很多人。然而，城市社区中公共绿地的破坏，高空抛掷垃圾的屡禁不止，凸显了部分农民工公德意识的缺乏。

四、社区教育在解决外来人口融入城市中的作用

社区教育可以通过对农民工进行职业技能培训，增强其在城市工作的竞争力，通过讲授城市现代意识和文明行为，培养其在城市生活所需的意识与习惯。社区教育可以帮助农民工和城市居民了解彼此的文化差异，打破文化的隔阂，有利于发展彼此间的正常社会交往。因此，大力发展社区教育，可以增强农民工的竞争力，培养其在城市的归属感，对促进其融入城市意义重大。

1. 提高农民工就业技能的理想方式

随着城市中的工作岗位对劳动者的技能要求越来越高，新生代农民工在受教育程度上比上一代有较大提高，但是对于城市中一些收入较高的白领岗位和技术岗位，农民工还是会受到学历和技术的制约，一般难以胜任。再有，当下不少新生代农民工更注重自己的劳动权益和劳动价值，对收入不高、工作强度大的普工岗位，往往并不愿选择，他们更希望有渠道能够学习新的知识、掌握新的技能，以获得更好的工作机会。社区教育具有成本低、灵活性高

和实效性强等特点，就很适合开展大规模的农民工培训，在提升农民工就业技能上也有突出的优势。社区教育在小区域范围内开展就业技能培训，农民工可以就近参加，减少了交通与食宿的费用，为农民工降低了生活成本。同时，社区教育学习时限比较灵活，能给学员合理安排时间提供选择空间，使农民工工作学习两不误。另外，社区教育内容安排上注重实效，在较大程度上能满足农民工就业指导和技能培训的需求。

2．增强农民工城市适应性的重要途径

虽然新生代农民工与上一代农民工相比对城市的生活更为适应，但相对于城市居民仍然有不少差距，大多数新生代农民工觉得自己不能真正融入城市。社区教育为社区居民开展各种教育活动，为学员提供了教育、社交和文化活动的机会，参与者没有年龄、身份和地位的限制，大家可以一起自由、平等地接受教育。通过社区教育平台，就能让农民工有机会接触更多的城市居民，和他们一起学习、交流。农民工身处社区这样一个大家庭中，与城市居民一起学习交流的同时，使双方了解彼此的生活习惯，缩短彼此的心理距离，建立相互理解与信任的关系。因此，社区教育不仅可以提高农民工的文化素养，还可以增强农民工对城市的适应性，帮助其融入城市。

五、社区教育对外来人口融入城市的优势

社区是人类生活的共同体，是构成社会的基本单元，也是农民工进入城市后参与社会活动的首要场域。社区教育是社会教育系统的组成部分，其教育内容和形式也符合农民工的教育诉求，因此在提升农民工自身素质、消解内在问题方面，社区教育比其他教育形式更具优势。

1．社区教育是社会教育系统的组成部分

社区教育作为社会教育的一个重要组成部分，和学校教育、家庭教育一并构成了整个社会比较完整的教育体系。农民工已走出校门，再回到学校接受城市适应方面的系统教育不现实；也无法从家庭中学习到适应城市生活的习惯与技能。因此，能帮助农民工融入城市生活的只有社区教育。

2．社区教育的宗旨是促进人的再社会化

社区教育的宗旨在于建设社区、发展社区、消除社区的社会问题，全面提高社区成员素质和生活质量，促进人的再社会化。对农民工的再教育，是需要终身的、全面的教育，这恰好是社区教育的优势所在。因此，将农民工的城市融入问题纳入到社区教育中来，就再合适不过了。

3．社区教育的特点符合农民工的教育需求

融入城市生活，需要农民工提高自身的文化素养与职业技能，还要改变原有的生活方式、价值观念等。社区教育的最大特点就是服务性、普及性、多样性、开放性以及灵活性，这些特性都比较符合农民工再教育的特殊要求。同时，社区教育对学员收费较低甚至有可能是免费的，不会对收入偏低的农民工造成过重的经济负担。此外，社区教育灵活的教学管理、不

拘一格的教育内容和教育形式以及以实际、实用、实效为立足点的办学理念等可满足农民工的不同教育需求。

六、外来人口的社区教育

要解决好外来务工农民工的城市融入性问题，仅仅塑造外部环境是不够的，还需要农民工自身素质的提高，完成从农民到市民的角色转换，并最终融入城市生活。

1．进行技术能力的教育，提高生存能力

进城农民工往往依靠体力去从事脏、累、差的职业，以填补城市在这些行业中劳动力的短缺，但这并不利于他们在城市的生存和稳定的生活。随着我国城市产业结构的调整，对劳动力素质提出了更高的要求，而农民工的劳动力素质远不能满足这种要求。因此，大力加强技术能力的培训与职业教育，尽可能提高农民工的各种工作技能和文化水平，才能使他们适应城市的经济活动。

2．进行行为规范教育，提高规则意识

行为规范主要是指日常行为规范、道德规范、规章制度与法律规范。在农村，规章制度与法律规范相对弱化，人们的行为主要受乡规民约、风俗习惯的约束。在城市，人们几乎在生活、工作的每个区域都会受到相关的成文或不成文的行为规范的约束。上下班、吃饭、休息、娱乐、交往有城市的一些习惯和时间限制；在公共场合，有相关惯例和时间限制，如不准吸烟、不准随地吐痰、不准大声喧哗、大街上要遵守交通规则、上车要排队等。法规规范方面，对于农民工来说，一方面要熟悉并严格遵守相关法律，另一方面要能够应用法律武器来维护自己的权益。城市行为规范几乎渗透到生活的每一个领域，社区就得积极开展行为规范的培训与教育，让农民工熟知相关的规范要求，提高他们的规则意识，使他们自觉地改变原有的旧习惯，遵守城市规则。

3．进行市民观念的教育，增强城市公共产品的保护意识

大多数农民工初到城市都具有“过客”心态，只有陌生人的感觉，认为城市再美丽、建筑再雄伟、环境再干净，那也是城市人的城市，与自己没有关系。而且农民工往往缺乏对于城市公共产品的保护意识。所以，城市中的居民才会排斥进城农民对于公共产品的使用，难以接受进城农民和他们共同生活在一个环境中。当农民工进入城市的时候就必须改变原有的意识，注意对于公共产品的保护。因此，社区要利用其对农民工再教育方面的优势，提高农民对公共产品的保护意识，使他们尽快地融入城市生活。

4．转变城市居民的排挤观念，创建热情接纳的社区环境

由于长期的城乡两地明显的分隔，城市人和农民工俨然是两个世界的人群，不少城市居民对农民工仍怀有偏见，刻板地将他们视为“外地人”“乡巴佬”，认为他们素质低下，“小农意识”强烈，不属于现代化发展的城市，从而在思想和行为上都表现出排斥性。因此，促进农民工的城市融入，不仅要提高农民工自身对城市生活的适应力和竞争力，还要及时转变城市居民的旧观念，创建积极接纳的良好氛围。社区要引导城市居民重新给农民工定位，使城市居民充分认识到他们对促进城市经济和社会的繁荣做出了巨大的贡献。社区要积极创造城市居民与农民工进行接触的机会，让他们在交流和互动中增进对彼此的了解。城市居民消除了对农民工的偏见和歧视，从思想上接纳他们，让农民工在生活方式、价值取向等方面受到潜移默化的影响，增强对城市社会的认同感，从而更好地融入城市生活并与城市居民和谐共处。

案例 9-3

嘉峪关长城区大众社区邀请流动人口参加庆元宵节活动

2月19日下午，嘉峪关市长城区大众社区举办“浓浓元宵情　居民一家亲”庆元宵节活动。活动项目有猜灯谜、心有灵犀、踩气球等。与此同时，社区工作人员特地邀请了没能及时回家过年的外来务工人员来参加活动，大家一起猜灯谜、共庆佳节。社区一楼多功能大厅里张灯结彩、温馨热闹。

参加活动的外来务工人员都表示，参与社区的活动不仅能认识好多邻居，而且社区像一个大家庭。给他们这种没能回家过年，在外务工的朋友一种家的温暖。活动过后，工作人员陪着他们说了不少贴心话。活动通过猜灯谜等形式，让社区居民、外来务工人员度过了一个“安全、温暖、欢乐、祥和”的元宵佳节。

【问题】为什么通过活动能拉近外来务工人员和其他社区居民的距离？

【提示】社区文化活动的形式多样，居民在活动中能放开自我和他人积极交流，摆脱了平日的自我防范意识。

拓展训练 9-3

创建文明城市社区　宣传志愿服务活动

外来人口在融入城市社区中常常认为他们只是借住者，并未把居住的社区当成自己的家，社区建设也只是城市居民的事情。创建全国文明城市，作为社区必定得先做好文明社区的工作，事关每一位社区居民。通过走访宣传、定点宣传等方式的志愿服务活动，一方面让外来人口社区居民了解到事件的重要性，以及社区这个大家庭需要每一个人为之作出努力。另一方面让学生从中锻炼沟通、组织、协调、应变的能力。

具体实施如下：

1．做好人员分工，确定拟进入的社区

首先将学生分成 4～6 人的辅导小组，每个小组自愿或选举产生一名小组长，然后以小组为单位在学校附近选择一个社区作为活动开展对象，尽量让每个小组选择不同的社区。

2．进入社区，做前期准备

通过和社区工作人员接触交流，了解清楚文明城市、社区创建的重要性和紧迫性，掌握整个宣传安排，并制定好小组成员分工。

3．深入社区，开展实地宣传

以小组为单位，深入社区，和社区工作人员一起挨家挨户走访宣传，固定展台宣传。派发各种宣传资料和宣传小礼品。

重点提醒：针对那些外来人口的社区居民，在走访和固定宣传之前，一定要做好应对措施的方案，如外来居民拒绝接受宣传、闭门不见等。

4．撰写总结报告

将每个小组进行的志愿服务宣传活动进行总结，形成报告，可对社区整体人口的介绍、外来人口的比例、活动中遇到的困难、发现的其他问题等一一进行总结，还可就外来人口的社区教育关注点给出建议。

第四节　失业人口社区教育

案例导入

东街街道甘泉社区团支部开展失业、无业人员法制宣传活动

为增强辖区失业、无业人员的法制观念，强化下岗失业人员法制宣传教育和思想舆论意识，引导他们学习外出务工和就业中维护自身合法权益所需的相关法律法规，增强法治观念，提高法律素养，做社会主义法治的忠诚崇尚者、捍卫者。近日，东街街道甘泉社区团支部联合妇联、工会在辖区内组织志愿者进行法制宣传活动。

社区组织安排青年志愿者在辖区人口密集地南关文化广场设立咨询台并发放《劳动合同法》《妇女权益保障法》《环境保护法》等法律法规宣传材料和咨询服务。接待咨询居民300多人（次），发放宣传资料300多份。

通过此次宣传引导广大失业、无业人员认真学法、知法、懂法、守法，树立法治观念，养成遵纪守法的良好习惯，懂得用法律维护自己的合法权益。

【思考】

（1）开展失业人员法制宣传活动的意义？

（2）工作中，我们应该了解哪些基本的法律法规？

一、发展失业人口社区教育

近些年来，随着城镇下岗职工的不断增加，失业人口也是越来越多，各地已把实施“再就业工程”作为一项重要任务去执行，并从中探索出多种多样的再就业途径，如积极培育和规范劳动力市场和各类人才市场、设立培训机构、兴办第三产业、组织劳务输出等多种形式。社区再就业是解决城镇失业人员再就业众多途径中的一个新途径。它是以社区为基本单位，通过社区服务来为失业人员提供就业机会。但社区“再就业工程”服务目前还是我国社区服务中的一个薄弱环节，还没有引起我们的足够重视。

在知识经济时代，只有那些有专长、有技术、有经验的高素质劳动者才能在劳动力市场中占据优势，他们不仅能够获得工作岗位，还可以找到令他们满意的工作。国家的发展需要高技能高素质的全面复合型人才，劳动者只有不断发展和完善自身的各种素质，才能成为职业社会的宠儿、新兴职业的主人。从我国目前失业人员的构成来看，他们大多是文化水平较低，不能适应技术更新的需要。而从失业人员再就业的现状来看，那些文化水平较高并能较快吸收各种新信息和新知识的人，再就业的概率也较高。所以坚持终身学习，不断提高自身素质，已成为共识。

坚持不断学习，坚持不断提高自身素质以适应新形势是一个长期艰巨的过程，需要全社会的共同努力。作为失业人员本身，应当从自己的特点和社会可能性出发，有计划、有选择地接受教育和培训，力争提高学习效率。同时，各级政府部门和作为社会基本单元的社区则应为全体社会成员尤其是失业人员再就业创造一个有质量的社区教育服务条件。

二、开展失业人口社区教育方法

1. 成立社区职教学院，使之成为继续教育、再就业培训的基地

目前我国开展社区教育，成立社区学院应该结合社区实际情况，以职业培训为主，以学历教育、继续教育为辅，探索集岗位开发、培训实施、技能鉴定和促进就业等多种功能为一体的社区培训新机制，使之逐步成为我国再就业培训的主要途径和基地。可以形成以“政府统筹领导、教育部门主管、有关部门配合、社会积极支持、社区自主活动、群众广泛参与”的管理模式。在资金上采取“政府适当拨款、企业适当赞助、学院部分解决”的方法，不以营利为目的，确立服务的办学理念，旨在提高社区全体成员的整体素质和生活质量。在师资管理方面，学院可以招聘一定数量层次各异的固定教师，也可从附近现有的各级各类院校中招聘兼职教师，这样不但可以充分利用教师资源，而且在学院管理和资金运筹上更加灵活自如。

2. 开展多种类型教育，建设有特色的社区职业教育模式

（1）培训应作为社区学院的主要发展方向，以提高就业人员的职业技能。社区服务中针对社区成员再教育应运而生的社区学院应根据社会需求办出一条有别于目前我国成人教育的新模式，切实成为再就业培训的新阵地：

① 在培训专业和计划制定方面，应结合本地区经济特点，在社会调研的基础上由社区学院同有关企业、行业协会、教育专家共同协商完成。首先由企业提出所需专业人才应具备的具体能力、技能，确定培训要达到的要求，再由社区学院会同有关专家共同确定合理、科学的课程种类及相应的学时数量。当然，这些培训课程主要是针对失业人员的，但社区学院还可以根据企业在职人员的需求开设一些新知识、新工艺、新技术方面的课程及相关的技能培训。例如，相关的电子商务、国际贸易及规则等知识和技能的培训。也可开展各种职业资格证书的培训工作，把培养标准与用人标准统一起来，增强失业人员与在职人员的就业竞争力。

② 在培训基地硬件设施建设上，要充分利用已有的基础和条件，如社区内的图书馆、少年宫、学校等文化设施。充分利用好社区内或者对接指导学校的实验室、实训基地，为社区成员提供最直接的学习平台，并在政府的统筹协调下，与社区内的相关企业挂钩，利用企业资源设施为培训实习服务。在资金来源上，政府应加大对就业培训资金的投入，切实建设一批为民服务的再就业工程。

③ 在培训方式上，应结合企业和职工的实际情况，采取灵活多样的培训机制。在培训时间上实行灵活的培训作息时间，开办全日制和夜校，满足不同班次职工的培训需求。在某些专业课程培训上，也可把课堂直接设到基层单位，由企业技术人员和社区学院的教师共同承担课程现场指导。

（2）开展不同层次的培训教育，提高社区成员的文化知识水平。可以根据社区老、中、青不同年龄及文化程度的差异，开展初、中、高等不同档次的培训教育，满足培训人员在专业理论知识方面的需求以及部分失业人员的扫盲工作。在课程设置上，应结合专业特点，多设置一些本专业实用的理论课程。在课程讲授中也应根据学员基础薄弱的特点，用精讲法、索引法、案例法去讲授，做到学用结合、按需施教、注重实效。

（3）开展多种文化活动，丰富社区生活。切实利用社区资源，以社区学院为依托，开展丰富多彩的文体活动，对于促进经济与社会协调发展，维护社会稳定，增进团结和自信心，具有不可低估的作用。学院可以开设棋类、歌咏、体育等文艺知识讲座并举行相应的比赛，以丰富社区成员的业余生活，使他们在活动中一方面增进了解，增加友谊，开阔视野，增长知识，另一方面也可以在学习和活动中认识自我，发现长处，发掘潜力，增强竞争意识，以便在工作中更具积极向上的精神。

案例 9-4

为失业人员送岗位　向家塘社区开展就近就业活动

岳塘新闻网报道，2月17日上午，湘潭市岳塘区书院路街道向家塘社区积极组织工作人员下基层、了民情、访企业，开展“岗位送到家门口，就近就业促和谐”活动。

“岗位送到家门口，就近就业促和谐”活动现场

据悉，为确保此次活动取得实效，向家塘社区在春节期间就部署前期工作，一方面在辖区主要路口通过发放宣传海报、短信平台发送信息、下户走访等多种形式广泛宣传，收集社区求职者信息；另一方面，又与市、区人社局取得联系，及时了解全市、区招聘动态，以及摸底社区内企事业单位岗位需求情况，积极为求职者牵线搭桥。

在社区的不懈努力下，截至目前，已有失业人员王武林、吴镝、陶术等在天元东方锦泰开发公司实现就业；刘光伟、邓振华、侯冬勇等社区群众在潭建混凝土公司实现再就业；还有一些求职者与用工单位的沟通工作正在推进中。

社区相关负责人表示，就业是民生之本，是富民之基，这段时间，向家塘社区还会积极开展多种形式的促就业活动，主动作为，靠前服务，及早了解和掌握市区企业用工信息，广泛宣传，精心策划，为更多求职者牵线搭桥，以应对节后求职高峰的到来。

【问题】为什么社区失业人员能快速地实现再就业？

【提示】社区主动下基层了解失业人员的困难，和相关政府部门联手解决问题。

拓展训练 9-4

社区失业人员需求调查

调查社区失业人员的现状是最直接了解他们需求的方法，一方面可以增强学生与社区居民及社区组织的沟通能力；另一方面可以帮助学生对社区失业人员有个直观的认识，引发学生的思考。调查社区失业人员现状主要包括：一是了解他们现在的生活情况；二是了解他们所具备的手艺技能情况；三是了解他们渴望的工作岗位以及薪酬情况；四是帮助社区了解失业人员所缺的技能是否能通过社区教育进行弥补；最后撰写社区失业人员现状调查报告。

1．**具体实施**

（1）做好人员分工，确定拟调查的社区

首先将学生分成 4～6 人的调查学习小组，每个小组自愿或选举产生一名小组长，然后以小组为单位在学校附近选择一个社区作为调查对象，尽量让每个小组选择不同的社区。

（2）查阅相关资料，设计调查提纲

通过资料，一方面了解失业人员可能导致失业的原因，然后在此基础上共同探讨和设计社区失业人员现状调查提纲。

（3）深入社区，开展调查

以小组为单位，深入社区，通过走访调查，收集有关社区失业人员现状的资料。调查时，注意调查对象的选择，比如考虑不同年龄的人群、不同的文化程度等因素。

（4）资料分析，撰写调查报告

将收集的资料进行整理和分析，然后撰写社区失业人员现状调查报告。

2．**重点提醒**

失业人员因为遭遇待业在家，心理变化可能会出现异常，或有不愿与人交流的反应。在走访调查之前，一定要做好应对措施的方案，如如何清楚告知对方调查的意图是为了帮助他们，如何让他们接受现实的同时要认清自己，扬长避短，并及时找到自己与现实的差距，亡羊补牢等。

练　习　题

一、名词解释

社区教育　青少年社区教育　失业人口社区教育　外来人口社区教育　社会公德意识　社会教育体系

二、填空题

1．社区教育课程建设应建立质量建设与标准管理的______。

2．社区教育是一种______活动。

3．失业人口社区教育是面向______、______。

4. 社区创办的“四点半课堂”是______社区教育中的一种形式。
5. 外来人口主要在文明素质、办事方法、______、公德意识方面存在融入城市的障碍。

三、单项选择题

1. 社区教育教学的首要特征是（　　）。
   A．教与学平行进行　　B．教师最重要
   C．学生最重要　　D．我要学
2. 社区教育课程从存在形式可以分为（　　）。
   A．活动性和学科性课程　　B．一般性和区域性课程
   C．显性和隐性课程　　D．理论和实践课程
3. 对于青少年的教育，应注重（　　）。
   A．学校教育　　B．家庭教育
   C．社区教育　　D．学校教育、家庭教育、社区教育三位一体
4. 社区特殊青少年群体的教育，在（　　）中起到了规范和促进作用。
   A．社区服务工作　　B．社区管理工作
   C．社区矫正工作　　D．社区建设工作
5. 下面哪一种不是外来人口社区教育在解决他们融入性问题上能起到的作用？（　　）
   A．提高外来人口生存能力　　B．提高外来人口规则意识
   C．增强外来人口公共产品保护意识　　D．提高外来人口学习积极性

四、简述题

1. 社区教育为什么在我国社会发展中占有重要位置？
2. 社区教育持续发展的关键是什么？
3. 社区教育对青少年的作用有哪些？
4. 开展青少年社区教育应注意什么？
5. 社区教育如何解决外来人口的城市融入问题？
6. 作为社区工作者，你觉得失业人员的教育除了再就业的培训还可以有哪些？
7. 农村或者乡镇等地区有开展社区教育的必要吗？为什么？

第十章 社区服务

学习目标

- 熟悉社区服务的含义;
- 了解不同对象的社区服务内容;
- 掌握社区服务活动策划技巧与方法;
- 能实际开展不同对象的社区服务。

社区服务由于能极大地为社区居民提供生活便利、满足其发展需求等，受到了越来越多的居民认可，且在居民的生活中发挥着越来越大的作用。通过本章的学习，学生能了解什么是社区服务，常见的社区服务有什么内容，如何策划并实际开展社区服务。

第一节 社区服务概述

案例导入

海盐农村社区服务中心

上午，沈荡镇尤角村村民张金水来到村里的“一站式”社区服务大厅，办理合作医疗证补办手续，工作人员热情地帮他办理了补证登记手续。“以前要补个证，得上村委会大楼挨个找办公室办手续，现在只要登记一下，再交个身份证复印件，剩下的手续村委会都会帮助办理，我只要安心在家等新证送过来。”张金水满意地说。

据介绍，全县各农村综合社区服务中心都具备管理、服务、教育、活动等功能，面积均在500平方米以上，并设有“五室三站二栏二场所一大厅一个公共上网点一超市”。实行“统一管理体制、统一服务标志、统一窗口受理、统一服务规范”的“一站式”服务模式，方便村民群众的生产生活，真正做到了进一门、连万家、解万难。

为加强农村社区服务中心建设，促进公共服务向农村延伸，2008年起，海盐县综合利用现有村级办公、活动资源，采取改建、新建等方式，建成集管理、服务、教育、活动等功能于一体的农村社区综合服务中心。每一个农村社区服务中心内还设有“一站式”服务大厅，设置了社会保障、就业培训、法律服务等服务窗口，将原先分散的村委会办事机构业务整合到一起，切实解决了村民“办事难、办事繁”的问题。经过3年努力，全县105个行政村（社区）的综合服务中心建设提前半年实现了全覆盖，走在了全市的前列。

沈荡镇白洋村是农村社区服务中心建设的样板村，记者看到，综合服务中心除了销售生产资料、生活资料的超市外，还设置了党员活动室、老年活动室、健身区域、图书阅览室等，在方便村民办事的同时，丰富了村民的业余生活。村民老周乐呵呵地说：“自从有了综合服务中心，我们农民的日常生活基本实现了咨询农技、修理农机不出村，文体娱乐不出村，培训阅览不出村。”

农村社区综合服务中心建设，有效整合社区资源，强化社区功能，把政府的公共服务和管理向农村基层延伸，对于加强和改进农村社会管理，促进农村各项事业协调发展具有十分重要的作用。“以前办手续都要村民按照规定流程自己去跑，有些村民年纪大，对流程不熟悉，就容易跑错地方，我们也就得花很多时间去做宣传，跟村民宣传手续流程。现在好了，所有的手续都可以在综合服务中心里面办理，村民方便了，我们也省事了。”尤角村党支部书记胡光土告诉记者。

【思考】

（1）什么是社区服务？

（2）常见的社区服务有哪些内容？

社区服务与居民生活息息相关，是社会福利事业社会化的一个重要形式，也是现代文明的重要标志，做好社区服务工作是社会发展进步的客观要求，是深化改革、加快经济发展的重要举措，是建立和完善社会保障制度与社会化服务体系的必然要求。

一、社区服务的概念

社区服务是指以社区为基本单元，以各类社区服务设施为依托，以社区全体居民、驻社区单位为对象，以公共服务、志愿服务、便民利民服务为主要内容，以满足社区居民生活需求、提高社区居民生活质量为目标，党委统一领导、政府主导支持、社会多元参与的服务网络及运行机制。

社区服务的内容在20世纪50年代就已存在。早在新中国成立之时，我国许多城市都有民间社区型的社会服务组织，街道和居民委员会一直开展着尊老爱幼、扶困助残以及其他一些福利设施和便民服务活动。但是，限于当时的历史条件，这些社会福利和社会服务没有得到普遍的推广和应有的发展，有些曾被削弱以至于中断或停顿，未能形成体系纳入城市社会福利事业的范围。我国城市社区服务于 1986 年正式提出，目前我国社区服务大致经历了以下3个阶段：

1. 起步阶段

这一阶段主要是经济相对发达的大中城市在街道、居委会（基层社区）层面初步开展了为老年人、残疾人、优抚对象等民政服务对象提供福利服务和为社区居民提供便民利民服务的社区服务活动。尝试性开展了一些社区服务项目，如为有需要的社区老年人提供老年活动场所，在社区召集有积极性的、有能力的人办起小杂货店、小修理铺、便民早点等，以壮大居委会的经济收入，满足社区居民的部分生活需要。

2. 发展阶段

这一阶段全国多数城市开展了社区服务，不少城市社区服务形成了系列发展的态势，社区服务几乎包括了社区需要的绝大多数社会服务。1993 年 8 月，民政部联合中央其他 13 个部委局发布《关于加快发展社区服务的意见》，明确了社区服务是社会保障体系和社会化服务体系的一个重要行业，是具有福利性质的第三产业，第一次提出社区服务要向社会化、产业化方向发展，要建立自我积累和自我发展的运行机制，要强化“以服务养服务”的意识，即以有偿服务（经营性服务）养无偿服务（福利服务）。

3. 全面纳入社区建设阶段

这一阶段的主要特点是：一是社区服务的服务领域更为宽广，服务职责更为全面，从最基本的社会保障到高档次的社会化服务，几乎无所不包；二是社区服务越来越成为政府解决下岗工人再就业的一个重要途径；三是社区服务的科技含量增加。

二、社区服务的特点

1. 社区服务的福利性

社区服务把社会上的社会孤老、残疾人、优抚对象以及失业、下岗等急需帮助的群体作为服务的对象和重点。因而从本质上看，社区服务是一项公益事业，是为了增进社区的社会福利。社区服务不以营利为目的，而是把社会效益放在首位，把社会福利放在首位，具有明显的福利性与非营利性。

2. 社区服务的地域性

社区是人们社会活动的场所，本身就具有地域性。社区服务是依托社区所开展的服务，因而地域性是社区服务的一个特点。我国城市社区服务以街道、居委会、小区为依托而展开，农村的社区服务以村、镇为依托展开，具有明显的地域性特征。

3. 社区服务的专业性

社区服务的专业性表现为，社区社会工作者会运用相关的专业知识和技巧，为社区居民提供相关服务。他们所做的不仅仅是一般的为居民提供某项生活所需的具体服务，还包括了专业的资源链接、物质援助、专项服务，如安老服务、残疾人服务、少儿服务以及心理疏导和治疗等。

4. 社区服务的综合性

社区服务的综合性表现为，社区服务的内容囊括社区居民日常生活和工作的方方面面。服务的对象包括社区内所有不同职业、不同生活状况的社区成员；服务的主体包括社区内的一切单位和个人，涉及经济、政治、文化、社会等多方面；执行主体有居委会以及各种社会团体、志愿者组织、专业工作者等。换言之，社区的综合功能决定了社区服务的综合性特征。

三、社区服务的主要内容

1. 社区助老服务（见表 10-1）

表 10-1 社区助老服务

序号	服务大项	服务目标	服务细项
1	日常来访与探访服务	为日常到访中心的老年人提供休闲、娱乐和人际交往的场所，提供相关资讯和资源链接及转介服务	建立方便老年人使用的图书室、书报室、棋牌室、茶话室等资源室
			提供相关政策咨询服务
			社区老人需求调查
			资源链接
			转介服务
2	老年人身体健康服务	为老年人提供与身体健康直接有关的预防、护理、康复方面的服务	跟年龄有关的疾病信息咨询
			营养咨询与教育
			慢性病的预防与护理
			锻炼身体方案
			老年人防摔训练
			健康护理服务
3	心理健康服务	协助老年人正确认识来自各方面的心理压力，培养积极乐观的心态	老年人心理健康知识教育
			老年人生活适应辅导
			心理健康辅导与服务
			临终关怀
			哀伤辅导
			终身学习与老年大学
4	生活照料	为老年人提供与身心健康间接相关的生活照料、家务协助、生活护理等方面的服务	援助呼叫器的安装与使用
			居家养老
			社区食堂
			配餐送餐服务
			家务服务
			护理照料
			日托服务
5	社会支持网络建立	整合可能的社会资源为老年人提供多样化的服务	相关资源开发和整合
			经济援助
			社区互助网络建设
6	老年人文体活动	开展符合老年人身心特点的文体活动，丰富其精神、文化生活	老年兴趣班
			文艺队
			老年运动会
7	其他服务	满足老年人的其他需求	根据社区老年人的其他需求开发各类服务项目

2. 社区助残服务（见表 10-2）

表 10-2　社区助残服务

序　号	服务大项	服务目的	服务细项
1	日常来访与探访服务	协助残障人士了解相关政策，提供资源链接与转介服务	提供与残疾人相关的政策信息
			残疾人及其家属的咨询服务
			家庭探访
			资源链接与转介服务
2	残疾人康复服务	为残疾人提供康复服务，从而协助其树立自尊、自信、自强、自立的信心，积极参与社会生活	自我照顾训练
			家居及社区生活技能训练
			家庭辅导
			康复训练
			心理辅导
			社区教育训练
			就业培训与指导
3	社会支持网络建设	整合可以满足残障人士需求的社会资源	紧急经济救助
			为经济困难残疾人提供必要的康复器械
			法律援助服务
			构建残疾人就业服务平台
			关爱残疾人社区文化活动
			建立社区互助网络
			政策倡导与环境改善建议
4	其他服务	满足残障人士的其他需求	根据社区残疾人士的其他需求开发各类服务项目

3. 妇女儿童及家庭服务（见表 10-3）

表 10-3　妇女儿童及家庭服务

序　号	服务大项	服务目标	服务细项
1	日常来访与探访	为日常到访中心的家庭成员提供休闲、娱乐和人际交往的场所，并为其提供政策咨询、资源链接和转介服务等	建立各类活动室，如图书室、书报室、玩具室、游乐场、儿童成长阁、棋牌室、运动室、茶话室等。
			政策咨询、资源链接与转介服务
			探访服务
2	互助网络	建立社区自主互助网络，促进社区融合	构建妇女互助网络
			构建儿童互助网络
			构建邻里互助网络
3	社区学校——家庭成长	利用社区内各种教育资源，为家庭提供各类知识及技能培训，以提高社区内家庭的整体素质	四点半学校
			寒、暑期培训班
			家庭生活教育
			家居照顾示范
			家庭文化建设
			亲子教育
			职业技能培训
			卫生保健知识课程
			法律知识培训

（续）

序　号	服务大项	服务目标	服务细项
4	家庭辅导	为遭遇问题的家庭及其成员，提供相关的辅导及咨询服务	家庭关系协调
			亲子关系协调
			妇女情绪舒缓
			儿童身心健康成长辅导
			婚姻家庭问题咨询
			法律咨询
			健康咨询
			教育咨询
5	家庭危机介入	针对家庭危机而展开的调适和治疗，以快速、有效地帮助家庭摆脱危机的影响	单亲家庭服务
			低保家庭服务
			空巢家庭服务
			家庭救助服务
			反家暴服务
			危机干预
6	家政服务	为家庭提供日常家务处理、护理及保洁等服务	保姆、护理、保洁、家教、物流配送等
7	托管服务	为社区内家庭提供儿童的托管服务	日托、午托、晚托、暑托
8	其他服务	满足妇女儿童和家庭需要的其他服务	根据妇女、儿童和家庭的需要，开发其他服务项目

4. 社区青少年服务（见表 10-4）

表 10-4　社区青少年服务

序　号	服务大项	服务目标	服务细项
1	日常来访与探访	为日常到访中心的青少年提供娱乐、休闲及同伴群体交往的空间，并为其提供所需的资源链接及转介服务	建立符合青少年需求的图书室、书报室、茶话室、网络室、活动室、涂鸦室、音乐室等
			政策咨询、资源链接及转介服务
			探访服务
2	社区学校——青少年成长	承担青少年校外素质教育工作，为青少年群体提供相关知识及技能的培训，并促进其树立健康的意识和行为	社会实践
			职业技能培训
			课业辅导
			社会融合、社会参与和社会服务意识培养
			青春期教育
			婚恋知识讲座
3	成长辅导	针对青少年成长中遇到的问题，给予指导，协助其顺利度过青春期	心理及情绪辅导
			思想品格辅导
			抗逆力培养
			婚恋指导
			性知识、性心理辅导
			青春期生理辅导
			职业指导及职业生涯规划
			历奇辅导
			就学辅导
			生活方式与人际交往辅导
4	危机介入	对处于危机中的青少年进行及时、有效的调试和治疗，以降低危机程度，缓解其压力，促进其健康成长	行为偏差及矫正服务
			犯罪青少年矫正服务
			社会双待（待上学、待就业）青少年的行为指导、人生规划支援服务
			弱势青少年维权、保障服务
5	其他服务	满足青少年所需要的其他服务	可根据实际情况设置其他特色服务

5. 优抚对象服务（见表 10-5）

表 10-5　优抚对象服务

序　号	服务大项	服务目标	服务细项
1	日常接访与走访	为日常到访中心的优抚对象提供娱乐、休闲及同伴群体交往的空间，并为其提供所需的资源链接及转介服务	优抚对象资料建档
			定期开展拥军优属社区宣传
			家庭走访、慰问
			政策咨询服务
			引导优抚对象接受政策内容
			优抚政策落实
2	新退役人员支持与辅导	为新退役人员提供生活适应辅导，使其尽快适应社会生活并为其寻找相关的支持资源	新退役人员社会适应辅导
			提供社区参与机会
			职业生涯规划训练
			协助新退役人员寻找就业机会
			整合相关资源为退役人员提供支持
3	困难人员支持	为有特殊困难的优抚对象提供有效协助	残疾军人关爱行动
			为经济困难优抚对象寻找经济支持
			建立优抚对象社会支持网络
4	老军人关爱	关爱老军人，促进其晚年幸福	具体可参照表10-1中社区助老服务的相关工作内容
5	对军属、烈属的关爱与支持	关爱军烈属，为其提供物质抚恤与精神慰藉	为刚丧失亲人的军烈属提供心理疏导和哀伤辅导
			对处于幼年的烈士子女的帮扶
			整合社会资源，为经济及生活困难的军属、烈属建立社会支持网络
6	其他服务	满足优抚对象所需要的其他服务	可根据社区实际情况设置其他特色服务

6. 特定人群的服务（见表 10-6）

表 10-6　特定人群的服务

服务对象	服务大项	服务目标	服务细项
药物滥用者、社区矫正人员	社会适应	促进药物滥用者、社区矫正人员回归正常的社会生活轨道，减少与社会生活的冲突	情绪与压力管理
			心理咨询与危机介入
			社会功能恢复与发展
			家庭关系调适与治疗
			人际及社交能力培养
			就业培训与职业辅导
	资源网络建立	整合资源，推动良好政策环境，促进社会关注药物滥用者及社区矫正人员	倡导良好的政策环境
			提供相关政策咨询
			志愿者帮教服务
			社区关爱
			法律援助
	其他服务	满足服务对象的其他特殊需要	根据实际情况设置的其他合理服务项目
特困人员	社会救助服务	为特困人员提供必要的救助服务，协助其度过生活困境	社会救助政策讲解
			经济援助及整合资源
			心理援助与危机介入
	增能服务	提升特困人员的核心能力，协助特困人员自谋生存发展	自信心培养
			压力缓解
			就业技能培训与辅导
			情绪与认知辅导
	社区援助服务	整合社区资源，提供物质、经济等援助，在制度性救助之外，发挥社区的救助主体作用，提升贫困群体的生活水平	社区捐助
			结对帮扶
			邻里关爱
			紧急支援
	其他服务	满足特困人员的多方面需求	根据特困人员的其他实际需求设计的特色服务

7．居民自助互助服务（见表 10-7）

表 10-7 居民自助互助服务

序号	服务大项	服务目标	服务细项
1	社区融合	促进全体居民，特别是外来建设者及其家庭成员对社区和城市的融合与适应，促进社区和谐	生活适应
			外来人员关爱活动
			举办各类社区文体活动，如社区运动会、社区剧场等
			居民代际互动和融合
			开发居民休闲娱乐场所
2	社区慈善	弘扬、倡导社区慈善文化	慈善超市、慈善捐赠
			福利彩票发行
3	邻里互助	培养社区居民的互助意识，形成守望相助的社区氛围	邻里关系协调
			居民自助团体及互助网络建设
4	志愿者队伍建设	建立社区义工队伍，鼓励居民积极参与志愿服务	义工招募
			义工培训与督导
			义工队伍日常管理
			实施义工服务项目
5	社区能力建设	促进社区自治，开发社区资源	居民自助团体培育、孵化与管理
			社区领袖培养
6	其他服务	满足社区居民所需要的其他服务	可根据实际情况设置相关特色服务

注：表 10-1～表 10-7 中内容来源于深圳市社区服务中心设置运营标准。

四、社区服务的基本原则

1．科学化、专业化原则

过去的社区服务主要是一些简单的服务活动，如发放补助物资、儿童托管、生活照料、义务劳动、捐赠活动等，一直靠经验进行，缺乏专业性和系统性。随着现代社会的发展，我国的社区服务从组织、管理一直到服务活动本身，都将会越来越需要由掌握专门知识，经过专门培训的专门人才来领导、组织、实施，社区服务的专业化是不可阻挡的趋势。科学化，就是用科学的方法和知识来组织和管理社区服务。专业化，是指社会工作（包括社区服务）正在成为一门专门的活动和知识，需要有专门人才来进行，这是与社会工作的科学化、知识化以及复杂化相适应的过程。社区服务的专业化要求一方面用专业知识培训社区服务工作人员；另一方面努力建设一支社区服务的专门队伍，使社区服务的专门工作者和志愿工作者相互结合、相互配合。

2．立足社区、全面规划原则

社区居民需求是社区服务的出发点，是社区服务的前提，如若脱离了社区需要，社区服务就会难以为继。社区服务应立足社区，全面调查和分析社区居民需求。社区需求，不是政府机构的需求，也不同于社区中个别居民的需求，它是社区居民的公共需求、共同需求和集体需求。

社区服务的对象是全体社区成员，内容涉及物质和精神的方方面面，服务人员有专业和非专业、志愿者和职业者、个人与单位的不同，对于社区服务这样一项复杂的系统工程，必须在社区居民需求的基础上，进行全面的综合规划。

3. 突出重点原则

尽管社区服务是以全体社区成员为对象，但要从帮助弱者、增强社会福利的目的来看，社区服务必须在兼顾一般的同时突出重点，把有限的经费和力量用在继续扶持的对象和重要项目上。当前，随着社会的发展和市场经济的不断深入，社区内也出现了一些急需解决的棘手问题，如老年人问题，产业结构、劳动力结构等调整过程中的下岗失业人员问题，贫困现象以及医疗就医困难等问题，这些问题不仅使当事人面临很大困难，还给社区稳定和发展造成很大影响，必须作为社区服务的重点来加以解决。

4. 资源共享原则

社区服务的开展需要大量资源，但是我国的社会生产力水平，决定了政府及其他有关部门向社区所能提供的外部资源是十分有限的。因此，今后发展社区服务，必须始终把立足点放在充分开发和利用社区内部资源这一点上。现代社会工作理论指出：福利国家的实践表明，社区福利完全依靠政府提供的外部资源来实现，是不利于社区建设的，只会削弱社区居民的意志，养成大家对公共福利不闻不问的习惯。因此，现代社会工作理论十分强调以社区自身福利建设为内容的社区服务，必须以开发利用自身资源为主，接受政府等提供的外部资源为辅，而不能颠倒了两者的位置。

5. 公民参与原则

一切社区资源中最重要的资源，如人力、财力、物力、技能、精神力量等，都蕴藏在社区居民之中。因此，社区服务必须以社区居民的主动参与为基本力量，而且必须是从少数人的参与发展为多数人的参与，即公民参与。要实现真正的大众参与，除了开展广泛的宣传教育，发现、培养和组织各种地方人才之外，很重要的一点，就是要实行社区服务的居民自治。居民自治和大众参与有内在联系，自治能使居民们意识到自己的责任，提出自己的需要，并且为需要的实现提供资源，参加活动，这就形成了大众的参与。如果社区服务仅以少数人的愿望根据，仅按个别人的意志而活动，那就不可能出现公民大众参与的局面。

案例 10-1

北大燕园社区服务中心

北京大学燕园社区服务中心成立于 1999 年 11 月 16 日，它是北京大学领导下的社区服务机构，是国家关于高校后勤化改革精神和北大管理体制改革的产物。燕园社区服务中心承担着北大燕园 9 个园区的社区建设和社区服务工作，其宗旨和工作任务是：为北大教职工及其家属提供优质的生活服务和创造良好的工作、生活环境，使他们解除后顾之忧，全身心投入到教学、科研和学校的各项工作中；通过多方位、高水平、高质量的社区服务来体现学校对北大教职工的关怀。

燕园社区服务中心按照服务、经营、管理职能分开的原则，设立“小机关、大实体、多服务”的社区服务体制；燕园社区服务中心坚持社会效益、经济效益并重的原则，各服务实体实行成本核算；经营实体实行自负盈亏、自我积累、自我发展、自我完善的“四自”方针；燕园社区服务中心为适应市场经济发展需要，逐步建立实体化、产业化、规范化、社会化的社区服务体系；燕园社区服务中心以创建与世界一流大学相适应的社区服务为目标，努力建设具有中国特色的全方位服务于教职工的高校社区服务模式。北京大学设立燕园社区理事会，代表学校管理燕园社区服务中心。理事长由学校分管副校长担任，常务副理事长由社区中心主任担任，副理事长由校人事部、财务部、资产部部长和燕园街道办事处主任担任，理事由校内其他部门的负责人担任。理事长会和理事会由理事长召集，每年根据工作需要不定期召开。燕园社区理事会的职责是审定《燕园社区服务中心章程》、资源配置方案、发展规划、管理制度、收支预决算等重大事项。

北大燕园社区服务中心是燕园社区理事会的日常执行机构。燕园社区服务中心下设 5 个职能部，即服务管理部、经营管理部、财务管理部、工程管理部、综合管理部。

燕园社区服务中心的服务实体为社区网络服务中心、社区家政服务中心。网络服务中心下设 3 个分系统、3 个服务站，社区家政服务中心下辖 9 个服务区。

燕园社区服务中心的经营实体为后勤产业中心。产业中心的 26 个独立经营企业，通过参与市场经营和社区便民服务，取得经济效益，为燕园社区服务提供经济保障。

燕园社区服务中心现有正式职工 186 人，外聘职工 900 多人，具有中高级职称的管理和技术人员 100 多人，大中专以上学历 150 人。

【思考】

（1）你如何看待高校社区服务中心的建立？

（2）北大的高校社区服务模式给我们什么启示？

【提示】

（1）自改革开放以来，企业单位和机关团体迫切要求社区组织努力承担它们所剥离出来的“后勤”服务功能，高校也不例外。燕园社区服务中心是北京大学领导下的社区服务机构，是国家关于高校后勤化改革精神和北大管理体制改革的产物，很好地满足了北大教职工及其家属的社区服务需求。

（2）燕园社区服务中心下属的后勤产业中心打破了高校商业服务业独家经营的传统模式，并加强了与社会的合作，从形式到内容都真正实现了一体化管理。这种合作经营方式有效解决了商业服务业与高校后勤社会化改革有机结合的问题，为高校商业服务业的改革发展提供了一条新途径。在高校内设立社区服务中心具有重要的意义：一是为高校后勤社会化提供了很好的基础，二是高校与网络资源共享，互惠互利。高校不仅是一个学习的地方，也是一个大市场，北大设立社区服务中心有举足轻重的作用。

拓展训练 10-1

社区服务现状调查

调查社区服务现状是最直观地认识社区服务的有效方法，可以帮助学生了解目前社区服务的开展内容、效果等，进一步理解社区服务。调查社区服务现状主要包括：一是了解社区的服务内容；二是了解社区服务的具体形式；三是了解社区居民参与情况；四是了解社区服务效果；最后撰写社区服务现状调查报告。

具体实施如下：

1. 做好人员分工，确定拟调查的社区

首先将学生分成 4～6 人的调查学习小组，每个小组自愿或选举产生一名小组长，然后以小组为单位在学校附近选择一个社区作为调查对象，尽量让每个小组选择不同的社区。

2．深入社区，开展调查或访谈

以小组为单位，深入社区，通过问卷调查或者访谈法，收集有关社区服务现状的资料。调查时，注意调查对象的选择，比如考虑不同年龄的人群、不同的社区组织等因素。

3．资料分析，撰写调查报告

将收集的资料进行整理和分析，然后撰写社区服务现状调查报告。

第二节　社区便民利民服务

案例导入

社区多样化服务　便民利民促和谐

霍城县水定镇朝南社区本着为辖区居民群众服务的宗旨，坚持“零距离”服务理念，通过社区多样化服务，提高办事效率，丰富居民的精神文化生活，促进社区和谐发展。

文体娱乐服务，丰富居民精神生活。为丰富辖区居民精神文化生活，社区多功能室设有跑步机、台球案、棋牌桌等，通过成立志愿者服务队伍，每周定期组织居民开展业余歌舞、曲艺等丰富多彩的娱乐活动，充分发挥功能室作用，推动社区精神文明建设。

帮残助残服务，提升残疾人生活质量。残疾人是社会的弱势群体，为了使辖区残疾人能自信、自强、自立，社区秉承“爱心、信心、真心”服务理念，通过建立残疾人健康档案，发放残疾联系卡，提供上门服务，做好心理沟通、康复指导、就业帮扶等工作，使辖区残疾人得到应有的关心和爱护，更好地融入社会，有效提高他们的生活质量。

读书文化视角，提高居民思想素质。通过深入居民家中调查，社区阅览室有针对性地配备居民喜爱的图书，经常更新换图书种类，目前，社会各界共为辖区捐赠图书350余册，极大地激发了居民的读书热情和积极性。居民巴哈尔古丽高兴地说：“社区图书室有党建杂志、科普类、生活类、少儿类、科技类、文化类等各种书籍，我们随时可以来阅读，还为我们提供这么好的读书环境，增长了知识，还长了见识。”

零距离面对面服务，便民利民解民忧。开展“四知四清四掌握”工作，把社区划分为3个网格，各网格员对责任片区进行入户走访，了解社情民意。对不方便出行的居民，社区干部提供上门服务，实现代办零距离；入户宣传党的惠民政策，给居民提供方便快捷的服务；社会化服务中心工作人员坐班接待居民，解答居民政策咨询，简化办事程序，办理居民申办事项，得到广大居民的一致好评。

【思考】

（1）你所在的社区都开展了哪些便民利民服务？

（2）作为社会工作者，我们可以从社区服务中学到什么？

一、社区便民利民服务的含义

社区便民利民服务是指立足于社区，为满足人们的衣、食、住、行、用、娱乐等各种需要而提供的，可以让居民方便购买或免费享受到生产生活所必需的各种服务。便民服务可以帮助居民方便快捷地处理日常生活中遇到的各种问题或困难。只要是有利于居民生产生活需要而面向全体居民开展的一系列有形和无形的服务都可以称为社区便民利民服务。

社区是居民生活的基本场域，社区便民利民服务应该以方便群众办事为目的，因地制宜，从实际出发，整合各类资源，更好地满足群众需求。

二、开展社区便民利民服务的必要性

1. 适应我国经济体制改革的需要

改革开放和我国经济体制由计划经济向社会主义市场经济体制的转变所产生的一个巨大变化是国家在社会福利领域内的角色变化，原有的以政府单一提供公共服务的社会福利方面的责任有所减轻，需要个人、家庭、社区、社会组织等各种不同的主体逐渐加入到社会福利中来。社区开展的便民利民服务，是以社区居民需求为基础，面向社区各个人群（如老年、儿童、残疾人、优抚对象等）开展的各种服务，一方面有利于社区居民生活便利，提升生活舒适度，另一方面也有利于培养公民精神，也有利于社区融合。

2. 满足社区居民的需要

居民在日常生活中，主要有以下一些基本需要：①文化体育方面的服务，如体育健身服务；②社区医疗保健服务，如基本诊疗；③劳动和社会保障方面的服务，如孤老、优抚对象和困难家庭帮扶；④社区不同人群服务，如老年人相关服务、儿童青少年相关服务、妇女服务、残疾人服务等；⑤其他一些服务，如车辆规范停放、垃圾分类处理和社区绿化美化、火灾隐患消除、治安巡逻、民用危险物品管理以及便民维修等服务。

社区在发展过程中，越来越具有综合性，其提供的服务也越来越多样化，社区便民服务一方面回应了社区居民的需求，解决社区居民问题，另一方面也有利于社区功能的进一步完善。

三、社区便民利民服务内容

1. 社区福利服务

社会福利是一个多元的概念，对它的理解可分为广义和狭义两种。广义的社会福利，包括满足社会成员基本生活需要的社会保障内容；狭义的社会福利，主要指在社会活动中由社会公共组织和志愿者组织为那些不能依靠自己拥有的资源满足需要的个人或家庭提供的非营利性的产品和服务，包括为老年人、儿童、残疾人、贫困者、优抚对象等以及在社会、精神和情感方面遇到困难和受到困惑的特殊群体提供的各种服务和帮助。

对社会福利含义认识的不一致，导致对社区福利服务的认识也存在差异。在服务对象上，有人认为社区福利服务的对象是全体社区居民，有人则认为应该是社区特殊群体。本书所指的社区福利服务，主要是从狭义的社会福利定义出发，特指由政府、社会组织和社区居民等服务主体为社区中的特殊弱势群体提供的非营利性产品和服务，主要包括为老人、残疾人、贫困家庭提供的社区救助、社区助残、社区养老等服务内容，具体如下：

（1）老年人服务：居家养老、孤老服务站、敬老院、托老所、老年人公寓、老年庇护，老年人医疗保健站、老年人康复中心等。

（2）儿童青少年服务：托儿所、幼儿园、儿童医疗保健等。

（3）为民政对象服务：残疾人服务站、精神病人康复中心、军烈属生活照顾、扶贫济困等。

（4）失业人群服务：最低生活保障服务、就业和再就业服务等。

2．面向居民日常生活的服务

面向居民日常生活的服务包括：①家政服务，如家庭保姆介绍、病人护理等；②居民生活服务，如便民副食、物品存放、理发店、家用电器维修、服装剪裁、便民修鞋点、便民供奶点等；③文化体育服务，如青少年校外教育、特长班、托管、教育咨询、健身中心、社区活动室等。

3．行政性服务

行政性服务包括水电煤的供应、房屋维修、社区道路修护、计划生育、各种证件的办理、社区治安等。

4．社企服务

社企服务包括街道、社区为辖区内的企事业单位提供的后勤社会保障服务，以及辖区单位为街道、社区提供的文化教育、医疗保健等服务。

四、社区服务基本原则

1．大力培育和建设强有力的社区服务队伍

（1）在政府指导下，有计划、有步骤地对在岗的社区社工人员及管理者进行系统的培训，努力提高他们的专业能力和专业水平。

（2）大力发展社会工作教育事业，解决社区工作专业人才缺乏的问题。培养一批富有社会工作价值观，并掌握社会工作理论、知识、方法和技巧的专业社区服务工作者队伍。

（3）积极引导与鼓励工会、妇联、共青团等半官方的群众政治团体，掌握并运用专业化的社会工作知识和方法介入社区社会工作事务。

2．多方筹集资金，实行社区服务产业化

社区服务事业资金作为社区提供公共服务的基础条件，政府有责任投入。在属于政府职责提供的社区公共服务，经费由政府支付，遵循效用－费用－税收的程式，用以支付公共服务经费。市场机制为不同的社区服务项目创造一个统一的公平竞争的发展氛围，以便加快社区服务产业化的步伐，从而使社区服务进入良性的发展状态。

社区商业是城市商业的基础，也是社区建设的一项重要内容。发展社区商业、满足居民消费、改变城市面貌、提升服务水平，需要不断创新工作形式，逐步建立起一套社区商业发展的长效管理机制。

加强商业街经营业主实行自我发展、自我完善、自我管理的自治建设，可以通过社区居委会与各经营业主签订减排责任书、流动人口管理责任书、计划生育责任书，在社区和商业街广泛开展“共产党员先锋岗”“职工岗位能手”“青年文明号”等竞争评比工作，使商业从业人员逐步树立起“争先创优”的强烈意识。

3．调动居民的积极性，引导居民广泛参与

社区居民与社区服务，既是社区发展的本质特征和基本精神，也是社区发展的必然要求和内在动力。

（1）街道办事处应组织各居委会因地制宜形成社区服务组织的管理办法和活动形式，拓宽居民参与社区服务的方式。

（2）建立民间组织登记管理制度，对社区民间组织的活动规范管理，从活动时间、内容等方面形成有效的约束机制，营造祥和的社区生活氛围。

（3）在社区服务中引入志愿服务，根据社区服务的实际需要和志愿者所具备的条件来安排服务项目和活动，以合理利用资源，充分调动志愿者和积极性，做到人尽其才，物尽其用。将社区服务与志愿服务有机地结合起来，使志愿服务真正融入社区服务，融入居民的日常生活。同时，要保障志愿者的合法权益，健全志愿者的回报制度，以保证志愿服务的经常化、持久化和制度化。最后，要做好宣传工作，扩大影响，提高居民民主意识和参与水平，促进社区自我管理、自我服务。

4．逐步实现社区便民服务的法制化、制度化和规范化

要实现社区便民服务管理模式的良性循环和可持续发展，必须走法制化、制度化和规范化之路。首先，要抓紧做好社区服务的立法和制度建设工作。社区服务的立法工作要从实际出发，真正起到指导社区服务向前发展的作用。当前应尽快制定有关城市社区服务管理条例的相关法规，以适应社区服务工作快速发展的需要。其次，要建立社区服务机构登记注册和资格认定制度。最后，要严格社区服务机构的财务和审计制度。

5．逐步实现社区便民服务的社会化

随着我国市场经济体制的建立和逐步完善，城市社区管理的社会化已成为一种必然趋势。城市社区便民服务社会化需要社会的广泛参与，政府不再是社区中唯一的管理主体，它主要行使规划和宏观调控的职能，在社区服务的经费来源、项目组建、服务管理等方面要依靠社会力量，让社区内企事业单位、社会团体、志愿者组织和社区居民在政府的指导下各展其长、各尽所能，开展形式多样的社区服务。

案例 10-2

便民服务进社区　体验项目受欢迎

2015 年 10 月 13 日上午，城厢街道回澜北苑社区的社区门口人群涌动，中医把脉、测量血压血糖、修剪头发、修鞋子等一系列项目受到社区居民的欢迎。

离活动开始还有半刻钟，现场已经有好几位居民来到社区的活动地点，准备开始项目体验。81 岁的张大妈拿着自带的早餐，早早来到社区等待。“今天上午安排有些满，先去测血糖，血糖测好后就可以吃早饭了。出门前照了下镜子发现头发有些长了，正好阿红在这里志愿理发，今天就让她帮我好好剪剪。”张大妈早早占好位置等待测血糖。

量血压、测血糖是便民服务的常规活动，前来测量的老年居民几乎排成长队了。等着急的人索性到边上的牙科医生那里问诊。“我知道这颗牙有问题，每天都痛，但是除了拔掉还有其他办法吗？拔牙太危险了。”张大伯张开嘴让牙科医生观察病牙。

在中医咨询处，一位 50 多岁的傅阿姨拿着一叠中药单，想给医生好好瞧瞧。来自社区里的孙娟兰诊所的医生为她认真把脉，询问症状和生活习惯，查看舌苔。傅阿姨笑得合不拢口，称赞医生的服务态度好。

中医按摩推拿、艾条熏经络等项目深受老年居民的欢迎。“哎哟，就是这里，好痛。以前工作不注意，老低头。现在退休后看电视久了就会痛，是不是颈椎有问题？”周大妈拍打着脖子说。医生一边给她按摩推拿，一边询问感受。

另外，还有电器维修与保养、理财咨询、修理鞋子、修剪头发等服务，社区还联系了一家水果超市送来新鲜水果，请居民品尝。吃完水果继续体验其他项目，在场的大妈大伯们喜笑颜开。

拓展训练 10-2

实际参与一次社区便民利民服务

为了让学生进一步了解社区便民利民服务的具体内容，让学生课后实际参与一次社会服务，参与的社区服务内容和项目没有具体规定。

具体要求如下：

（1）可以自己联系社区，和社区一起组织一次社区便民利民活动，也可以直接参与社区组织的便民利民服务。

（2）每位同学上交一份服务心得。

第三节　社区老年人服务

案例导入

北京：互联网+社区服务　智慧养老为民服务

随着老龄化的加剧，如何让老人颐养天年，为他们提供可及的医疗和养老服务，成为医疗机构关注的焦点。2016 年 6 月 22 日，海淀区成为首批国家级医养结合试点单位，并率先在全市发布了《进一步统筹资源创新推动智慧社区养老助残服务体系建设的工作方案》，将医养结合服务体系建设纳入海淀区“十三五”规划，并纳入重点改革任务范围，统筹智慧海淀和医养结合服务信息化平台建设，制定政府购买公共性、基础性服务政策。万寿路社区卫生服务中心适时打造智慧养老平台，将医养结合与智慧医疗搭上了线，在海淀探索医养结合的新途径。

开发“福乐云”智慧养老平台

万寿路社区卫生服务中心所辖65岁以上人口9409人，共有两家养老机构。但由于社区卫生服务中心的人员是根据辖区总服务人口数配备核定，只能满足日常的基本诊疗服务，很难为高龄、重病、失能、部分失能以及计划生育特殊家庭等行动不便或确有困难的老年人提供定期体检、上门巡诊、家庭病床等服务。

与此同时，养老机构也缺乏医疗支持。如何走出一条适合社区医养结合的新途径？经多方调研与积极探索，万寿路社区卫生服务中心与居家养老社会机构协作，共同开发研讨通过“福乐云”智慧养老平台的开发，探索适合社区卫生服务机构与居家养老、机构养老医养结合的可行性方案。

将智慧医疗切入医养结合

据万寿路社区卫生服务中心负责人介绍，云智慧平台客户端（养老机构或居家）可以提供很多在线的智能服务。一方面，平台可以提供在线生命体征监测，包括血压、血氧、血糖、脉搏、心电、体温。另一方面，老人们还可以在平台上获得服药的提醒。针对需长期服药的老年人，智慧平台提供智能药盒，每天定时提醒老年人服药，平台将老人的服药信息实时上传至平台，避免漏服。此外，老人还可以通过平台进行智能呼叫。根据老年人需求，平台能够提供智能一键呼叫服务，分别安装在养老院内和居家中。

对于医务人员来说，平台的操作很简单。同时，数据实时上传至个人电子健康档案，医护人员不必上门在办公室服务终端就可看到，有助于监测老人病情变化，解决因医护人员不足导致的服务不到位。值得一提的是，平台的服务终端（社区医疗机构）可以提供医生工作站，为医护人员的诊疗服务提供平台。各项检查数据时时传送，避免医生反复录入数据，耗费时间。通过网络平台，医护人员可以足不出户地观察到患者的病情，及时给予干预和指导，相当于“网上医生”，解决了医疗服务人员不足的问题。目前，这一云智慧平台处于测试阶段，预计年底就可在整个辖区的老人中间铺开，给老人们送上更好、更便捷的医疗服务。

【思考】

（1）社区老年服务内容有哪些？

（2）如何更好地为社区老年人提供服务？

进入21世纪，我国人口老龄化进程日益加快，老年人数迅速攀升。据预测，到2025年，我国老年人口在全国总人口中所占的比例将达20%，2050年将达到25.5%。中国面临严峻的“银色”挑战。我国推行的计划生育政策、家庭结构的变化，家庭养老压力不断加大，为了更好地提升老年人生活质量，解决老年人所需，社区应发挥应有的作用。

一、老年人的特点

世界卫生组织把60岁作为老年的起始年龄，一般来说年满60岁的人被称为老年人。国际上衡量一个国家或地区是否进入老龄化社会的标准是以60（65）岁以上老年人口占总人口比重的 10%（7%）作为衡量指标。老年人在生理、心理方面都会发生相应的变化。

1．生理变化

（1）体表外形改变。老年人须发变白，脱落稀疏；皮肤变薄，皮下脂肪减少；结缔组织弹性减低导致皮肤出现皱纹；牙龈组织萎缩，牙齿松动脱落；骨骼肌萎缩，骨钙丧失或骨质增生，关节活动不灵；身高、体重随增龄而降低（身高在 35 岁以后每 10 年降低 1cm）；指距随增龄而缩短。

（2）器官功能下降。老年人的各种脏器功能都有不同程度的减退，如视力和听力的下降；心脏搏出量可减少 40%～50%；肺活量减少 50%～60%；肾脏清除功能减少 40%～50%；脑组织萎缩，胃酸分泌量下降等。由此，导致老年人器官储备能力减弱，对环境的适应能力下降，容易出现各种慢性退行性疾病。

（3）机体调节控制作用降低。老年人动作和学习速度减慢，操作能力和反应速度均降低，加之记忆力和认知功能的减弱和人格改变，常常出现生活自理能力的下降；老年人免疫防御能力降低，容易患各种感染性疾病。

2．心理变化

（1）心理孤独。造成老年人孤独的最普遍原因是：①退休在家，离开了工作岗位和长期相处的同事。②儿女分开居住，寡朋少友，缺少社交活动。老年人最怕孤独，因为孤独使老人处于孤独无援的境地，很容易产生一种“被遗弃感”，继而使老人对自身存在的价值表示怀疑、抑郁、绝望。

（2）心理空虚。这种问题多见于退休不久或对退休缺乏足够思想准备的老人。他们从长期紧张、有序的工作与生活状态突然转入到松散、无规律的生活状态，一时很难适应，伴随“空虚感”而导致的问题往往是情绪的低沉或烦躁不安，这种恶劣的心境如果旷日持久，极易加速衰老，有时可以达到使人想死的程度，对老年人的身心健康威胁很大。

（3）情绪变化。老年期是人生旅途的最后一段，也是人生的“丧失期”，如“丧失”工作、丧失权力和地位、丧失金钱、丧失亲人、丧失健康等。一般而言，老年人的情感趋于低沉，这与他们的历史经历和现实境遇是分不开的。另外，由于大脑和机体的衰老，老人往往产生不同程度的性情改变，如说话啰唆、情绪易波动、主观固执等，少数老人则变得很难接受和适应新生事物，怀念过去，甚至对现实抱有对立情绪。老年人的性情改变，常常加大了他们与后辈、与现实生活的距离，导致社会适应能力的缺陷。

总体来讲，目前老年人的社区服务需求中，有两大服务需求是非常大的：一是医疗服务，它成为老年社区服务的核心需求；二是精神慰藉需求强烈。在开展社区服务时应重点注意这两个方面的需求。

值得注意的是，随着很多老年人锻炼意识加强，对身体健康的重视，现在很多老年人，即使年龄到了六七十岁，体质仍然非常不错，精力充沛。因此，在开展社区老年人服务时，也需要从优势视角去看待老年人。

二、社区老年人服务内容

目前，国内许多社区都开展了形式多样的社区服务活动，也取得了较好的效果，不同的社区有不同的需求、不同的特点，应根据社区老年人的需要而选择合适的社区服务内容，以下只是列举了部分常见的社区老年人服务：

1. 养老服务

社区养老服务可以采取多种方式开展：①集中养老。有条件的社区，可以开设相应的养老机构，供有需要的老年人集中养老、生活。②居家养老。“床位不离家，服务送到家”，也就是老人居住在自己家中，由社区上门提供服务，如送餐、身体健康状况监测等。对身体健康、有经济支付能力的老人，实行优惠补偿的市场化服务；对低保老人、80 岁以上的高龄老人和行动不便的老人，由政府补贴服务费用。③开展老人日托中心。如果有的老人不能在家独立居住，但又不愿意去养老设施，去日托中心是个解决问题的好办法。日托中心可以满足老人的社交、心理和康复服务、体育锻炼、娱乐活动等需要。

2. 家务服务

社区服务中心可以定期派遣服务人员前往老年人的住所，帮助他们做琐碎的家庭杂事，如收拾房间、买菜做饭，看护刚刚出院或不能自理的老人，照顾老人洗澡穿衣、服药等，以及为没有子女照顾的老年人提供各种综合性服务。

3. 家庭保健服务

这是指社区保健医生或护士提供的专业或辅助专业人员的护理照料服务，他们负责分配和监督用药、换衣、康复理疗、提供个人卫生服务等。在有些社区，家务和保健服务结合在一起，服务人员可以一身兼两职。

4. 定期探望

组织社区志愿者、居委会工作人员、中小学生定期探望“空巢家庭”的老人和住养老设施的老人。探望者与老人一起可以做些老人们喜欢或需要的事情，如一起玩牌或下棋，一起看电视、聊天，或一起做手工等。一般来说探望者事先得到专业人员的培训和辅导，使他们懂得老人的需求并且愿意作为一个好的倾听者。对于没有亲人和朋友在身边的老人，探望者对老人显得更加重要。定期探望这一服务项目会大大丰富老人们晚年的精神生活，使他们感受到社会的关怀，感受到晚年生活的意义，有益于老人们的身心健康。

5. 电话服务

很多独居的老人害怕自己在家病了或伤了没有人知道，通过每天在确定的时间打电话给独居在家的老人，确认老人安然无恙，从而帮助减轻老人们的焦虑和及时发现问题。如果在确定的时间老人打算外出，他或她一般事先通知提供电话服务的志愿者。如果在确定的时间老人家里的电话没有应答，而且老人也并未事先打招呼，则立即会有人到老人家去检查。电话确认服务可以监督老人的健康状况，保持与老人的连续接触，使老人们感受到有人在关心他们。

6. 法律服务

老年人所需求的房屋出租、消费者权益保护、准备遗嘱、财产纠纷等法律服务与日俱增。很多老人一辈子都没接触过法律，他们有的觉得打官司太累，而且律师费用太贵，有的害怕同律师打交道，有的没有意识到自己享有的法律权利。社区服务中心为老人开展法律服务，通过老年中心的律师或律师事务所的专职律师，可以为老人困惑的问题提供法律咨询，为低收入的老人进行义务法律帮助。

7. 再就业服务

人才交流中心开设专门帮助那些希望再就业的老人寻找工作的服务项目，这些工作可以是全日制和半日制的。这样可以让那些有特长、身体健康、愿意继续为社会做贡献的老人发挥余热。

8. 咨询服务

老人生活中往往需要通过咨询服务来解决老人遇到的各种问题，诸如个人和家庭矛盾、退休、财政、生活安排、购物消费指导等各种问题，通过社区咨询服务，可以提高老年人晚年的生活质量，从而使老人的个人权益得到最好的尊重和保护。保护服务通常是由法律服务中心或公共机构来提供，用来保证老人的合法权益。

三、社区老年人服务注意事项

1. 服务的针对性和多样化

虽然老年人群体在整体上有非常多共同的需求，但每位老年人都面临自身特殊的问题，在设计社区老年人服务项目时，应充分了解老年人具体需求，提供多样化与个性化并举的服务来满足其多样化的活动需求。

2. 优势视角的运用

在提供社区服务过程中，应注意从优势的视角去看待老年人，为老年人营造一个积极健康的生活环境，并尽可能调动老年人参与到社区服务中来，这样不仅可以增强他们的社会融入，也可以满足他们自我实现的需求。

案例 10-3

南海推进社区养老工作 17家社区幸福院试运营

继前日出台佛山首个养老服务行业联盟标准后，南海昨日再有桂城街道夏东社区幸福院等17家社区幸福院揭牌，开始试运营，进一步推进南海社区养老工作，分担家庭养老压力。

目前，南海区60岁以上老年人口约22.5万人，占总人口的14%以上，人口老年化状况严峻。通过建设社区幸福院，南海将大力发展社区养老服务，并通过培育专业的社工服务机构，分担原有家庭承担的养老工作。

目前南海区共完成了35家社区幸福院的选址工作。除了上述17家已经完成了筹建或改建工作，其余18家社区幸福院也将在年底前完成建设任务并进入试运营阶段。同时争取实现明年覆盖40%社区、3年全覆盖的目标。

社区幸福院将引入专业社工机构，由专门的社工人才队伍制定有针对性的服务计划，为老年人提供多元化的养老服务，提高老年人对社区幸福院的认同感，增大社区幸福院的凝聚力，使社区幸福院真正成为社区老年人颐养天年的乐园。副区长冼富兰要求，社区幸福院在运营中要注重实效，要切实为社区老人打造一个贴合需求的幸福院，并做好消防、食品、安保等日常安全工作。

此外，南海打造的智慧化养老信息服务平台项目已经完成立项工作，预计在年底前完成建设并投入试运营。平台的建设预示着南海区居家养老、社区养老、机构养老将不再独立发展，而是进行有机整合，使资源得到共享。而随着平台的发展，社区幸福院将不单单是为社区老人提供日间养老服务的场所，也将作为一个联结的纽带、社区的驻点，将区、镇（街道）、社区三级养老资源进行链接，构建为老年人服务网络，满足老年人更多的服务需求。

拓展训练 10-3

开展一次社区老年人服务

为了让学生进一步了解社区老年人服务的具体内容，让学生课后实际参与一次社会服务，参与的社区服务内容和项目没有具体规定。

具体要求如下：

（1）可以自己联系社区，和社区一起组织一次社区老年人服务活动，也可以直接参与社区所组织的社区老年人服务项目。

（2）每位同学上交一份服务心得。

第四节　社区青少年服务

案例导入

杜清镇市巢凤社区四项措施推动社区青少年服务

加强宣传，争取广泛支持。青少年服务的宣传工作非常重要，宣传到位，观念转变，才更有利于青少年服务工作开展。一是重视社区青少年服务工作，给以专项青少年服务经费的配备。二是从关工委、妇联、团委出发努力配备专业从事青少年服务工作的专业人员，专职推进青少年服务工作。三是争取学生家长的大力配合，鼓励孩子家长积极参与到青少年活动中来，以便更好地了解孩子的心声，加强与孩子的沟通和交流。

净化青少年成长环境。充分认识环境对青少年成长的重要影响，联合各方力量，重点加强社区周边环境整治，坚决打击黄、赌、毒等危害青少年健康成长的社会丑恶现象和行为。

青少年服务专业化。一是每个村居建立青少年成长档案，青少年的家庭情况、生活需求一一记录。二是聘请青少年教育专家根据青少年群体身心特点设计服务项目。三是提供专供青少年活动且符合青少年需求的场地。四是聘请青少年心理医生定期回答或者热线回答青少年不想让父母知道的问题，特别对单亲家庭、低保家庭等特殊青少年人群予以更多的关注，及时进行心理干预，帮助每位青少年健康成长。

开展丰富多彩的适合青少年群体的文化活动。开展科技、文化、艺术、体育等青少年喜闻乐见的活动，充分利用社区现有的能人库、能人教室等有利资源为青少年群体开展针对性且形式新颖的活动，大力推动青少年文化建设，丰富青少年文化生活，切实保障未成年人健康成长。

【思考】

（1）社区可以为青少年提供哪些服务？

（2）如何更好地为青少年提供服务？

人的社会化是一个持续的过程，个人所处的环境对其社会化会产生一定的影响。青少年所处的重要环境有家庭、学校及社区，良好的社区环境可以为青少年社会化起到积极的影响，因此社区应和家庭、学校一起，共同为青少年的成长提供良好的空间。

一、青少年特点

青少年正处于世界观、价值观、人生观形成时期。在这个阶段，青少年身心发展尚未完全成熟，正处于寻求自我同一性的重要阶段，有的青少年缺乏辨别是非的能力，容易受到外界的诱惑，非常容易受到环境的影响。青少年存在的主要问题有以下几个方面：

（1）由于现在大多青少年都属于独生子女，父母对他们都比较溺爱，他们需要的任何东西父母都会满足，对父母形成依赖，导致很多青少年都不能独立自主，有些甚至变成啃老族，导致毕业后长期找不到工作，变成闲散青少年和失业青少年等。

（2）现在很多家庭父母不是外出打工，就是家庭属于双职工家庭，父母缺时间管教孩子，导致很多问题青少年的出现，如有的青少年沉迷于网络暴力游戏，缺乏法律常识，导致很多青少年犯罪。

（3）有的青少年辍学后在社会上闲散着，出现了边缘青少年，同时导致很多社会问题，如青少年犯罪。

（4）由于我国的教育基本属于应试性教育，只重视学业，不重视体育锻炼，很多青少年体质越来越弱，同时也养成很多青少年不喜欢体育锻炼的习惯，导致体质越来越不达标。

二、社区青少年服务内容

1. 发展性青少年社区服务

针对青少年的生理、心理和社会发展需要而提供资源，协助其正常发展而设计的发展性青少年社会工作服务，主要内容包括：

（1）开展社区青少年教育服务，如道德观教育、法制教育、身心健康教育、价值观教育等。

（2）举办并设计各种活动，使青少年学习并建立正确的人生目标，养成做事负责任的态度，培养其领导及创造能力。

（3）提供国内外时事信息的服务，使青少年了解世界发展的趋势，并明确自己所应扮演的角色。

（4）提供青少年发展中的生理、心理、情绪、行为、人际交往、社会适应等各方面的知识性辅导服务，增进人际关系、法律常识、性教育、生理保健的知识与能力。

（5）提供就业信息及就业辅导服务，以拓展青少年的就业能力等。

（6）提供青少年闲暇场所，开展各种青少年康乐活动、课业辅导、托管服务等。

2. 预防性青少年社区服务

针对青少年个人及其家庭、学校、社区现状而开展的预防性青少年社会工作服务，是指通过社会工作的各类服务，对一些潜在的、阻碍社会功能有效发挥的条件和情境进行早期发现和控制，主要内容有：

（1）改善青少年家庭生活环境，为青少年提供服务，提供青少年父母亲子教育服务，以增进父母教导青少年的技巧。

（2）改善青少年学校生活环境，加强学校对不适应学业之学生的学业辅导、技艺训练、发展补充性课程及相应活动。

（3）改善青少年社区生活环境，加强社区各组织在青少年社会工作中的合作，整合各类社区资源，为青少年发展提供良好的社会支持。

3. 治疗性青少年社区服务

针对已经发生问题的青少年的个人、家庭、社区环境的不良因素而提供的治疗性青少年社会工作服务，主要内容包括：

（1）提供就学或生活补助，以帮助有困难家庭的青少年正常成长。

（2）提供被忽略或虐待的青少年的保护服务。

（3）提供安全保护、收容服务及不适合家庭居住的青少年安置服务。

（4）提供在身体、情绪、精神等方面功能失调，以及社会人际适应不良等方面的治疗性服务。

（5）提供犯罪青少年及过失青少年的矫正服务，尤其注重社区层面的服务提供。

三、社区青少年服务方法

（1）对社区内的青少年做一个需求评估和相关问题研究，考查青少年的基本需求、特殊需求和现存问题，对这些需求做一个排序，这样可以在社区资源有限的情况下满足青少年最紧迫的需求。

（2）争取资源，为青少年建立活动场所和学习环境。例如，在社区内建立青少年服务中心、学校、图书馆、少年宫、博物馆等，逐步改善环境，扩大机构规模，让他们有更多机会去学习和丰富课余生活。

（3）加强宣传教育，争取广泛支持。让社区居民都重视青少年的需求和成长，也鼓励孩子的家长积极参与到青少年活动中来，了解他们的心声，加强与他们的沟通和交流。有条件的父母也应该为社区服务站争取更多的资源。社区服务站也应和学校进行广泛接触，同学校结合起来，共同支持青少年的健康成长。

（4）逐渐实现社区青少年服务站的网络化。青少年社区服务站首先应与教育机构、有关社区组织建立联系，争取更多机会和资源；其次，和周围社区形成网络联系也是很必要的，这样可以进行资源共享和经验交流，有助于青少年的人际沟通和交往。

（5）逐步实现社区青少年服务的多样化。由开始的治疗性服务（如针对失足青少年、失业青年等展开的服务）逐渐扩大到预防性服务（青春期生理及心理教育咨询服务）。这样不仅可以进一步满足青少年的多种需求，也能够适应社区的飞速进步。

（6）逐步实现社区青少年服务的专业化。由开始的尝试性服务到逐渐专业化，在社区内逐渐建立青少年成长档案，关注每个青少年的需求和情况，让青少年面临的问题能得到最佳的解决和补救。

（7）逐步实现社区青少年服务的规模化。由开始的较为单一、规模较小的服务模式逐渐拓展，进一步完善和改进所提供的项目，最终将社区青少年服务规模壮大，让社会各界关注青少年的成长。由一开始时各种服务和设备欠缺到逐渐完善，让社区青少年服务成为社区服务必不可少的项目。

（8）逐步实现社区青少年服务的制度化。社区青少年服务要逐渐实现规范化和制度化工作体系，如对服务人员的培训、监督机制，对机构运行的考查和评估机制。

（9）进行及时的服务评估和反馈。服务展开后，要对现已进行的活动和服务做绩效评估，不仅要考查现有工作是否有效、是否满足青少年的需求，还要看工作需要改进的地方，以备及时修正和补足。

案例 10-4

凯里打造社区青少年综合服务平台，拓宽服务渠道

凯里市北京西路社区周边有凯里十四小、凯里七小、凯里学院附中等学校，是一个留守儿童、农民工子女较多的社区。为服务青年需求，加强基层服务型团组织建设，积极探索服务青少年的全新载体和模式，2016 年 5 月，团市委联合社区整合资源，共同建立了“北京西路社区青少年综合服务平台”，通过打造“青年之声”线上联系、“青年之家”线下服务的 OTO 综合服务平台，打通服务青少年的“最后一公里”，真正为青少年做实事、解难事。

北京西路社区青少年综合服务平台

青少年综合服务平台共设有综合活动室、图书阅览室和亲情聊天室 3 个功能区。综合活动室配备有桌椅、电视、图书、益智玩具、学习工具等，可以进行学习辅导、游戏、兴趣培养等服务，丰富精神生活；图书阅览室配备各类图书 300 余册，图书种类包括儿童读物、青年创业、历史人文、文学艺术等，社区青少年均可以在这里借阅图书，增强文化知识；亲情聊天室配备电脑 8 台，供留守儿童和农民工子女与远方的父母和家人聊天交流，增进留守儿童与父母的关系，促进健康成长，同时也提供给青少年进行网络和计算机学习。

通过开展图书阅览、亲情聊天、困难帮扶、志愿服务等活动，打造一个儿童圆梦之家、少年学习之家、志愿者服务之家、青年交友之家和青年创业之家，让每一个青少年都能感受到家的温暖，找到支撑梦想远航的力量。

拓展训练 10-4

开展一次社区青少年服务

为了让学生进一步了解社区青少年服务的具体内容，让学生课后实际参与一次社会服务，参与的社区服务内容和项目没有具体规定。

具体要求如下:

（1）可以是自己联系社区，和社区一起组织一次社区青少年服务活动，也可以是直接参与社区所组织的青少年服务项目。

（2）每位同学上交一份服务心得。

第五节　社区其他人群服务

案例导入

社区做好残疾人服务工作

为提高社区残疾人服务水平，推进残疾人事业持续健康发展，锦江社区通过开展残疾人救助帮扶、完善残疾人工作服务机制、丰富残疾人文化生活等措施，切实把党和政府对残疾人的关怀落到实处。

一是日常走访，心灵慰藉。锦江社区密切联系残疾人通过上门走访、了解残疾人意愿、带领残疾人积极参与社区建设和社区活动。

二是培养生活情趣，丰富文化生活。社区通过结对帮扶、集体出游等活动，丰富残疾人精神生活，展现了社区残疾人积极向上的精神风貌，同时也营造了对残疾人的关爱和帮助残疾人的浓厚氛围。

【思考】

（1）社区可以为残疾人提供哪些服务？

（2）如何更好地为残疾人提供服务？

一、社区残疾人服务

残疾人是指在心理、生理、人体结构上，某种组织、功能丧失或者不正常，全部或部分丧失以正常方式从事某种活动能力的人。常见的有视力残疾、听力残疾、语言残疾、肢体残疾、智力残疾、精神残疾等。

社区残疾人服务是指依托社区，充分利用社区资源力量为残疾人服务，促进残疾人平等参与社会生活的一项工作。社区残疾人服务的目的，就在于通过有效的社区服务，从外因和内因两方面着手，帮助他们减少疾苦，弥补缺陷，恢复功能，尽可能正常生活与发展，最大限度融入健全人的生活之中。

由于在身体或心理上的缺陷，残疾人群体具有如下的常见心理特点，当然，不同残疾人情况会有具体差异：

（1）生理方面。不同残疾类型会给残疾人带来不同的影响，如视力残疾会让残疾人缺乏视觉空间感受，但由于没有视觉信息的干扰，又有助于其形成专注的品质。聋哑人因缺乏听力及语言能力，他们的形象思维非常发达，逻辑思维和抽象思维就相对受到影响，特别是先天失聪者。

（2）心理方面。

1）孤独感。这是残疾人普遍存在的情感体验。残疾人往往因为某方面的不便，在社会参与度方面有一定困难，加之社会上一些人群对残疾人存在一定的歧视，残疾人融入社会相对不易，其社会交往和支持相对欠缺，容易产生孤独感。

2）自卑感。身体上的缺陷造成了他们在学习、生活和就业方面所遇到的困难比普通人多得多。而且从他人甚至亲属那里得不到足够的帮助，甚至受到厌弃与歧视，这些都会促使残疾人产生自卑情绪。特别是社会上对残疾人的潜在力量还没有正确的认识和评价，没能采取有效措施帮助残疾人发挥其潜能，成为与普通人一样的社会成员，从而滋生自卑的情感体验。

3）敏感、自尊心强。由于他们身上具有残疾，往往容易使他们过多地注意自己，因而对别人的态度和评论都特别地敏感，尤其是容易计较别人对他们不恰当的称呼，如称他们为“残废人”会引起普遍的反感，盲人反对别人称其为“瞎子”，聋哑人反对称其为“哑巴”，瘫痪患者忌讳称其为“瘫子”等。如果别人做出有损于残疾人自尊心的事情，残疾人往往难以忍受，甚至会产生愤怒情绪，以至采取自卫的手段加以报复。特别是对社会上个别人采取的对残疾人的污辱和捉弄的恶劣行为，很快就会引起残疾人的反击。

4）情绪反应强且不稳定。这种特点在许多残疾人身上（如聋哑人、人格障碍、行为偏离者等）都相当突出。例如，聋哑人情绪反应强烈，而且多表现于外，频率高，持续时间短，容易“上火”和发怒，容易与别人发生冲突、争吵，搞得面红耳赤。盲人情绪反应则多隐藏于内，虽然情感体验可以很激烈，但情绪表现却并不十分明显，而且爆发性的情感较少。

二、社区残疾人服务内容

1. 残疾人社区康复服务

社区康复工作主要由社区卫生服务机构承担，主要工作内容包括：掌握社区人群残疾发生情况及残疾人的康复需求并建立档案；组织指导残疾人开展以家庭为基础的康复训练；普及康复知识和健康教育；开展残疾预防，建立并实行儿童残疾发生报告制度等。对于在社区无法满足的康复需求，向设有康复科的上级综合医院或康复服务机构进行转诊或转介。

2. 残疾人帮扶服务

落实包括城市最低生活保障制度在内的各项社会保障政策，保障残疾人基本生活；关心残疾儿童和残疾人子女的教育问题，对家庭生活困难的给予支持和帮助；宣传各项法律法规，维护残疾人合法权利；参与志愿者助残等多种活动，解决残疾人生活中的实际困难。

3. 残疾人劳动就业服务

残疾人劳动就业服务，是指帮助尚有劳动力的残疾人从事适合他们特点、符合他们能力的工作，使他们残而不废，尽可能自食其力，改善残疾人的处境，让他们更好地融合社会。组织残疾人技能大赛，开展残疾人职业技能培训，提高残疾人职业能力；积极与有关单位联系，为残疾人就业开辟渠道，帮助残疾人更好地就业；鼓励和扶持残疾人个体就业和自主创业，与有关单位协调，落实残疾人就业、创业的相关优惠政策。

4. 残疾人特殊教育服务

特殊教育服务是指通过社区组织运用特殊的方法和技巧对残疾人施以教育，使其具备必要的文化知识和职业技能，主要包括对伤残婴、幼儿进行早期启智，对轻度智障儿童进行基础教育，对智残和轻度精神病人进行行为教育，对从业残疾职工进行职业教育等。

5. 残疾人生活文体服务

组织多元化的活动鼓励残疾人参与，推动建立社区归属感和认同感；提供各种形式和各种内容的健康讲座，建立健康的生活方式；开展残疾人一对一结对帮扶活动等。

6. 残疾人维权服务

建立残疾人法律援助与法律服务网络。首先，向残疾人普及法律知识，让他们了解应享有的社会福利权、社会援助权、社会保险权、社会优抚权、机会平等权、身份平等权等权益。其次，提供法律咨询和援助服务，当残疾人权益受到损害时，及时帮助他们申请法律援助，帮助残疾人掌握法律武器，维护自身的合法权益。

7. 无障碍社区建设

建设好利于残疾人的社区无障碍环境，对于帮助残疾人克服外在障碍的影响、促进残疾人参与社会生活具有非常重要的意义。无障碍环境包括两个方面：

（1）信息和交流的无障碍。主要是要求公共传媒应使听力语言和视力残疾者能够无障碍地获取信息，进行交流，如影视作品的字幕和解说、盲人有声读物等。

（2）物质环境无障碍。主要是要求城市道路、公共建筑物和居住区的规划、设计、建设应方便残疾人通行和使用。

8. 婚姻和家庭生活服务

社会工作者通过咨询、介绍、指导和辅导可以帮助残疾人更好地建立婚姻关系和更好地调适家庭关系。

三、社区残疾人服务注意事项

1．应从残疾人本身的视角看待其能力和潜能

作为工作人员，应该保持客观中立的态度，不能对残疾人有任何歧视，同时也不能把残疾人视为完全的弱者，应该看到他们身上的潜能，给予正面肯定和激励，并且创造机会让残疾人发挥他们的能力，增强他们的信心。

2．相信残疾人有能掌控自己的生活

在服务过程中，不能家长作风，凡事替残疾人决定，而没有注重残疾人的主体能动性。

四、社区优抚服务

社区优抚服务是指社区发动和依靠社会力量，以一定的形式为社区内的优抚对象排忧解难，尽可能满足他们的各种合理需求而提供的各种服务。

我国优抚体制中的重点保障对象包括“三属”（指烈士遗属、因公牺牲军人遗属、病故军人遗属）、“三红”（指在乡退伍红军老战士、西路红军老战士和红军失散人员）、残疾军人、复员军人（1954 年 10 月 31 日前入伍，后经批准从部队复员的人员）和带病回乡退伍军人（指在服现役期间患病，尚未达到评定残疾等条件并有军队医院证明，从部队退伍的人员）。

优抚对象往往是为军队和国防建设做出或正在做出贡献和牺牲的特殊群体，我们有义务和责任对优抚对象提供相应的保障工作，优抚对象常见的问题包括老龄化问题、生活困难问题以及权益保障问题。因此，在开展优抚对象社区服务时，应充分关注其需求，帮优抚对象解决实际所需。总体来讲，优抚对象主要存在以下需要：

一是基本生活保障需要，这是最基础的需求，应根据优抚对象的具体情况，为其提供基本生活所需。

二是医疗康复需要，如为优抚对象建立健康管理档案、为优抚对象开展相应医疗服务等。

三是社会尊重的需要。

五、社区优抚服务内容

目前，优抚服务从单一的救济型发展到综合服务型，服务内容从少到多、从低层次到高层次，服务形式灵活多样，并处于不断完善和开拓中。

（1）做好现役军人（含人民武装警察部队指战员）、残疾军人、在乡红军老战士、在乡复员退伍军人、参战民兵民工、烈士遗属、因公牺牲军人遗属、病故军人遗属、现役军人家属的优待抚恤工作及国家机关工作人员伤亡抚恤工作。一是对在军队和国家机关工作人员牺牲病故后，根据其死亡性质，按规定标准发给其家属一次性抚恤金；二是对符合规定条件的烈士遗属、因公牺牲军人遗属和病故军人遗属定期发给抚恤金，以保障他们的基本生活；三是按照规定的条件审批，调整残疾军人的残疾等级，按时发放残疾抚恤金；四是对符合规定条件的老复员军人（包括在乡退伍红军老战士、西路红军老战士、在乡失散红军人员）按规定标准发放定期定量的生活补助。

（2）开展拥军优属工作。一是在重要节日期间，开展慰问走访驻军和优抚对象活动；二是依靠社会力量，坚持做好经常性拥军优属工作，使拥军优属工作走上经常化、制度化和法制化轨道；三是不断总结和推广群众创造的拥军优属新形式、新经验，培养和表彰拥军优属先进典型，使拥军优属工作不断创新和健康发展。

（3）协助做好征兵和退伍安置工作。在征兵工作中，加大宣传，开展多种形式的爱国教育和国防教育，动员适龄青年积极报名参军。协助政府的兵役、民政机关做好复原退伍官兵及军队离退休干部的安置工作。退役安置服务主要有两方面的具体事项，一是落户安置，二是就业安置。

（4）帮助解决优抚对象的实际困难。广泛动员和组织其他力量，采取临时救济、特殊照顾、结对帮扶、社会捐助等方法，解决优抚对象的具体困难，如调整和解决住房、优先解决子女入托入学、分担军人家庭重体力劳动、请医送药、安排就业、经常对优抚对象进行走访慰问等。

六、社区优抚服务注意事项

（1）以案主为中心，应充分了解优抚对象的特点和需求，以解决优抚对象的实际需求为出发点，策划和开展优抚活动，如切实解决其具体困难的就医、就业、生活保障方面的活动，或者满足优抚对象心理需求，增强优抚对象自我效能感方面的活动。

（2）注重案主的增权，通过活动的开展能够让优抚对象的自我价值得到体现，自我评价得到提高，增强其自我效能感。

（3）调动一切可用的资源，联系相关部门，争取更多的政策支持和资源支持，充分发动社区志愿者或义工组织，一起参与到活动中来。

案例 10-5

朝阳社区积极开展为优抚对象解“三难”工作

优抚对象大多数是复员军人和伤残军人，现在年事已高，基本丧失劳动能力，正处于高发病期，“看病难、住房难、生活难”的问题更为突出。

近年来，朝阳社区认真全面贯彻落实各项优抚政策，把解决优抚对象“三难”问题作为工作重点，积极采取有力措施，多方联动，努力解决他们的实际困难。

（1）认真进行调查摸底。社区工作人员积极抽时间下网格入户，深入优抚对象家中，对其家庭情况进行详细调查摸底，掌握他们的收入、住房、健康状况。对特困户进行登记审核，基本做到了底数清、情况明，为以后“解三难”工作奠定了基础。

（2）切实解决实际问题。针对优抚对象看病难的问题，通过多种方式方法解决，确保每个优抚对象在充分享受医疗报销的基础上，再享受与医疗制度有关的其他报销政策。针对住房难的问题，提供廉租房、公租房及租金补贴等方式，有效地缓解了优抚对象住房难问题。针对实施最低生活保障制度这一问题，对达不到当地最低生活水平的优抚对象优先列入最低生活保障线。在进行临时困难救助和下发救灾救济款物时，向重点优抚对象倾斜，对年事已高，因病、因残造成生活困难的优抚对象进行重点救助，保障他们的基本生活，解除其后顾之忧。

今年的社区入户调查工作基本结束，通过“解三难”这种形式，妥善解决重点优抚对象的实际困难，使他们能够感受到党和政府对他们的关爱和温暖。

拓展训练 10-5

开展一次残疾人社区服务

为了进一步了解社区残疾人服务的具体内容，让学生课后实际参与一次社区残疾人服务，参与的社区服务内容和项目没有具体规定。

具体要求如下：

（1）可以是自己联系社区，和社区一起组织一次社区残疾人服务活动，也可以是直接参与社区所组织的社区残疾人服务项目。

（2）每位同学上交一份服务心得。

练　习　题

一、名词解释

社区服务　便民利民服务　福利服务　社区优抚服务

二、填空题

1．社区服务的开展需要大量资源，但我国的社会生产力水平，决定了政府及其他有关部门向社区所能提供的外部资源是十分有限的，因此社区服务需要遵循（　　）原则。

2．（　　）是指立足于社区，为满足人们的衣、食、住、行、用、娱乐等各种需要而提供的，可以让居民方便购买或免费享受到生产生活所必需的各种服务。

3．我国优抚体制重点保障对象中的“三红”是指在乡退伍红军老战士、西路红军老战士和（　　）。

4．国际上衡量一个国家或地区是否进入老龄化社会的标准是以 60（65）岁以上老年人口占总人口比重的（　　）（7%）作为衡量指标。

三、单项选择题

1．社区服务实行的收费办法是（　　）。

A．无偿服务　　B．低偿服务

C．有偿服务　　D．无偿、低偿、有偿服务结合

2．社区服务最本质的特点是（　　）。

A．福利性　　B．群众性　　C．地缘性　　D．互动性

3．社区老年服务的目标是（　　）。

A．老有所医、老有所养、老有所乐、老有所学、老有所为

B．老有所养、老有所医、老有所乐、老有所学、老有所为

C．老有所养、老有所乐、老有所医、老有所学、老有所为

D．老有所医、老有所乐、老有所养、老有所学、老有所为

4．下列关于社区服务的说法，正确的有（　　）。

A．以社会效益为主　　B．适用道德调节机制

C．可以有营利　　D．不可以有营利

四、思考题

1．什么是社区服务？

2．社区服务常见的内容有哪些？

3．常见的社区便民利民服务有哪些？

4．社区老年人服务的方法和技巧？

5．社区青少年服务的方法和技巧？

6．社区残疾人服务的方法和技巧？

7．社区优抚服务的方法和技巧？

第十一章 社区社会保障

学习目标

- 熟悉社区社会保障的含义、功能与特征;
- 熟练掌握社区社会保障的构成;
- 掌握社区社会保障的实施方法。

社区社会保障是社会保障的一种，是以社区为依托、以社区居民为主要保障对象的社会保障体系，包括了从社会救济、医疗保险、养老保险、失业保险到社会福利等诸多社会保障内容。学习者通过阅读相关政策文件、案例，进行实地社区探访等方式，学习社区社会保障的含义、功能与特征，熟练掌握城市社区社会保障的构成及实施方法。

第一节 社区社会保障概述

案例导入

河南省三门峡市“智慧社保新服务”推便民新举措

城区医保定点药店将逐步安装高清摄像头，对医保刷卡行为远程监控；医保卡实现跨县市使用，群众就医买药更方便……

近日，在三门峡市人社局召开的新闻发布会上，该局新闻发言人王峥嵘详解了三门峡市“智慧社保新服务”给三门峡市民带来的系列惠民措施。

1. 全省首创市民家门口办医保

三门峡市在全省首创居民医保核定业务下沉社区。下沉社区后，社区工作人员可直接登录信息系统，为居民办理“参保登记—缴费核定—发放征集—手工到账”等业务，让社区居民能享受更便捷的居民医保经办服务，确保新生儿等特殊参保人员及时享受医保待遇。目前，该项工作在虢亭区先行试点，预计到今年年底，将在城区实现全覆盖。

2. 医保刷卡行为远程监管

“过去没电子监控，依靠人工审核无法察觉串换药品等违规行为。”三门峡市人社局新闻发言人王峥嵘说，有了视频监控平台，这类情况将大大好转。

今年以来，三门峡市人社局积极利用互联网技术完善医保管理，“定点零售药店服务行为智能监控”取得阶段性突破。下半年，三门峡市将在药店安装高清摄像头，对医保刷卡行为远程监管，留存影像档案，第一时间锁定违规证据。同时，将医保个人账户支付程序与药店进销存管理程序进行整合，通过药品进出比对查处账物不符、串换药品等违规行为。

据介绍，5月底，药店视频监控系统已在三门峡市三家药店开始试点，下半年将逐渐铺开。

【思考】

（1）医保下沉社区为什么实现了便民？

（2）除了医疗保障，城市社区的社会保障还包含哪些内容呢？

一、社区社会保障的含义

社会保障是现代社会化生产的产物，我国的社会保障制度始于新中国成立之初，改革开放以来，原来的社会保障体系已不能适应社会主义市场经济发展的要求，经过几十年的改革，一个新型的社会保障体系正在逐步形成。社会保障制度是以国家或政府为主体，依据法律规定，通过国民收入再分配，对公民在暂时或永久失去劳动能力以及由于各种原因生活发生困难时给予物质帮助，以保障其基本生活的社会经济制度；是国家和社会为了保障社会成员的生存权利，依法为社会成员提供基本的生活资料和福利的社会安全制度。在我国，社会保障主要包括社会保险、社会救助、社会福利、优抚安置、社会互助和个人储蓄保障等6个方面。社区社会保障是指社区（组织）承担或实施的社会保障工作，是我国社会保障体系的重要组成部分。它是以国家的社会保障制度为基础，以社区作为社会保障制度的基本落脚点，以社区居民作为社会保障的对象，以保障居民的基本生活权利和需求为根本任务的系统、多元的区域性保障模式。

二、社区社会保障的特征

在城市社区里，其保障对象之间没有工作纽带相连接，他们相居为邻可能不相往来，在市场经济体制下出现的新的社会分层，使得他们对保障的需求也呈多样化。所以，整合社区保障对象需要利用社区共同的生活环境、共同的风俗文化、共同的社区服务，甚至是共同的社区行动等来影响和带动。社区保障体现出与宏观社会保障不同的特征：

（1）普遍性。所有社区成员原则上都应普遍地、无例外地享受基本的生活物质保障。

（2）福利性。无偿的、低偿的和有偿的社区服务都可列入社区保障中社会福利的范畴，社区服务属于广义的社会保障范畴。

（3）互助性。社区保障可以通过社区所有成员的互助共济实现对少数遭遇困境的居民及其家庭的帮困或补偿；社区不仅可以用现金、物资、劳务等给社区弱势群体提供直接帮助，还可以利用社区教育进行再就业培训及职业介绍等提供间接帮助，发挥保障作用。

（4）区域性。社区保障必须立足于本社区特点，面向社区需求，依托国家社会保障制度和社区资源开展。

三、社区社会保障的功能

社区社会保障（以下简称社区保障），在我国社会发展中主要有三大功能：

（1）补偿功能。社会保障的补偿功能是指劳动者和其他社会成员在因风险或永久失去收入时必须获得一定程度的经济补偿或物质帮助。由于社区的社会保障组织及工作人员可以详细、清楚地了解社区内居民及其家庭的情况，社会保障的具体事务由社区来承担，能落实到每个家庭和个人。

（2）调节功能。一方面，在改革过程中，弱势群体大多不再依附于固定的单位保障，像老年人问题、下岗工人问题等基本都集中在社区；另一方面，社区在满足社会保障需求的多样性上，在每个居民的特殊需求和利益上，都发挥着调节功能。

（3）稳定功能。通过社区内具体的保障工作，增强社区保障对象的生活保障感、心理平衡感、社会公平感、人际亲密感，从而达到社会稳定。

案例 11-1

重庆两江新区 35 个社区可查社保服务机 8 月“上岗”

市民正在社区工作人员的帮助下查询社保信息

记者 2016 年 8 月 12 日从重庆两江新区管委会获悉，8 月 10 日，在两江新区金渝社区，社保自助服务一体机正式“上岗”。以前在社保服务大厅查询社保信息，得排上半个小时的队。现在社区就有查询机器，几分钟就搞定。

记者从社保部门了解到，为更好地方便广大居民查询和办理社保相关业务，两江新区直属的 8 个街道和 35 个社区统一配置人力资源和社会保障自助服务一体机，社保自助服务一体机于 8 月正式投入使用。“有了这样一台机器真是方便，操作也很简单，像我这样的老太婆也可以学得会，以后我随时来都可以来办理养老保险业务了。”有市民表示。

据社区相关工作人员介绍，新增的社保自助一体机功能先进，查询方便简单，参保人员只需将第二代身份证对准读卡器，或将社会保障卡和数字证书插入专门的读卡器里，通过触摸屏点击提示菜单，就可进入信息界面，既可以方便快捷地查询到个人基本信息、就业信息、养老保险、医疗保险信息，打印个人社保缴费证明，也可查询用人单位养老、医疗、工伤、生育、失业保险等信息，打印单位参保证明。此外，一体机还集成了就业服务、招聘求职等查询功能和资格认证功能。

投入使用当天，社区工作人员在一体机旁为前来进行养老保险生存认证的居民耐心地进行服务，针对查询业务内容、如何具体操作使用等进行了说明，特别针对指纹认证进行了详细讲解。

社保卡挂失或者更改密码是否可以在一体机上办理？社区工作人员表示，用身份证便可在一体机上很快进行挂失，在一体机上读取社保卡便可对社保卡密码进行更改并激活医保功能。

【问题】作为社区工作人员，你应该如何为居民讲解社保政策及社保查询机的使用呢？

【提示】熟练掌握辖区社保相关政策，熟练操作机器办理各种业务，从中总结出易于为居民接受的讲解方法。

拓展训练 11-1

社区社保专员的一天

作为未来的社区工作人员，你了解社区社保专员的一天是怎样度过的吗？通过与社区社保专员共事一天的方式，相信作为未来社区工作人员的你，应该可以了解到社保专员的工作流程及必备的知识。

1. 具体实施

（1）选定社区

首先将学生分成 4～6 人的调查学习小组，每个小组自愿或选举产生一名小组长，然后以小组为单位在学校附近选择一个社区作为调查对象，尽量让每个小组选择不同的社区。

（2）与社区建立良好的关系，征得社区主任及社保专员同意

拜访社区居委会主任或社区工作站的站长，取得其信任，征得社区主任与社保专员的同意，获得与社保专员共事一天的资格。

（3）与社保专员共事一天

以小组为单位，与社区的社保专员至少共事一天，了解社保专员的工作职责、工作流程、必备知识。

（4）资料分析，撰写调查报告

将观察到的信息和资料整理成书面的调查报告，并在课堂上进行汇报。

2. 重点提醒

（1）进入社区应征得社区相关负责人的同意。本次调查不建议采取暗访的形式，应事先征得社区领导及相关工作人员的同意，注意自己的仪表及言行，时刻秉持虚心学习的态度。

（2）汇报内容包括社保专员的工作职责、社保专员的知识储备、社保专员的工作心得及观察者的个人感悟等。

第二节　社区社会保障的构成

案例导入

大连市工人村街道社区基本情况及社区社会保障需求调查

1．社区基本形态

工人村街道社区位于中国东北大连市西岗区。工人村街道办事处所辖4个居委会建制(包括2个现行居委会和2个新筹建居委会)，占地1.59平方公里。

工人村街道现有人口22459人。从年龄特征看，14岁及以下儿童占11.7%，15～64岁人群占76%，65岁及以上老年人占12.3%，呈现出老年化特征；该街道人口性别比例失衡，男性人口比女性人口高出10个百分点，其原因是该街道80%以上居民属于原大连造船厂职工，男性居多。

工人村街道总户数7193，其中：家庭户6734，家庭户人口19657；集体户459，集体户人口2784。家庭平均人口2.9人，由父母和一个孩子组成的核心家庭占65%左右。

工人村街道大专以上人口占13.6%，超过60%的人口的文化程度在初中及以下。

从职业状况特征看，该街道有下岗职工718人，登记失业者1089人，登记下岗失业率达12%左右，加上未领证的失业下岗者，下岗失业率达到15%左右。

2．社区社会保障需求

据不完全统计，工人村街道办事处和居委会的日常工作已经超过120项，其中，社区社会保障已经成为街道办事处和居委会工作的中心任务，社区社会保障的工作量已经超过居委会工作总量的一半。根据调查，工人村街道社区的社会保障及服务需求主要体现在以下几个方面：①离退休人员的管理及养老金发放需求；②下岗失业职工的生活保障和再就业培训需求；③三无老人的养老和服务需求；④街道社区困难家庭、居民的最低生活保障；⑤社区的其他公共保障服务需求。

【思考】

(1)该社区居民的社会保障需求分别对应了社区的哪些社会保障服务？

(2)社区的社会保障服务有哪些类别？

做好社区保障的基础和前提就是要准确确定保障对象。社区保障对象是指在社区区域内的全体居民，重点是老年人、残疾人、贫困者、灾民、失业者等社会弱者和社会竞争的失败者，以及军烈属等特殊保障对象。社区保障对象除了具有多样、复杂、交叉、多变外，还有群众性、直接性等特点，这些特点给社区保障对象的分类、认定和标准的确定都带来了很大困难，但社区保障对象的认定和标准的确定又是社会保障的基础工作，有助于确保社区保障所有对象都合理地享受社会保障。我们可以将社区保障对象分成5类，即社会保险对象、社会救助对象、社区福利对象、社区优抚对象、社区互助对象。社区保障对象的认定和确定标准主要是指社区社会保障对象认定的依据、认定的方法、程序和机构，以及保障对象获得保障的条件。

一、社区社会保险

社区社会保险对象包括基本社会保险和补充社会保险两类对象。基本社会保险对象的认定是依据国家社会保险法的相关规定进行的，其中社区主要是对本社区基本养老保险、社区社会救助、社区社会福利、社区优抚和社区互助对象提供服务。

1．养老金的服务性发放

发放对象是户口在本社区的离退休人员，重点是高龄、重病和残疾老人。

2．养老金的核算、调整和补发

此类对象是异地退休、原户籍在本社区的老人，他们可以由民政局确定，街道社区负责对他们的养老金进行核算、调整和补发工作。

3．失业保险

其对象应该是户口在本社区的失业人员、无业人员和下岗待业人员。失业人员是按照失业保险法规定并在本社区进行失业登记的人；无业人员是户口在本社区，从来没有参加过工作的人员；下岗待业人员是原国有企业的职工、户口在本社区的下岗人员。街道社区对失业人员进行登记、调查、核实和现金的发放，并对以上3类人员进行管理、职业介绍、培训和就业指导等。

4．补充社会保险

其对象主要是非正规就业者及户口在本社区而没有参加社会保险的居民。补充养老保险和补充医疗保险均是自愿参加的。非正规就业者一般是由社区安排在再就业基地和非正规就业组织中就业。

5．社会保险的管理

其对象是户口在本社区的个体户和自由职业者。社区负责他们的养老保险、医疗保险和补充养老、医疗保险等社会保险的管理工作。

二、社区社会救助

社区救助对象主要包括两个组成部分：一是民政部门规定的社会救助对象，也就是说，这些对象的申请条件和救助标准是由政策所规定的，社区的职能是执行和实施救助。二是属于社区性的社会救助，即由社区通过各种渠道筹集资金，设立社会救助项目（基金），其相应的救助对象由社区自己规定和确认。

1．政策规定的社会救助对象

此类对象认定的政策依据主要是民政部的相关规定，一般可以分成以下5个类别：①最低生活保障救助对象；②低收入家庭救助对象；③特定困难救助对象；④政策规定的其他救助对象；⑤特困救助对象。

社会救助的申请范围是具有以下特征的居民：①具有本社区的常住户口；②无生活来源或有部分生活来源但不足以维持基本生活；③无直系亲属可以依靠；④无劳动能力。

在救助的过程中，社区的办事程序是：①申请。由本人向社会救助管理所提出申请，出具有关证明，并填写社会救助申请表。②审核。社区对申请救助对象进行调查审核。③批准。经审核批准的给予社会救助领取证，报不设区或市辖区的人民政府民政部门备案，不批准的书面通知申请人，并说明理由。

虽然这些救助对象是由民政部门规定的，但具体到对象的认定以及救助的执行等方面，社区是最重要的职能部门。社区的主要职责主要有：①接受申请；②对申请内容进行核查；③审查和批准；④批准决定的执行；⑤对受救助对象个人和家庭的定期核查；⑥办理受救助对象的变更、转移手续；⑦促进救助对象自助自立。

2. 社区性社会救助对象

除了国家政策规定的社会救助项目之外，社区本身也有一些社会救助基金，包括社区社会帮困基金、社区救灾基金、社区残疾人扶助基金、社区老人救助基金和社区教育助学金、社区医疗补助金等，这些基金可以统称为社区保障基金。这些基金主要来源于街道行政拨款、社区单位募集、社区居民以及社会各界人士的捐助，目的是对常住、户口在本社区的，并且符合条件的困难对象进行帮助，这也是一种托底性质的救助。具体情况如下：

（1）社区社会帮困基金。本基金的使用对象是本人无业、无收入来源且子女无力赡养的老人，父母双亡、本人无业的丧失劳动能力的贫困户。

（2）社区救灾基金。本基金的享受条件是：①遭受重大水、火等灾害，损失严重的；②在水、火等灾害中受到伤亡；③在维护社会安定、国家财产或与犯罪分子斗争中伤亡的；④其他在自然灾害中受到伤亡或重大损失的。

（3）社区残疾人扶助基金。基金的扶助条件是：①经指定评残医院评定为重症残疾并丧失劳动能力和基本生活不能自立，且经济确实有困难的；②本人无工作单位和经济收入的，在其父母及其子女每月经济收入之和中，扣除每人每月最低生活标准后仍有困难的，其不足部分按有关规定酌情解决；③凡是适用本基金范围的各类残疾人员遇到灾害、重病等情况需要救助的。

（4）社区老人救助基金。基金的救助对象是具有本社区户口、达到一定年龄的无业无生活来源的老年人。

（5）社区教育助学金。国家对在义务教育阶段就学的最低生活保障家庭成员、特困供养人员，给予教育救助。对在高中教育（含中等职业教育）、普通高等教育阶段就学的最低生活保障家庭成员、特困供养人员，以及不能入学接受义务教育的残疾儿童，根据实际情况给予适当教育救助。享受助学金的条件是：①户口在本社区并常住的中、小学生；②月人均收入低于最低生活保障标准的；③含上述条件的缺损型家庭的学生予以优先考虑。

（6）社区医疗补助金。凡是户口在本社区的无业特困居民都是本基金的补助对象。无业特困居民是指家庭经济困难，人均收入在政府规定的最低收入线以下，确实无力支付医药费的无归属的精神病人、重残无业人员和其他无业居民。

三、社区社会福利

社区福利是社区社会保障中的最高层次，主要对象是社区的全体居民，在对象认定上比较简单。具体如下：

（1）为老服务。其服务对象是本社区的老年人。

（2）再就业服务。其服务对象是本社区的下岗人员、待业人员以及失业人员。

（3）文化娱乐。其服务对象是全体社区居民。

（4）便民利民服务。其服务对象是全体社区居民。

（5）医疗服务。其服务对象是全体社区居民。

（6）残疾人服务。其服务对象是本社区的残疾人。

（7）公共卫生服务。其服务对象是全体社区居民。

（8）治安与民事调解。其服务对象是全体社区居民。

（9）教育服务。其服务对象是全体社区居民。

（10）青少年、儿童服务。其服务对象是本社区的青少年和儿童。

四、社区优抚

社区优抚对象又分为在社区中的国家保障制度规定的社会优抚对象和社区性优抚对象。国家抚恤和群众优待简称社会优抚，它是社会保障制度中特殊的组成部分，根据中华人民共和国《军人抚恤优待条例》第二条的规定，优抚对象主要包括中国人民解放军的现役军人、革命伤残军人、复员退伍军人、革命烈士家属、因公牺牲军人家属、病故军人家属、现役军人家属。

社区本身可以成立一个拥军优属性质的保障基金，基金的目的是对辖区内的中国人民解放军（含中国人民武警部队）立功的现役军人进行奖励；对在参加拥军优属工作中的先进单位、群众团体和个人的奖励；对在生活中有特殊困难的优抚对象给予奖励资助。

五、社区互助

社区互助有两种方式，一是结对帮困，二是建立社区医疗互助基金。

结对帮困是指通过动员社区志愿者和社区内的困难对象结成对子，对他们在经济上、生活上和精神上进行扶助的一种社会互助形式。在结对帮困对象的认定上，一般是先由社区对家庭进行调查，在全面了解和分析居民情况的基础上再进行分类，然后对困难对象建档发卡，最后根据志愿者的不同情况，安排不同类型的困难对象。

社区医疗互助基金的保障对象是户口在本社区的居民，身体健康（以往未患过规定的重大疾病），均可依据自愿原则，通过向所在社区劳动保障管理组织提出书面申请参加医疗互助。这里的重大疾病的范围可以参照国家医疗保险的相关规定。

案例 11-2

安徽省铜陵市露采社区积极宣传城乡居民医疗保险新政策

为扎实推进 2016 年度城乡居民医疗保险工作顺利开展，使更多的居民享受到基本医疗保障政策。近期，铜陵市露采社区集中力量多举措宣传城乡居民医疗保险惠民政策。

一是抓关键内容。在居民关心的参保程序、医药费报销等方面做好宣传，并针对城乡居民医疗保险的集中参保期（每年 9、10、11 月）重点宣传，避免有参保意愿的居民错过参保时间，集中力度宣传 2016 年缴费标准：取消城乡居民参保人员结构性缴费 80 元、250 元、210 元，统一城乡居民基本医疗保险个人缴费标准为 150 元/年。

二是抓重点对象。面向新生婴儿、70 周岁以上老人及低保、重残等可享受医保优惠政策的人员一对一宣传，使其及时参保，尽早享受到国家的优惠政策，争取做到“不丢一户、不漏一人”。

三是抓宣传方式。通过网格员宣传、发放宣传单、张贴参保通知书等形式广泛宣传城乡居民医疗保险政策，确保做到家喻户晓、人人皆知，真正实现“全覆盖”的宣传效果。

在集中参保期间，露采社区积极落实工作措施，安排专人专岗负责，规范参保业务流程，认真做好居民参保登记、缴费和信息录入等工作，确保医疗保险政策落实到位。

【问题】作为社区工作人员，你应该如何为居民讲解社区医保政策呢？

【提示】熟练掌握医疗保险相关政策，从中提炼居民关注的要点，并以易于为居民接受的讲解方法进行讲解。

拓展训练 11-2

作为未来的社区工作人员，社区社会保障政策掌握的熟练程度对于工作能否顺利开展起到十分关键的作用。在上一次的拓展训练中，学生们已经和社区相关领导及社保专员建立了良好的关系，并且了解了社保专员的工作流程，那接下来请选取几个常用的政策进行系统学习，并提炼要点，在下节课上课的时候和其他组员进行分享。

1．具体实施

（1）小组学习

依旧延续以前 4～6 人的调查学习小组，每个小组自愿或选举产生一名小组长，组长负责组织组员进行学习，每个小组成员均有自己的任务，分工明确。

（2）政策选取

通过和之前选定社区的社保专员进行沟通，了解常用到的政策文件有哪些，并进行政策学习。

（3）案例选取

以小组为单位，与社区的社保专员进行沟通，至少选取 3 个及以上与该政策相关的案例并进行匿名化处理。

（4）政策要点提炼及案例整理

将所选取的政策要点进行提炼，并把案例整理好用于对政策的解说，制成 PPT 并于下次上课时进行汇报。

2. **重点提醒**

（1）每个小组长之间自行进行协调，尽量保证每个组之间选取的政策为不相同的政策。

（2）了解案例应以学习政策为目的，不可涉及传播服务对象个人隐私。

（3）汇报内容包括政策实施目的、政策帮扶的对象、申请条件及工作流程、案例分析与分享等。

第三节　社区社会保障的实施

案例导入

鹞山社区落实计生困难家庭大病救助计划

为了安抚鹞山社区计划生育大病困难家庭，鹞山社区早在 10 月初就对辖区内的计生困难家庭进行大病摸底工作，从而核实到家住在四区八栋的王师傅身患尿毒症肾衰竭，长期住院治疗。为了缓解王师傅的治病压力，社区卫计办将王师傅的情况填写好相关文件向区卫计委申报年底计生困难家庭大病救助。

据悉今年辖区内申报计生困难家庭大病救助家庭工作，共包括：

（1）广泛宣传。通过 LED 宣传屏、发放宣传单等形式让辖区居民了解人口基金会救助政策。

（2）做好救助计划生育困难家庭摸底工作，社区网格责任人按网格入户对辖区计划生育困难家庭进行摸底登记。

（3）申报计划生育困难家庭经费。让救助家庭填报申报表，做到一人一档。

（4）公示申报的计划生育困难家庭名单。通过在政务公开栏公示申报名单，以确保申报工作做到公平、公正。

【思考】

（1）大病救助属于社区的什么保障？

（2）作为社区工作人员该如何发掘救助对象并为其提供帮助呢？

一、社区最低生活保障

居民最低生活保障标准，又称为居民最低生活保障线，是国家为救济社会成员收入难以维持其基本生活需求的人口而制定的一种社会救济标准。最低生活保障标准是居民最低生活保障制度中最基本的内容，也是区别于传统社会救济制度的重要标志。

1. 保障对象

持有非农业户口的城市居民，凡共同生活的家庭成员人均收入低于当地城市居民最低生活保障标准的，均有从当地人民政府获得基本生活物质帮助的权利。所称收入，是指共同生活的家庭成员的全部货币收入和实物收入，包括法定赡养人、扶养人或者抚养人应当给付的赡养费、扶养费或者抚养费，不包括优抚对象按照国家规定享受的抚恤金、补助金。

2．基本原则

城市居民最低生活保障制度遵循保障城市居民基本生活的原则，坚持国家保障与社会帮扶相结合、鼓励劳动自救的方针。

3．资金来源

城市居民最低生活保障所需资金，由地方人民政府列入财政预算，纳入社会救济专项资金支出项目，专项管理，专款专用。

国家鼓励社会组织和个人为城市居民最低生活保障提供捐赠、资助；所提供的捐赠、资助，全部纳入当地城市居民最低生活保障资金。

4．保障标准

城市居民最低生活保障标准，按照当地维持城市居民基本生活所必需的衣、食、住费用，并适当考虑水电燃煤（燃气）费用以及未成年人的义务教育费用确定。

直辖市、设区的市的城市居民最低生活保障标准，由市人民政府民政部门会同财政、统计、物价等部门制定，报本级人民政府批准并公布执行；县（县级市）的城市居民最低生活保障标准，由县（县级市）人民政府民政部门会同财政、统计、物价等部门制定，报本级人民政府批准并报上一级人民政府备案后公布执行。

城市居民最低生活保障标准需要提高时，依照前两款的规定重新核定。

5．申请流程

申请享受城市居民最低生活保障待遇，由户主向户籍所在地的街道办事处或者镇人民政府提出书面申请，并出具有关证明材料，填写《城市居民最低生活保障待遇审批表》。城市居民最低生活保障待遇，由其所在地的街道办事处或者镇人民政府初审，并将有关材料和初审意见报送县级人民政府民政部门审批。

管理审批机关为审批城市居民最低生活保障待遇的需要，可以通过入户调查、邻里访问以及信函索证等方法对申请人的家庭经济状况和实际生活水平开始调查核实。申请人及有关单位、组织或者个人应当接受调查，如实提供有关情况。

6．待遇核定

县级人民政府民政部门经审查，对符合享受城市居民最低生活保障待遇条件的家庭，应当区分下列不同情况批准其享受城市居民最低生活保障待遇：

（1）对无生活来源、无劳动能力又无法定赡养人、扶养人或者抚养人的城市居民，批准其按照当地城市居民最低生活保障标准全额享受。

（2）对尚有一定收入的城市居民，批准其按照家庭人均收入低于当地城市居民最低生活保障标准的差额享受。

县级人民政府民政部门经审查，对不符合享受城市居民最低生活保障待遇条件的，应当书面通知申请人，并说明理由。

管理审批机关应当自接到申请人提出申请之日起的30日内办结审批手续。

城市居民最低生活保障待遇由管理审批机关以货币形式按月发放；必要时也可以给付实物。

二、社区养老保障

1. 综合服务保障

社区养老服务是通过政府扶持、社会参与、市场运作，逐步建立以家庭养老为核心，社区服务为依托，专业化服务为依靠，向居家老人提供生活照料、医疗保健、精神慰藉、文化娱乐等为主要内容的服务。社区养老服务在整个养老服务体系中具有独特的地位，它扮演着具有依赖性需求的老年人的“眼睛”和“手脚”的角色，是保证城市老年人生活质量强有力的服务保障。

（1）社区老人生活照料服务。主要是建立老年服务中心、照顾中心、家政服务中心。通过上门和日托等服务形式，为居家且需要帮助的老人提供日常生活方面的护理服务、生活照顾以及精神慰藉。同时引导社区组织开办银色产业，设立托老所、老人食堂、老人洗衣房等设施，发挥规模效应，集中优势资源为老人提供优质、低价和专业服务。

（2）社区老人医疗保健服务。使社区内的老人真正获得便利、优质的医疗保健服务，是发展社区养老服务事业过程中的头等大事。社区卫生服务是保障老年医疗服务最合适的形式。实践证明，开展以“研究居民健康状况，强调家庭医学和健康教育促进为主”的服务方式，不仅提高了老年卫生服务的公平性和效率，又在控制医疗费用增长和提高居民健康水平方面起到了卓有成效的作用。不仅如此，以社区医疗卫生服务站为依托，在社区内为老人提供集医疗、康复、护理和健康教育于一体的便捷就近的基本医疗卫生服务，在社区内为老人形成一个老年疾病预防、老年医疗和康复的三重功能医疗网络，是老年医疗卫生保健的重要方法和途径。发挥社区医疗卫生服务中心的辐射功能，完善上门医疗服务功能，不仅保障老人身体健康，更要提高老年人生命质量，实现健康老龄化。

（3）社区老人文化娱乐服务。鼓励各种社会力量帮助老人丰富精神文化生活，提高老年精神文化参与度。为老人提供娱乐文化服务必须做好3个方面的工作：①提供需要的场地和设施。免费向老人提供活动场所和设施，可根据实际情况建立形式多样的老年文化娱乐中心、老年学校等形式，增进老人的生活情趣，扩大社交范围，丰富老人的日常生活，使老人精神生活得到慰藉，满足老人的娱乐与求知需要。②组织日常活动。通过基层群众组织管理老年人日常文体活动，不仅培养老人活动兴趣，还可以让老人发挥余热，满足自身自我价值实现的需求。③增进交流。通过推进社区文体活动的形式，提供老人能够交友和交流的平台，鼓励和促进老人参与社会发展，帮助老人进行心理调适，提高老人精神文化生活参与程度。

（4）社区老人权益保障服务。老人是社会弱势群体，自身权益维护对老人十分重要。通过开展法律咨询、调解、援助等服务活动帮助老人解决各种纠纷，依法处理和打击侵犯老年人合法权益的不法行为，维护和保障老人的权益。老年人的权益保障工作和服务主要包含两个方面的内容：①法律保护。在民政、司法等相关部门协助下，为需要保护服务的老年人提供法律上的援助，帮助老年人依靠法律武器维护自身的合法权益，并对一些民事上的纠纷加以调节。②生活保护。帮助对生活失去信心和安全感的老人树立生活勇气，防止因缺乏必要的生活保护而产生不良后果。通过对老年人和家属的协调、沟通，能够有效帮助老年人化解危机和矛盾。

2. 资金整合保障

资金短缺是制约社区社会化养老服务深入发展的瓶颈，推进社区社会化养老必须建立多元化社区养老服务投资体系。因此，社区养老保障系统的良好运行需要持续稳定的财政支持，这关系到社区养老服务开展的效果，建立一个多渠道筹集、统一管理的模式是社区养老保障的关键。

① 资金的筹集。政府是最大的资源拥有者，因此也是社区养老资金的主要来源和后盾。中央政府和地方政府应采取相应措施支持社区养老事业，也应从财政中拿出一定资金支持社区养老事业的发展。但是，仅靠政府筹资远远不够，我们也要发挥社会力量，社会筹资包括企事业单位、社会团体等的资助。由于我国历史、社会文化等方面的原因，我国社会慈善事业发展缓慢且不健全，因此需要政府的大力支持和鼓励社会慈善事业的发展。

② 设立监督机制保证资金的专款专用。资金的使用如果没有合适的监督机制，就有可能出现资金挪用的现象，因此为保证社区资金使用的科学、合理和透明，应设立相应的资金监督机制。此外，在不影响社区养老工作正常运行的前提下，要制定合理的资金使用额度，以避免资金浪费。

下面将选取两个与资金保障息息相关的政策来具体为大家解读社区养老保障。

（1）社区养老保险

社区养老保险也称城镇居民养老保险，年满 16 周岁（不含在校学生）、不符合职工基本养老保险参保条件的城镇非从业居民，可以在户籍地自愿参加城镇居民养老保险。

1）缴费标准。城镇居民养老保险基金主要由个人缴费和政府补贴构成。缴费标准目前设为每年 100 元、200 元、300 元、400 元、500 元、600 元、700 元、800 元、900 元、1000 元 10 个档次，地方人民政府可以根据实际情况增设缴费档次。参保人自主选择档次缴费，多缴多得。国家依据经济发展和城镇居民人均可支配收入增长等情况适时调整缴费档次。

政府对符合待遇领取条件的参保人全额支付城镇居民养老保险基础养老金。其中，中央财政对中西部地区按中央确定的基础养老金标准给予全额补助，对东部地区给予 50% 的补助。

地方人民政府应对参保人员缴费给予补贴，补贴标准不低于每人每年 30 元；对选择较高档次标准缴费的，可给予适当鼓励，具体标准和办法由省（区、市）人民政府确定。对城镇重度残疾人等缴费困难群体，地方人民政府为其代缴部分或全部最低标准的养老保险费。

2）使用途径。国家为每个参保人员建立终身记录的养老保险个人账户。养老金待遇由基础养老金和个人账户养老金构成，支付终身。中央确定的基础养老金标准为每人每月 55 元。地方人民政府可以根据实际情况提高基础养老金标准，对于长期缴费的城镇居民，可适当加发基础养老金，提高和加发部分的资金由地方人民政府支出。

3）年龄限制。参加城镇居民养老保险的城镇居民，年满 60 周岁，可按月领取养老金。城镇居民养老保险制度实施时，已年满 60 周岁，未享受职工基本养老保险待遇以及国家规定的其他养老待遇的，不用缴费，可按月领取基础养老金；距领取年龄不足 15 年的，应按年缴费，也允许补缴，累计缴费不超过15年；距领取年龄超过15年的，应按年缴费，累计缴费不少于15年。

（2）高龄老人津贴制度

2014年年底，中国的老年人口数量达到2.12亿人，成为世界上第一个老年人口破2亿的国家。2055年左右是中国老年人口最多的时候，预计将接近4.5亿人，此后一直到2100年的时候老年人口总数不会低于3.6亿人。2050年以后，中国80岁以上的高龄老人会保持在1亿人这个庞大的数字，高龄老人的社会保障问题也成为社会关注焦点。我国各省市纷纷建立高龄老人津贴制度，目前，我国已有19个省份开始执行高龄老人津贴制度，接下来我们来具体解读一下该制度。

1）发放对象。我国大部分省份的高龄老人津贴面对的都是80岁以上老人。80～89周岁老人为第一档、90～99岁老人为第二档、100岁以上老人为第三档。各个档次的津贴发放标准也有差异。

2）发放标准。一般来说，高龄老人津贴分为3档：

① 80（含80）～89周岁为每人每月50元。

② 90（含90）～99周岁为每人每月100元。

③ 100（含100）周岁以上为每人每月300元。

以上为大部分省市对高龄老人津贴的标准，具体标准以当地民政局为准。

3）发放形式。一般来说高龄老人津贴的发放频率为一个月一次，由老人本人或监护人持相关证件到负责单位（一般为老人户籍所在地的社区居委会）领取即可。

三、社区医疗保障

自从改革开放至今，我国的医疗救助事业有了长足的发展，尤其是进入21世纪以后，我国的医疗救助服务走上了高速发展的轨道。在国家有关部门颁布了一系列农村医疗救助服务的法律法规之后，2005年国务院转发了四部委联合发布的《关于建立城市医疗救助制度试点工作的意见》，意见提出用两年时间在部分地区进行试点工作，之后再用一段时间在全国范围内推广建立起制度化、规范化的城市社区医疗救助服务制度。

据中华人民共和国民政部《2015年社会服务发展统计公报》显示：2015年资助参加基本医疗保险6634.7万人，支出资助参加基本医疗保险资金61.7亿元，资助参加基本医疗保险人均补助水平93.0元。2015年直接医疗救助2889.1万人次，其中，住院救助1307.9万人次，门诊救助1581.2万人次；支出资金236.8亿元，其中，住院救助208.7亿元，门诊救助28.0亿元。由此可知医疗救助在社区保障中发挥着十分重要的作用。

1. 保障对象

随着国家经济的日趋繁荣，我国的医疗救助制度也不断完善，救助水平不断提高。按照现行的医疗救助制度，主要有以下几类人员可以享受城市医疗救助：

（1）已经参加城市居民最低生活保障制度的居民。

（2）城镇三无人员。

（3）城镇重度残疾人员，无法完全从医疗保险中获得满足的。

（4）慢性疾病患者。

（5）家庭特别困难的精神病患者。

（6）其他需要医疗救助的人员。

2．保障标准

医疗救助标准遵循“广覆盖，低标准”的原则，救助标准也根据各地政府的财政情况进行调整。救助的主要项目主要以大病为主，资金主要靠国家财政和地方财政共同负担，辅之以福利彩票和社会捐助等。保障的程序是个人申请，城市社区机构评议，最终由民政部门审核，医疗机构提供服务。

3．具体政策介绍

（1）社区医疗保险。社区医疗保险属于城镇居民医保，也就是针对城镇户口中没有办法参加职工医保（普通医保）的人群，交的费用比较少，但报销比例和总报销额度也没有职工医保高，并且就医的时候在医院的选择上必须从社区医院开始，符合转院规定了才可上大医院就医，若直接前往大医院的话，则可能不可享受报销政策。

参保居民在定点医疗机构住院（含家庭病床）医疗费用，实行确定起付标准、超过起付标准以上部分按医院级别分比例支付以及最高支付限额控制的办法。

1）起付标准：社区卫生服务机构 250 元；一级医院 350 元；二级医院 500 元；三级医院 700 元。

2）支付比例：城镇非从业居民在社区卫生服务机构接受诊疗的，统筹基金支付 70%，个人承担 30%；在一级医院接受诊疗的，统筹基金支付 60%，个人承担 40%；在二级医院接受诊疗的，统筹基金支付 50%，个人承担 50%；在三级医院接受诊疗的，统筹基金支付 40%，个人承担 60%。

少年儿童统筹基金支付比例按城镇非从业居民相应标准提高 5%执行。

3）大病报销：两种门诊大病费用可报销，门诊大病包括门诊特殊病种（恶性肿瘤门诊放化疗、门诊肾透析、器官移植术后服抗排斥药）和慢性病（高血压、冠心病、糖尿病）。

门诊治疗特殊病种：统筹基金支付 50%，个人负担 50%。

门诊治疗慢性病：一个年度内，在定点医疗机构发生的门诊治疗慢性病的医疗费累计超过 350 元的，超过部分由统筹金按照 50%的标准支付，统筹基金最高支付限额为 2000 元。

（2）大病医疗救助。大病医疗救助是指依托城镇居民（职工）基本医疗保险和新型农村合作医疗结算平台，资金投入稳定、服务平台共用、信息资源共享、结算支付同步、管理运行规范、救助效果明显、能够为困难群众提供快捷服务、覆盖城乡、科学规范的一种新型医疗救助制度。

1）救助对象：①农村五保对象；②城镇无劳动能力、无经济收入来源、无法定赡（抚、扶）养人的人员（简称城镇“三无人员”）；③城乡居民最低生活保障对象；④享受民政部门定期定量生活补助的 60 年代精简退职职工；⑤享受民政部门定期抚恤补助的重点优抚对象；⑥总工会核定的特困职工；⑦城乡低收入家庭成员。

2）救助形式：大病医疗救助以“资助参合参保、基本诊疗费用减免、特殊门诊定额救助、住院医疗救助、重病慈善救助”五位一体作为大病医疗救助方式，救助对象无须再实行个人申请、审核、审批，可直接纳入城乡医疗保险和医疗救助数据库，全面实行基本诊疗费减免、医疗保险补偿、医疗救助、个人自付“一单清”的同步结算服务。

3）申请及工作流程：

个人申请要提供的材料：医疗救助申请书；户口簿、申请救助人身份证；农村（城镇）低保证复印件；申请救助人住院的出院证明、转院证明；住院医疗费用发票原件；医疗诊断书、病历复印件。

村（居）委会工作流程：调查核实；组织村（居）民代表评议；符合条件的村（居）委会公示；对不符合条件的返回申请人。

镇社会救助办工作流程：调查核实；符合条件的返回村（居）委会；不符合条件的返回村（居）委会，并书面告知不符合条件的原因。

区民政局工作流程：复核审批；符合条件的返回村（居）委会公示；不符合条件的逐级返回。经核实审查通过之后，对符合条件的发放对象发放救助金。

四、社区就业保障

由社区开展的就业服务正在逐渐成为完善社会保障制度和城市就业的重要内容，社区就业服务的灵活性加速了劳动力资源的重新配置和合理流动，为解决城市再就业服务问题发挥了重要作用。

1. 就业困难人员灵活就业社会保险补贴

（1）享受对象：

1）申报灵活就业并缴纳社会保险费的就业困难人员。

2）在社区公益性岗位就业，签订一年以上期限劳务协议并缴纳社会保险费的就业困难人员。

（2）补贴标准：按其实际缴纳基本养老保险费和基本医疗保险费的2/3计算。

（3）补贴期限：一般不超过3年。

（4）补贴办法：实行先缴后补的办法。

2. 就业补贴

（1）享受对象：低保就业服务对象，即正在享受低保待遇的，在法定劳动年龄内有劳动能力，有就业再就业愿望的城市低保人员（不含全日制在校学生）。

（2）补贴原则：实行“先就业，后补贴”的原则，并对特困低保就业服务对象给予重点帮扶。

（3）补贴标准：低保就业服务对象申请就业补贴，按其家庭当月核减低保金总额的60%以内给予就业补贴：特困低保就业服务对象，按其家庭当月核减低保金总额的70%以内给予就业补贴。月收入超过当地企业职工最低工资标准2倍的不给予就业补贴。

（4）补贴期限：累计最长不超过36个月。

3．积极支持鼓励大学生自主创业

（1）设立大学生创业专项资金，用于大学生自主创业政策性扶持和表彰奖励等。

（2）在小额担保贷款基金中，设立大中专毕业生创业基金，登记失业的高校毕业生自主创业可申请小额贷款并享受全额贴息。

（3）大学生从事个体经营，全部免除登记类、管理类收费，实行“一次办照，终身免费”的零收费政策；并适当提高营业税起征点，对不征收营业税、增值税且无应纳所得的，不征个人所得税。

（4）建立创业孵化基地，并为待孵化企业提供场地、税费减免、创业指导培训等服务。

（5）成立大学生自主创业服务中心，为大学生创业提供指导和服务。

4．小额担保贷款

（1）享受对象：在本区内已解除劳动关系，从事个体经营或合伙经营的下岗失业人员、高校毕业生未就业并进行了登记失业的人员、其他城镇登记失业人员、从事非农业性个体经营或合伙经营的属地户籍农民工。

（2）贷款条件：申请对象年龄男在60岁以内、女在55岁以内（已退休人员、大龄下岗职工除外），具有完全民事行为能力的自然人，身体健康、诚实守信、经过就业再就业培训、具备一定劳动技能、户口在本社区居委会的常住人口或办理了居住证的农民工。

（3）贷款额度：个人申请小额担保贷款原则上在5万～8万元以内；合伙经营实体或小企业吸纳上述人员申请小额担保贷款，按平均每人5万元计算，原则上不超过100万元。

（4）贷款期限及贴息：小额担保贷款期限为1年。借款人结清贷款本息后，可续贷1年。下岗失业人员、登记失业高校毕业生、复员退役军人和其他城镇登记失业人员和进城创业农民工，财政给予全额贴息。

五、社区助残保障

社区助残保障服务工作主要通过发动社区资源，调动社区力量实现残疾人的康复和就业，帮助残疾人实现平等参与社会生活的机会。社区残疾人保障服务工作是新时期我国社会保障体系的主要组成部分之一，对于残疾人事业的发展有着不可估量的贡献。通过总结各地的助残保障实施方法，大体可归结为以下几个类别：

1．扶残助学

（1）扶助对象：持有辖区户籍并持有第二代《中华人民共和国残疾人证》，在国家认可的基础教育、高等教育和成人教育学校就读的残疾学生和贫困残疾人子女（贫困残疾人是指享受低保或属于民政部门建档的城乡特殊困难家庭残疾人）。

（2）资助形式：

1）一次性资助：考入技校、职高和中专；参加电大、成人、函授、自考等学习并取得国家学历；考入全日制硕士和博士研究生。

2）阶段性资助：在幼儿园、小学、初中就读；在高中就读；在大专就读；在本科就读。

（3）申请流程：学生本人或监护人根据申请的内容，每年8月底前到户籍所在地街道公共服务中心或社区便民中心申请下一学年扶残助学补贴，填写《××区扶残助学资助申请表》一式两份，同时提交以下材料：

① 残疾学生或贫困残疾人就学子女的身份证、户口本原件和复印件。

② 残疾学生或贫困残疾人的残疾证（一户多残家庭需提供两个及以上的残疾人证）原件和复印件。

③ 学生入学证明或所在学校就读证明（学校证明、成绩册、学生证或录取通知书等）原件和复印件。

④ 低保证原件和复印件，或特殊困难家庭登记表（残疾人学生除外）复印件。

2．生活补贴及护理补贴

（1）补贴对象：具有辖区户籍并持有第二代《中华人民共和国残疾人证》，且享受低保的残疾人。

（2）申请程序：申请人或委托代理人第一次或重新申请生活补贴，到户籍所在地的街道公共服务中心或社区便民中心填写《××市贫困残疾人生活补贴申请审批表》一式两份（同时提供指定的银行卡号），同时提交以下材料：

① 申请人身份证、户口本、残疾证和低保证原件和复印件。

② 委托代理人申请的，还需提供委托书和代理人的居民户口簿、身份证原件及复印件等相关证明材料。

3．劳动技能培训补助

（1）补助对象：具有当地户籍并持有第二代《中华人民共和国残疾人证》，处于就业年龄段内（男16～59岁，女16～54岁），在有资质的培训机构参加培训的残疾人及其父母、配偶和子女。每人培训不得超过两次，同一培训项目不得重复参加。

（2）补助标准：根据取得证书登记进行补助（各地补助金额以当地政策规定为准）。

（3）申请流程：申请人到户籍所在地街道公共服务中心或社区便民中心提出申请，填写《××区残疾人劳动技能培训补助申请表》一式两份，同时提供以下材料：

① 申请人身份证、户口本、残疾证原件和复印件。

② 劳动技能培训发票原件和复印件。

③ 劳动技能培训合格证书原件和复印件。

④ 残疾人的父母、配偶和子女参训的还需提供与残疾人关系的证明。

4．自主创业扶助

（1）扶助对象：具有辖区户籍并持有第二代《中华人民共和国残疾人证》，在就业年龄段内（男16～59岁、女16～54岁）从事个体经营或开办微型企业的残疾人。

（2）扶助条件：

1）个体经营。持有工商、烟草等相关部门颁发的经营证照，并有合法固定的经营场所。

2）微型企业。持有工商部门颁发的经营证照，在辖区注册创办且存活3年以上。

（3）申请条件：申请人或委托代理人到户籍所在地街道公共服务中心或社区便民中心提

出申请，填写《××区残疾人自主创业扶助申请表》一式两份，同时提交以下材料：

1）申请人身份证、户口本和残疾证原件和复印件。

2）合法经营证照原件和复印件。

3）合法固定经营场所证明复印件。

4）委托代理人申请的，还需提供委托书和代理人的居民户口簿、身份证原件及复印件等相关证明材料。

案例 11-3

高龄津贴年底惠及80岁以上老人

自2011年我省提出建立80岁以上高龄老人补（津）贴制度以后，目前全省除潮州、云浮等2个地市面向困难高龄老年群体外，其余19个地市均建立普惠型的高龄老人津贴制度，广州、东莞以及深圳、佛山的大部分区还将发放高龄津贴范围扩大到当地 70 岁以上老人。据不完全统计，全省领取高龄津贴的老年人总数达到201万人，去年地方财政用于发放高龄津贴的资金超过12亿元。预计在今年底前，可实现全省全面建立普惠型的80岁以上高龄老人补（津）贴制度的目标。

截至去年底，我省 60 岁以上老年人口 1194 万，占全省户籍总人口的 13.4%，其中 80 岁以上的高龄老人约187.3万，人口老龄化形势日益严峻。

在交通出行方面，各地均出台了老年人乘坐公共交通工具的优惠政策。其中，深圳、佛山、东莞、茂名等7个地市及江门鹤山市不限户籍，将优惠范围扩大到外埠老年人。

同时，我省还加快推进老年人意外险的覆盖，各地均实现了政府出资为特殊困难老年群体投保，自费投保业务也在快速发展。截至7月中旬，全省投保人数已经达到了256.7万人，覆盖率达23%，全省共理赔5000多例，赔付金额600多万元。

【问题】社区养老保障政策有哪些呢？各省市高龄津贴的实施措施有什么差距？

【提示】熟练掌握社区养老保障相关政策，去寻找几个典型的城市如北京、上海、深圳等，分别去了解该城市高龄津贴的异同。

拓展训练 11-3

作为未来的社区工作人员，社区社会保障政策掌握的熟练程度对于工作能否顺利开展起到十分关键的作用，同时社区居民是否了解社区社保政策也直接影响着社区社保政策的顺利实施及推广普及。在上一次的拓展训练中，学生们已经掌握了部分社保政策并提炼了学习要点也进行了案例分析，现在就请以社区居民的视角策划一场相应政策的社区宣传活动，下节上课时进行策划书的汇报与讲解。

1．具体实施

（1）小组学习

依旧延续以前 4～6 人的调查学习小组，每个小组自愿或选举产生一名小组长，组长负责组织组员进行学习，每个小组成员均有自己的任务，分工明确。

（2）活动策划

结合上周分享的社区保障政策及案例、结合之前调研所在社区的基本情况，策划一场政策宣传活动。

（3）展示练习

将撰写好的活动方案制成 PPT 并以小组为单位进行展示练习，展示形式不拘泥于汇报，可以以情景剧、活动预演等形式进行。

2. **重点提醒**

（1）活动策划要推陈出新，尽量跳出以往社区宣传政策的枯燥宣传方式。

（2）汇报内容包括策划目的、理论依据、活动流程、人员分工、经费预算、效果评估等。

练 习 题

一、名词解释

社会保障　社区社会保障　社区最低生活保障　社区养老保险
大病医疗救助　社区助残保障

二、填空题

1. 社区保障对象是指在社区区域内的全体居民，重点是（　　）、（　　）、贫困者、灾民、失业者等社会弱者和社会竞争的失败者，以及军烈属等特殊保障对象。
2. 社区社会保险对象包括基本社会保险和（　　）两类对象。
3. 社区福利是社区社会保障中的最高层次，主要对象是社区的（　　）。
4. 社区互助有两种方式：一是结对帮困；二是（　　）。
5. 医疗救助标准遵循（　　）的原则，救助标准也根据各地政府的财政情况进行调整。

三、单项选择题

1. 参加城镇居民养老保险的城镇居民，年满（　　）周岁，可按月领取养老金。

　　A. 60　　B. 65　　C. 55　　D. 70

2. 社区社会保障的特征不包括（　　）。

　　A. 普遍性　　B. 互助性　　C. 区域性　　D. 随机性

3. 居民最低生活保障所需资金的来源是（　　）。

　　A. 社会捐赠
　　B. 福利彩票基金
　　C. 财政预算中社会救济专项资金支出
　　D. 社会组织筹集

4. 社区社会保障的功能不包括（　　）。

　　A. 发展功能　　B. 补偿功能　　C. 调节功能　　D. 稳定功能

5. 就业困难人员灵活就业社会保险补贴期限一般不超过（　　）。

　　A. 1 年　　B. 2 年　　C. 3 年　　D. 5 年

四、思考题

1．社区社会保障的概念与社会保障的概念有什么异同？
2．社区社会保障有哪些特征？
3．社区最低生活保障政策的内容有哪些？
4．社区养老保障包含哪些方面？
5．社区助残保障的政策有哪些？
6．社区就业保障政策有哪些？
7．结合实际，谈谈如何使得社区居民了解社区保障政策？

参考文献

[1] 于显洋．社区概论[M]．北京：中国人民大学出版社，2006.

[2] 蔡禾．社区概论[M]．北京：高等教育出版社，2006.

[3] 马仲良．社区建设概论[M]．北京：中国社会出版社，2012.

[4] 刘静林，张蕾．社区服务[M]．北京：中国轻工业出版社，2007.

[5] 王红阳，杜丹．社区服务[M]．北京：机械工业出版社，2015.

[6] 高桂贤，廖敏．社区服务[M]．北京：机械工业出版社，2015.

[7] 全国社会工作职业水平考试教材编写组．社会工作实务[M]．北京：中国社会出版社，2016.

[8] 刘庆龙．中国城市社区[M]．郑州：河南人民出版社，2002.

[9] 娄成武，孙萍．社区管理[M]．北京：高等教育出版社，2003.

[10] 于雷，史铁尔．社区建设理论与实务[M]．北京：中国轻工业出版社，2006.

[11] 张韧韧　吴华．社区建设理论与实务[M]．北京：北京大学出版社，2014.

[12] 蒋奇．社区建设与管理[M]．北京：北京大学出版社，2008.

[13] 詹成付．加强和改进社区服务工作读本[M]．北京：中国社会出版社，2007.

[14]《走向和谐——苏州城乡社区建设新探索》编委会．走向和谐——苏州城乡社区建设新探索[M]．北京：中国社会出版社，2009.

[15] 费孝通．乡土中国生育制度[M]．北京：北京大学出版社，1998.

[16] 孙平，刘梦．我国城市社区社会保障政策的演变与特征分析[J]．东岳论丛，2015（3）：16-20.

[17] 赵艳丽，徐玲．改革开放以来我国社区教育政策的演进[J]．中国成人教育，2011（19）：31-33.

[18] 张铁军．新生代农民工城市融入的困境与解决路径[J]．珠海市行政学院学报，2010（3）.

[19] 潘绅姝．新生代农民工城市融入策略——社区工作完善初探[J]．中国管理信息化，2011（9）.

[20] 涂玉华. 农村社会保障支出与扩大内需——基于农村社保的视角[J]. 郑州航空工业管理学院学报，2012（3）.

[21] 贾陆和．城郊新市民的城市化困境及对策——基于社区教育的角度[J]．新农村建设，2013（5）：24-27.

[22] 王彦龙．浅谈我国社区教育问题与改进[J]．商，2013（25）：341.

[23] 韩秀娟．浅谈社区教育发展现状及其存在的问题[J]．吉林广播电视大学学报，2012（11）：66-67.

[24] 吴发水，陈榕．浅谈社区教育的着力点[J]．福建广播电视大学学报，2012（5）：27-29.

[25] 张延华，周轶，汪慧．青少年社区教育研究——基于杭州市 S 区的调查[J]．山西青年职业学院学报，2015（3）：8-11.

[26] 谢有芝．发挥社区教育功能，促进青少年全面发展——基于花山区青少年教育现状的调研[J]．考试周刊，2013（18）：166-167.

[27] 王红益．浅谈青少年社区教育资源的开发策略[J]．江苏教育研究，2015（36）：44-46.

[28] 张清丽．关于“社区青少年教育活动”的思考[J]．新课程，2016（5）：217.

[29] 史长根．社区青少年教育初探[J]．中国农村教育，2016（9）：29-32.

[30] 宁昊宇．和谐社会背景下新生代农民工城市融入问题研究[J]．内蒙古农业大学学报（社会科学版），2012（1）：31-32．

[31] 周军．促进新生代农民工融入城市的策略研究：基于社区教育视角[J]．劳动经济评论，2013（1）：136-142．

[32] 黄璐．社区教育：提升新生代农民工素质的长效之道[J]．合作经济与科技，2012（18）：102-104．

[33] 任佳佳．社区成人教育：新生代农民工融入城市之途径[J]．职教通讯，2011（7）：45-49．

[34] 李霞微．职业教育在社区再就业中的作用机制研究[J]．学园，2016（4）：138．

[35] 杨贵华．我国城乡社区组织发展与“村改居”社区组织建设[J]．福建行政学院学报，2011（3）：25-32．